U0128486

话说 内蒙古

呼伦贝尔

海拉尔区

韩锡文 ◎ 编著

内蒙古人民出版社

图书在版编目 (CIP) 数据

话说内蒙古·海拉尔区 / 韩锡文编著. —— 呼和浩特：内蒙古人民出版社，2017.12
ISBN 978-7-204-15151-6

Ⅰ．①话… Ⅱ．①韩… Ⅲ．①海拉尔区－概况Ⅳ．
① K922.6

中国版本图书馆 CIP 数据核字 (2018) 第 002416 号

话 说 内 蒙 古 · 海 拉 尔 区
HUASHUO NEIMENGGU HAILAERQU

丛书策划	吉日木图　郭　刚
策划编辑	田建群　张　钧　南　丁　王　瑶　贾大明
本册编著	韩锡文
责任编辑	王　瑶　南　丁　哈丽亚
责任校对	李向东
责任监印	王丽燕
封面设计	南　丁
版式设计	朝克泰
丛书名题字	马继武
蒙古文题字	哈斯毕力格
出版发行	内蒙古人民出版社
地　　址	呼和浩特市新城区中山东路 8 号波士名人国际 B 座 5 楼
印　　刷	内蒙古恩科赛美好印刷有限公司
开　　本	710mm×1000mm　1/16
印　　张	18
字　　数	270 千
版　　次	2018 年 10 月第 1 版
印　　次	2018 年 10 月第 1 次印刷
印　　数	1—4000 册
书　　号	ISBN 978-7-204-15151-6
定　　价	72.00 元

图书营销部联系电话：(0471) 3946267 3946269
如发现印装质量问题，请与我社联系。联系电话：(0471) 3946120 3946124
网址：http://www.impph.com

《话说内蒙古·海拉尔区》编委会

主　　任：陈丽岩（呼伦贝尔市委常委、海拉尔区委书记）

副 主 任：杨国宏（海拉尔区委副书记、区人民政府区长）

　　　　　臧著强（海拉尔区委副书记）

　　　　　崔秀英（海拉尔区委常委、宣传部部长）

编　　委：梁宝栋（海拉尔区委宣传部副部长）

　　　　　白福君（海拉尔区档案史志局局长）

　　　　　苏海鹰（海拉尔区文联主席）

　　　　　孟迎利（海拉尔区文体旅游局副局长）

　　　　　姜相梅（海拉尔区新闻中心副主任）

《话说内蒙古·海拉尔区》编写组

主　　编：崔秀英

编　　写：韩锡文

审　　校：梁宝栋　白福君　苏海鹰　王海霞

图片资料：海拉尔区新闻中心 杨传庆　武祥亮

　　　　　海拉尔区摄影家协会 马铁柱　李为民　王成元　李海潮

　　　　　韩锡文　许卫国

　　　　　海拉尔区宾馆王爷府

总 序

　　内蒙古自治区是我国第一个省级少数民族自治地区。全区共划分为9个地级市、3个盟、2个计划单列市，下辖52个旗（其中包括鄂伦春、鄂温克、莫力达瓦达斡尔3个少数民族自治旗），17个县，11个盟（市）辖县级市，23个市辖区，共103个旗、县、市辖区，首府呼和浩特市。

　　内蒙古东西直线距离2400千米，南北跨度1700千米，土地总面积118.3万平方千米。广袤的土地蕴含着丰富的自然资源：从东到西的森林、草原、沙漠等地形地貌，天然地形成了独特的旅游资源；丰富的煤、铅、锌、稀土、风力等矿产资源和清洁能源，为煤化工产业、有色金属产业、清洁能源产业的发展提供了支撑；地跨"三北"（东北、华北、西北），毗邻八个省区，与俄罗斯、蒙古国接壤，国境线长达4200千米，有建成我国向北开放的重要桥头堡和充满活力的沿边经济带的天然区位优势；依托于气候、优质土壤和草场、水源充足等优势，农牧业的发展已融入现代化建设当中。

　　这是一方自然资源丰富的沃土。它是北方少数民族生息和发展的中心地域，孕育了游牧文明、草原文化，在与农耕文化的不断碰撞中，相互融合，相互促进，共同谱写了中华文明的恢宏乐章。仰韶文化、红山文化是中华史前文化的一部分，战国时期赵武灵王着胡服、学骑射，两汉与匈奴交往、和亲，两晋南北朝的鲜卑建立了雄踞北方的北魏王朝，隋唐与突厥建立了宗藩关系，契丹民族建立了辽代政权，蒙古民族创立了疆域广阔的大元王朝，明清与鞑靼、瓦剌等民族建立了藩属关系——历史上，北方少数民族或雄踞一方与中原交好，或入主中原，在不断风起云涌中铸就了内蒙古丰富、厚重的历史文化魂魄。进入近现代以后，内蒙古也走在抗敌御侮的前沿，为新中国的成立做出了巨大贡献。

　　这份丰厚的历史积淀当中，涌现了诸多杰出人物，他们或是一方霸主，统领一域；或是一代天骄，建万世之基；或是贤良能臣，辅助建国大业；或是时势英雄，救人民于水火；或是在各自领域内创造历史价值的名人雅士。这些人有耶律阿保机、成吉思汗、忽必烈、哲别、术赤、耶律楚材、乌兰夫、李裕智，尹湛纳希、玛拉沁夫、纳·赛音朝克图等等。

物华天宝，人杰地灵。广袤的土地除了养育了一代代的草原人，也成就了它丰富的地域文化：马头琴音乐、呼麦、长调等民族音乐，好来宝、二人台、达斡尔族乌钦等曲艺，安代舞、顶碗舞等民族舞蹈，刺绣、剪纸、民族乐器制作、生活用具制作等传统工艺，蒙医药、正骨术等传统医药医术，婚丧嫁娶等独特的礼仪习俗。内蒙古在音乐舞蹈、民间艺术、文学史诗、传统医药、手工技艺、民俗风情等方面都取得了独有的成就。

悠久历史文化滋养下的内蒙古，在中国共产党的领导下，迈向新的历史征程。内蒙古自治区成立以来，党和国家一直重视内蒙古的发展，也给予各类政策和经济支持。内蒙古也不负众望，各项事业均取得了令人瞩目的成就：经济保持平稳增长，人民的生活水平不断提高；民主法治建设得到有效推动；建立了具有民族特色的教育体系，民族教育水平不断提高；民生改善工作成绩斐然；生态文明建设取得较大成就；四通八达的立体交通网，把内蒙古与世界各地拉近……

纵观几千年历史，内蒙古在历史的长河中扮演了重要的角色，这不仅源于自然条件的得天独厚，也源于草原儿女的自立自强。曾经，这片沃土上的民族大多以口耳相传的方式传承着自己的文化，但是仍有不少历史的碎片撒落在当地的史籍当中，这些史料汇集成册，将成为向世人介绍内蒙古的名片。为此，我们组织全区103个旗县（市区）的有关部门和专家学者，借助各地的丰富史料，把散见于各种资料中的人文历史、民俗文化、民间艺术、壮丽风光、当代风采、支柱产业等等汇编在一起，编纂出一套能够代表内蒙古总体面貌、能够反映时代特色和文化大区风范的大型读物——《话说内蒙古》，以展示我区经济发展、文化繁荣、民族团结、边疆安宁、生态文明、各族人民幸福生活的六大风景线。

一本书，一支笔浓缩的仅仅是精华中的精华，不足以穷尽所有旗县（市区）的方方面面。若本书为你敞开一扇了解内蒙古之窗，那么，读万卷书不如行万里路，内蒙古将以最大的热情迎接你：

赛拜侬——

欢迎你到草原来！

序

    海拉尔区（以下简称"海拉尔"）是呼伦贝尔市的政治、经济、文化中心，是内蒙古自治区大兴安岭以西地区的人口集聚中心、商贸物流中心、资源转化中心、科技文化中心和区域性金融及发展中心，同时也被国家确定为主体功能区、规划重点开发区和承接大兴安岭人口转移的中心城区，是丝绸之路经济带北线和哈（尔滨）大（庆）齐（齐哈尔）呼（伦贝尔）经济圈的重要节点城市。

    海拉尔，源自蒙古语"哈利亚尔"，意为"野韭菜生长的地方"或"黑色的水"。发源于大兴安岭西侧吉勒老奇山的海拉尔河从海拉尔城区北部奔涌流过。而呼伦贝尔大草原上另一条重要的河流——伊敏河从城市中间缓缓流进海拉尔河，将城区自然地分成河东、河西两部分。

    海拉尔区域总面积1440平方公里，城区面积28平方公里，属中温带半湿润半干旱大陆性季风气候。这里三山环抱，四季分明，水草丰美，空气清新，环境雅洁。城市整体外观凸显蒙元文化特色和草原时尚风情，服务娱乐设施之健全为呼伦贝尔市之最。全年空气质量优良天数达到350天以上，是适宜人居、适宜旅游、适宜创业的好地方。

    大约7000年前即有人类在海拉尔河河畔活动，他们打猎捕鱼，日作夜息；他们凿石为器，奉玉为礼；他们创造的哈克文化是细石器文化的顶峰，与红山文化、仰韶文化、良渚文化齐名，成为中华文明"多元一体论"的新佐证。而后，这里成为东胡、匈奴、鲜卑、室韦、契丹、蒙古、女真等民族的故地，各民族在这片土地上牧马放羊、繁衍生息。森林文化、草原文化、农耕文化、边境文化在这里融汇升华，谱写了一段又一段的绚烂篇章。

    1734年，清政府在今海拉尔正阳街一带建立了呼伦贝尔城。当时，清政府赐给部分商人"龙票"（签发的商业许可证）到海拉尔经商，这些商人通过"以货易货"的方式用茶、盐、器物等换取牧民手中的皮毛并从中赚取差价，史称其为"旅蒙商"。至清乾隆年间，旅蒙商渐成规模，"巨长城""广太号"等"八大号"成为其中的代表，他们堪称呼伦贝尔草原商业文明的滥觞。呼伦贝尔城为守土护边而建。历史上沙俄的越境骚扰从未中断，短短两百多年，就发生了1900年的沙俄全面入侵东北的"庚子战事"、1912年的"呼伦贝尔独立"、1929年的"中东路战争"等事件，呼伦贝尔军民喋血战斗，期间呼伦贝尔城两次毁于战火。1931年末的"海满抗战"，是中国早期抗战的重大战事之一。1932年起，海拉尔沦陷于日寇铁蹄之下，直至1945年才获得解放。这期间，呼伦贝尔人民以惊天地泣鬼神的精神谱写了抗御外侮的不朽篇章！

计划经济时期，全国最大的皮革厂、肉类联合加工厂、乳品厂、牧业机械厂以及当时设备最先进的毛纺织厂都设在海拉尔。这一时期，海拉尔的乳制品、肉制品、皮革制品、毛织品驰名全国。美国前总统尼克松访华时，国家礼宾部门还曾指定海拉尔乳品厂为他特制奶油。

对外开放方面，海拉尔作为中俄蒙合作先导区的核心城市，是中俄蒙三国政治、商贸、文化交流的重要平台，也是国家向北开放的"桥头堡"。海拉尔与俄蒙交往历史悠久，与俄罗斯赤塔市、乌兰乌德市，蒙古国乌兰巴托市松根海尔汗区和乔巴山市等多个城市和地区建立了比较悠久的友好城市关系。截止到2016年，"中国·海拉尔中俄蒙经贸展览会"已连续举办12届。蒙古国驻呼伦贝尔领事馆的设立，边境旅游异地办证、航空口岸落地签证、台湾居民落地签注等多项业务经国务院批准并密集落地实施，均为海拉尔拓展了更为广阔的外向型经济发展空间。按照自治区"北上南下、东进西出、内外联动、八面来风"的对外开放要求，海拉尔正统筹利用国际国内两个市场、两种资源，打造沿边开放的高地、资本流入的洼地，并主动服务和融入国家"一带一路"倡议和沿边开放经济带建设，全力打造先导区物流中心、国际旅游集散中心和商贸中心。

七十年沧海桑田，七十年砥砺奋进，七十年风光无限。在中国共产党的领导下，在民族区域自治政策的光辉里，海拉尔从一座边陲小城华丽转身为魅力草原之都。在这里，你可以触摸到中华文明发祥的脉搏，可以聆听到历史与现实辉映的交响乐章，可以感受到多元文化激荡交融的风韵，可以探寻到心灵诗意栖居的港湾。

走进海拉尔，就是走进了一幅浓墨重彩的山水画。伊敏河为墨，尽情泼洒，波翻浪涌间吟诵着从古至今多少美丽的传说；樟子松为笔，用铜干铁枝斗雪傲霜，勾勒出海拉尔人达观直率的性格；西山生态景观区、海拉尔河湿地采山河草木之精气、赋历史文化之魂魄，成就另一番胜景。

走进海拉尔，就是走进了峥嵘悠长的岁月记忆。哈克遗址博物馆，闪烁着中国北方文明发祥的曙光；成吉思汗广场，沉淀着一代天骄遗留下的厚重民族文化底蕴；呼伦贝尔古城，记录着一座城市从无到有，再到成为现代草原魅力城市的足迹；世界反法西斯战争海拉尔纪念园，铭记着中俄蒙人民反抗强敌、共御外侮的血火荣光；民族风情园，暮鼓晨钟里透射出对和平的祈颂和对宁静生活的向往；哈萨尔大桥，架设起天与地、光与影、历史与现实呼应的彩虹桥，更弹拨出海拉尔人追求幸福的时代交响乐章。

而今，按照内蒙古自治区第十次党代会的要求，以"七网同建""七业同兴"为目标，海拉尔全力启动了国际化草原音乐名城、国际化冰雪运动名城、国际化生态旅游名城的建设进程，旨在促进音乐文化、运动休闲与高端旅游的深度融合，把海拉尔打造成在东北亚地区具有重要影响，辐射俄蒙和东北等周边地区的国际化、特色化、现代化魅力城市。海拉尔35万各族人民群众以一往无前的蒙古马精神为引领，以忠诚肯干、善谋巧干、真抓实干、埋头苦干的态度把魅力草原之都海拉尔打扮得更加妖娆！

中共呼伦贝尔市海拉尔区委员会
呼伦贝尔市海拉尔区人民政府
2018年7月

3

目录 Contents

1

不能忘却的历史事件

风云人物

特色景观

民俗风情

地方美食

传说故事

当代风采

历代题咏

后记

七彩呼伦贝尔的中心

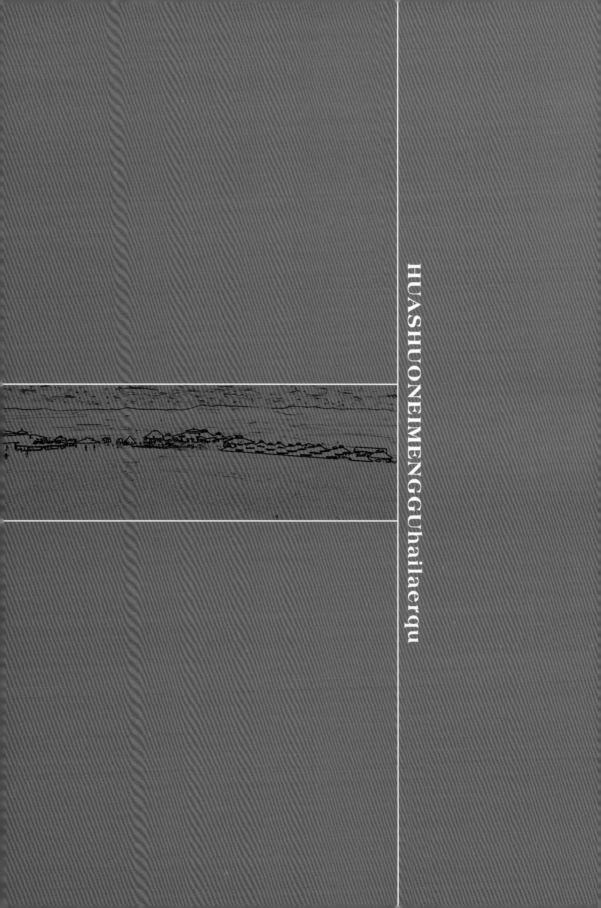

HUASHUONEIMENGGUhailaerqu

七彩呼伦贝尔的中心

QICAIHULUNBEIERDEZHONGXIN

清雍正十年，诏建呼伦贝尔城，抗俄卫疆戍土，其中心城区称海拉尔。如今的海拉尔位于呼伦贝尔草原的中心，三山环抱，两河夹流，四季变换，色彩美丽，景物壮观，物产富饶。

海拉尔的地理位置、地形地貌

海拉尔区（以下简称"海拉尔"）是呼伦贝尔市政府所在地，地处内蒙古自治区东北部，呼伦贝尔市中部偏西南，大兴安岭西麓的低山丘陵与呼伦贝尔高平原东部边缘的接合地带，地理坐标为北纬49°06′～49°28′，东经119°32′～120°34′。海拉尔的东山、西山、北山形成一个簸箕形状，向南渐低；境内有海拉尔河、伊敏河两条河流，流经区域内总长140多公里，在城区北部汇合。这"三山环抱，二水中流"构成北疆小城独特的城市面貌。

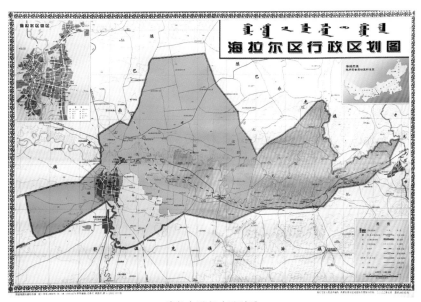

海拉尔区行政区划图

3

海拉尔地势东高西低，属于海拉尔内陆断陷盆地，海拔高度603.0～776.6米，相对高差170多米。区域内有三个地质单元：谢尔塔拉、东山构造台地及海拉尔盆地。前者以高平地为主，后二者以低平地和河滩地为主。地貌类型可分为低山丘陵、高平地、低平地和河滩地。

海拉尔属中温带半湿润半干旱大陆性季风气候。由于海拉尔纬度偏高、远离海洋，加之大兴安岭的屏障作用，使湿润的海洋性气候团影响减弱，大部分时间都处在西伯利亚高压的控制之下，形成了区域气候特点：春季多风而少雨，蒸发量大；夏季温凉而短促，降水集中；秋季降温快，霜冻早；冬季严寒漫长，地面积雪时间长。以2015年为例，海拉尔的平均气温为0.6摄氏度，

年降水量为289.9毫米，年日照时数2714小时，无霜期日数133天。全年基本无大风。

海拉尔的地表水包括海拉尔河、伊敏河及一些较小的湖泊沼泽。海拉尔境内地表水年径流量33.9亿立方米，地下水储量9562万立方米，根据埋藏条件分为潜水和承压水两类。

海拉尔境内有金、银、钼、铅、铜、石油等40多种矿产。其中谢尔塔拉的铁、锌矿储量达5851万吨，大雁煤田和陈巴尔虎旗宝日希勒煤田都延伸到海拉尔区境内，石灰石探明储量达3348万吨，西山硅砂（属于大型矿产）探明储量达1959万吨。

海拉尔境内森林面积7948公顷，林木蓄积量45136立方米。其中有珍贵的樟子松269公顷，兴安落叶松14公顷，其他树种还有杨树、榆

海拉尔国家森林公园樟子松林

西山稠李子

树、柳树等。海拉尔草原面积78667公顷，实际可利用面积约60000公顷。主要牧草有羊草、早熟禾、大针茅等。药用植物有狼毒、防风、赤芍、韭菜籽、马勃、益母草等四十余种。食用植物有蘑菇、黄花菜、野韭菜、山丁子、山杏等十余种。

海拉尔境内的动物主要有黄羊、狍子、狼、狐狸、水獭、黄鼬、野鸭、大雁、百灵鸟、沙半鸡、鲤鱼、鲫鱼、狗鱼、小青鱼等。

繁荣的海拉尔

截至2015年末，海拉尔户籍人口280382人，其中非农业人口270403人，农业人口9979人，生活着蒙古、汉、达斡尔、鄂温克、鄂伦春等30个民族。

2015年末，海拉尔地区生产总值实现2878539万元，其中，第一产业增加值完成82238万元；第二产业增加值完成1375417万元，其中全部工业增加值完成1210426万元、建筑业增加值完成164991万元；第三产业增加值完成1420884万元。

2015年，海拉尔农林牧渔业产值完成144500万元。农作物总播种面积为29633公顷，其中粮食作物播种面积14650公顷、油料种植面积8962公顷、蔬菜种植面积1423公顷。粮食总产量达到70427吨。在粮食作物中，谷物产量17394吨，豆类1048吨，马铃薯产量51935吨；在经济作物中，油料产量14001吨。牲畜存栏达到125862头（只），其中大牲畜49237头（只）、小牲畜65812头（只）、生猪存栏10813口。

海拉尔国家森林公园西园天鹅湖

2015年肉类总产量6117吨，其中猪肉产量1654吨、牛肉产量3473吨、羊肉产量753吨、牛奶产量18.9万吨。

2015年末，海拉尔工业增加值完成1210426万元，其中规模以上工业增加值增长9.7%。规模以上工业企业实现总产值1882597.1万元，其中重工业产值为1731453.5万元、轻工业产值为151143.6万元。工业对经济增长的推动作用逐渐增强，2015年末工业对社会经济增长的贡献率达到3.1%。

工业自动化生产线

2015 年，海拉尔全社会固定资产投资完成 2305852 万元；社会消费品零售总额完成 1363156 万元；邮电业务收入完成 49990 万元，邮政业务总量完成 1505 万元。

2015 年，海拉尔旅游收入完成 69 亿元，旅游接待人数达到 607 万人次。2015 年，海拉尔保费业务总收入 180296.8 万元。

2015 年，海拉尔有普通中学 18 所，全年招生 5747 人，在校生 18510 人，毕业生 6878 人；职业高中学校 1 所，全年招生 767 人，在校生 2084 人，毕业生 579 人；小学 15 所，招生 2129 人，在校生 12653 人；特殊教育学校 1 所，在校生 205 人；幼儿园 6 所，在园幼儿 2348 人。

2015 年末，海拉尔境内共有文化馆 1 个、公共图书馆 1 个、电影院 4 个，广播、电视综合覆盖率均达到 100%。

2015 年末，海拉尔共有卫生机构 185 个、卫生技术人员 4036 人，其中执业医师 1441 人、注册护士 2000 人，床位 3793 张，卫生防疫、防治机构 2 个。2015 年，共建立电子健康档案 264921 人，建档率为 71%。国家免疫规划疫苗基础免疫接种率和加强免疫接种率均达到 98% 以上。2015 年，海拉尔共有参加农村合作医疗农民 18468 人，参合率为 99.6%。

海拉尔城镇居民可支配收入人均年 30788 元，农村为 22250 元。海

海拉尔成吉思汗广场

海拉尔一角

拉尔大型车保有量 95362 台,小轿车保有量 59056 台。

截止到 2015 年,海拉尔已形成铁路、公路、航空的立体交通网络:北京至莫斯科的国际旅客列车经由此地;呼伦贝尔东山国际机场开通航线 60 条,飞往北京、呼和浩特、广州、大连、哈尔滨、杭州等数十个城市,国际航线可直飞俄罗斯、蒙古国等国家。

海拉尔是大兴安岭岭西地区重要的交通枢纽,是 301 国道、201 省道和滨洲铁路的交汇点。这里各级公路总里程 23843 公里,干支线客运铁路总里程近 10000 公里,年货运量达到 5487 万吨以上,每天有 19 对客车通往各地。海拉尔拥有呼伦贝尔市唯一的国际航空口岸,周边 200 公里左右,毗邻 8 个国家级一、二类通商口岸。国际国内航线布局不断优化,相继开通了海拉尔至乔巴山、乌兰巴托、伊尔库茨克、

成吉思汗迎亲雕塑

香港、台湾等国际及地区航线。如今，海拉尔的国内外航线达到60条，2015年的空港旅客吞吐量达到184万人次。

海拉尔的建置沿革

居住在海拉尔地区最早见诸史籍的民族是东胡。东胡是中国北方一个古老的游牧民族。

秦二世胡亥元年（前209年），匈奴冒顿单于统辖匈奴各部，其时海拉尔为左贤王辖地。

汉朝时，汉政府与匈奴多有边界战事。汉武帝遣卫青出塞北征匈奴时曾至胪朐河（今克鲁伦河），此为中原兵力至呼伦贝尔之始。其后匈奴战败，东胡族的后裔鲜卑人逐渐入据草原。公元1世纪，鲜卑拓跋部逐渐强盛，后"南迁大泽"（"大泽"即呼伦湖），自此海拉尔成为鲜卑部落联盟的东部辖地。

隋唐时，突厥强盛，海拉尔为突厥属地。唐与突厥屡有战事，突厥亡走后，海拉尔归唐室韦都督府管辖。之后，室韦—鞑靼人从大兴安岭西缘向西逐步推进，呼伦贝尔全境成为室韦—鞑靼之地。

宋朝时，契丹在北方建立辽国，室韦之地尽属辽国，海拉尔遂归辽乌古敌烈统军司辖。同期，新崛起的金国也一度领有呼伦贝尔之地。

元朝建立后，海拉尔地区归岭北行省和林路管辖，呼伦贝尔一带为成吉思汗的弟弟哈萨尔的领地。

明朝永乐三年（1405年），在海拉尔河流域设置了海剌儿千户所，归属奴儿干都司斡难河卫。以恺腊儿鞋袒把秃为海剌儿千户，管理海拉尔一带草原蒙古族牧民。

清初，天聪至崇德年间，游牧于呼伦贝尔的蒙古诸部及索伦、达斡尔等部先后归清，清朝抚有呼伦贝尔全境。康熙二十二年（1683年），黑龙江将军统辖此地。雍正十年（1732年），诏建呼伦贝尔副都统衙门。雍正十二年（1734年），在伊敏河畔建呼伦贝尔城，设副都统管理呼伦贝尔草原，其辖境：东及东南邻界布特哈，西南至哈拉哈河，南到扎赉特旗，西、北临额尔古纳河、黑龙江。民间以呼伦贝尔城在海拉尔河附近，亦称之为海拉尔城。

1912年初，海拉尔隶属呼伦贝尔地方自治政府，为府治所在地。1915年，呼伦贝尔为"特别区域"，直接归中华民国中央政府节制；1920年2月，"特别区域"被取消，在原呼伦直隶厅的基础上设置呼伦县，驻呼伦城，辖今呼伦贝尔市除满洲里、额尔古纳市、根河市、大兴安岭以东地区以外的区域，隶属呼伦贝尔善后督办；1925年5月，隶属呼伦道；1927年，呼伦城设置

复建的清末民初呼伦贝尔副都统衙门

海拉尔乡；1929年2月，废止道制，设置呼伦市政筹备处，呼伦县隶属市政筹备处，为一等县。此时的海拉尔城区分别受辖于呼伦贝尔都统衙门、呼伦县署、中东路海拉尔铁路交涉分局。1927年3月，海拉尔新街被认定为乡，市政分局改为东省特别区海拉尔乡政公所。1929年，呼伦县公署改为呼伦县政府。同年发生中东路战事；11月，苏联

中东铁路初建时的海拉尔火车站站房（上隽刻"海浪"二字）

军队攻占海拉尔，成立"海拉尔苏维埃政府"，后于苏军撤出后自动取消。

1932年3月，伪满洲国成立。同年10月，爆发"海满抗战"；12月5日，"海满抗战"失败，日本军队侵占海拉尔。此后海拉尔归伪兴安北省管辖，并为省会驻地。1933年，伪满洲国设海拉尔办事处，行使除铁路附属地以外的一切行政管辖权。1935年3月，伪满洲国海拉尔乡政公所管辖的新市街（原铁路附属地）和海拉尔办事处（原呼伦贝尔城）管理权力合并，统一归海拉尔市政管理处。1940年5月，伪满洲国定海拉尔为市，撤销海拉尔市政管理处，设市公署。

1945年8月，日本战败，海拉尔光复。同年10月，呼伦贝尔自治省政府在海拉尔成立，辖海拉尔市，原"海拉尔市自治公署"改称"海拉尔市政府"。

1948年1月，中国共产党在呼伦贝尔地区建立政权，呼伦贝尔地方自治省政府改称呼伦贝尔盟政府，隶属于内蒙古自治区，海拉尔市为呼伦贝尔盟下辖的县级市。

1949年4月11日，呼伦贝尔盟与纳文慕仁盟合并，称"呼伦贝尔纳文慕仁盟"，简称"呼纳盟"，海拉尔市为盟政府驻地。

1953年4月1日，内蒙古自治区设立东部行政公署，撤销呼纳盟建制，海拉尔市为内蒙古自治区的直辖市，其工作委托东部行署代管。1954年4月30日，东部行政公署撤

海拉尔夜景

11

销，成立呼伦贝尔盟人民政府，盟政府(后改称盟公署)设在海拉尔市。1969年8月，海拉尔市随呼伦贝尔盟划入黑龙江省。1979年7月，海拉尔市随呼伦贝尔盟由黑龙江省划归内蒙古自治区。

2001年10月，国务院批准撤销呼伦贝尔盟设立呼伦贝尔市。2002年2月，撤销海拉尔市设立海拉尔区。

海拉尔区现下辖正阳、健康、靠山、胜利、呼伦、建设6个街道办事处，哈克、奋斗2个镇。

呼伦贝尔草原的母亲河 ——海拉尔河

海拉尔河是内蒙古境内唯一一条自东向西流淌的河流。河流的主要河段都在呼伦贝尔市境内。其东端发源于大兴安岭西侧吉勒老奇山

草原母亲河——海拉尔河（哈克镇境内）

西坡，由东向西奔涌向前，称为大雁河。大雁河在大兴安岭林区境内的乌尔其汉与库都尔河汇合后，称为海拉尔河。

海拉尔河流淌在孕育了我国古代北方游牧民族的呼伦贝尔草原上。由于河流从山上冰雪覆盖的地方流出，生活在这片土地上的蒙古民族便把这条河命名为海拉尔河，意思是"山上流下来的雪水"，或"流淌的黑色的水"。还有一说，认为海拉尔是"河滩上野韭菜"之意。

海拉尔河全长1430多公里，干流全长714.9公里，海拉尔境内流长约120公里，河床平均宽约50米；全流域面积54537平方公里，海拉尔境内流域面积约15669平方公里。海拉尔河上游河网发达，集

中于东半部，为流域主要流区。干流及各支流上游地势起伏大，河水清澈，含沙少。牙克石以下河流进入大兴安岭西侧的高平原地带，其西岸有高约20米的台地围绕，河宽100～200米，河道逐渐平缓下降，水流下切力变弱，旁蚀力增强，河流迂回曲折。滩地古河道与沼泽地广布，大水时易漫溢扩散，渗漏增加，造成下游径流量小于上游。西岸支流密布，河网结构呈树枝状，支流有库都尔河、免渡河、特尼河等。干流与支流两岸均为原始森林和次生林，植被良好，涵养水分作用强，是海拉尔河主要产流区。海拉尔河是夏雨冬雪兼补的河流，至海拉尔一段河谷宽可达150米；河道曲流发育，流速1米/秒左右；海拉尔多年平均流量为101立方米/秒，最高达1800立方米/秒。海拉尔河两岸森林、草原、煤炭等资源丰富，土壤肥沃，具有发展林、牧、农业及木材、能源工业的巨大潜力。

海拉尔河在海拉尔的北部坝后与南来的伊敏河相汇，折向西流入陈巴尔虎旗境，至乌固诺尔再接莫勒格尔河，在扎赉诺尔北部阿巴该图山附近与达兰鄂罗木河汇合，称为额尔古纳河。额尔古纳河折向东北汇入黑龙江，最终流入鄂霍次克海。所以说，海拉尔河是额尔古纳河上源，也是黑龙江的上游。

海拉尔河沿岸风光

海拉尔河，史称海渤儿水。《辽史》中称之为凯里，《蒙古秘史》称之为合渤里，《元史》称之为海喇儿，《盛京通志》称之为开拉河，《黑龙江外纪》称之为海兰儿、凯拉。

海拉尔河流域是新石器时期居民的生活区域，下游的扎赉诺尔地区是旧石器中期和新石器早期的扎赉诺尔文化中心区，发掘发现的扎赉诺尔人是中国文明史上最早的人群。当时的社会发展处于采集—游猎阶段。海拉尔河中游哈克地区的哈克文化，是扎赉诺尔文化的传承文化。对哈克遗址的考古挖掘证实，早在新石器时期中国人就已经开始游牧和农耕；而且玉文化在海拉尔地区的历史要比中原地区古老得多，据考古学家考证这里是中华玉文化的源头之一。海拉尔河流域，还是辽、金、蒙元、清各时代北方少数民族生息、繁衍、发展、壮大的摇篮，许多民族都是从这里出发走上中国历史舞台的。

海拉尔河养育了在这片土地上栖息的各个民族，成为这片土地上的"圣水"。

蜿蜒多姿的伊敏河

伊敏河，史称依奔河、伊米河。伊敏河流经海拉尔城区，构成海拉尔的主要地理地貌和重要景观。

伊敏河属于额尔古纳河水系，是海拉尔河的支流之一。发源于鄂

伊敏河畔

流经海拉尔城区的伊敏河

温克族自治旗与扎兰屯市交界的大兴安岭中段主峰之一、海拔1707米的伊和高古达山（也称穆克图尔山，近年称为蘑菇山）北麓，由258条河流、湖泊、溪流汇成，自南向北流淌，在海拉尔北山山下汇入海拉尔河。

伊敏河全长359公里，干、支流总长度3998.4公里，全流域面积为22636.5平方公里，在海拉尔区域内流长23公里。伊敏河河床最宽处为60米，水深0.5～2.5米，一般流速为1.45～2.5米/秒。伊敏河上游（红花尔基以上）是山地林区，森林繁茂，动植物品种众多，植被良好；红花尔基以下，河流进入丘陵和草原区，河谷逐渐开阔。伊敏河两岸地势起伏较大，产汇流条件好，水量丰沛。

伊敏河流域处于呼伦贝尔草原东南部从山地向草原过渡的地带，地势东高西低、南高北低。

伊敏河支流多分布于右岸，自上而下较大的支流有辉河、维纳河、威特根河、锡尼河等，还有红花尔基河、牙多尔河、塔尔气高勒河、威力格气河、桑多尔河、德廷德河等小的支流。

伊敏河流域河流比降大，径流条件好，历史上流量充足、支流密布，属树状水系。

壮阔的历史文化

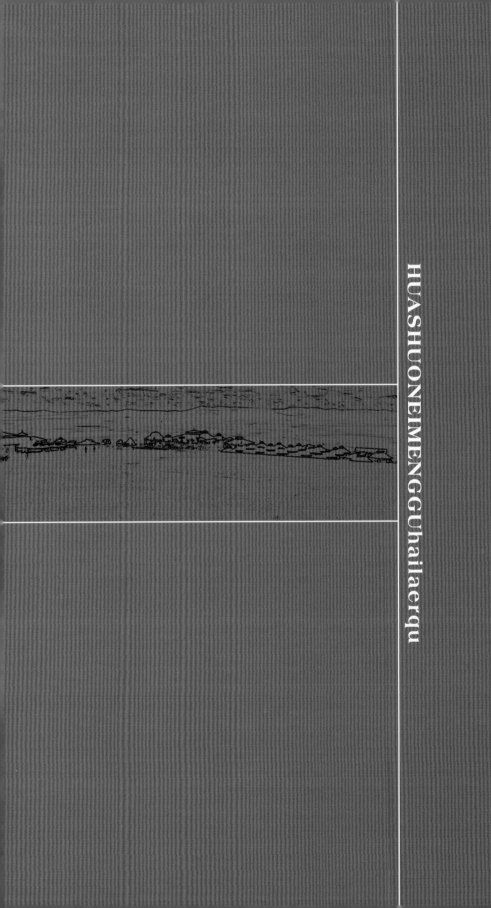

HUASHUONEIMENGGUhailaerqu

壮阔的历史文化

ZHUANGKUODELISHIWENHUA

海拉尔从七千年前哈克文化的闪耀走到我国古代北方游牧民族波澜壮阔的成长，直至近代又经历了沙俄入侵、日伪统治等深重的苦难，终于迎来幸福的今天。

悠远而灿烂的哈克文化

20世纪80年代，海拉尔北郊哈克小镇内，考古工作者在这里陆续发现了一批独特的古代遗存和遗物。这些遗存和遗物显示了早在7000多年前，呼伦贝尔就已经绽放了文明的火花，也使这里成为中华文明的又一个源头，因其出土于哈克镇而被考古学家命名为"哈克文化"。

哈克镇位于内蒙古呼伦贝尔市海拉尔区境内，北依海拉尔河畔，西距海拉尔约28公里，滨洲铁路和301国道从这里穿镇而过。哈克为蒙古语，为低洼草甸子上的"塔头墩"之意。哈克镇东南侧为低洼丘陵，是大兴安岭山脉向呼伦贝尔草原过渡的地带，是古人类从森林狩猎转向草原游牧经济方式的理想王国。

哈克遗址（哈克镇哈克村一组）

自 1985 年以来，在哈克镇西北3 公里的团结村一组、团结小学及团结新村东约 150 米处先后三次发现了属于新石器时期的以细石器为代表的古遗迹、古墓葬，引起了国内考古界的广泛关注。

发现"哈克文化"

呼伦贝尔草原是我国古代北方游牧民族成长的摇篮。草原游牧文明与长江、黄河两个农耕文明并称，并被考古学界称为"中华文明第三源"，哈克文化的发现和确立对研究呼伦贝尔早期森林狩猎文化及草原游牧文化具有重要的意义。

哈克遗址位于呼伦贝尔市海拉尔区哈克镇哈克村和团结村，分三

哈克遗址发掘现场（一）

哈克遗址发掘现场（二）

个地点，保护面积达 5 万多平方公里。在呼伦贝尔草原上，同类文化遗存有 280 多处，这些遗址基本都分布在河流两岸及湖泊周边地势较高的沙丘和台地上。

从 1985 年开始，呼伦贝尔文物管理站、呼伦贝尔民族博物馆（今呼伦贝尔民族博物院）、海拉尔文物管理所、中国社会科学院考古研究所、内蒙古考古研究所的专家、学者多次进行现场试掘和共同研究。

2002 年夏，在内蒙古自治区考古研究所主办的"中国北方游牧民族历史摇篮"学术研讨会上，考古专家正式公布了"哈克文化"这一新的考古学文化，引起国家文物局的高度重视。

2004 年，经国家文物局正式批准，中国社会科学院考古研究所、内蒙古文物考古研究所、呼伦贝尔民族博物馆和海拉尔文物管理所共同合作，对哈克遗址进行了正式发掘。通过对遗址出土的遗物进行测年，得知该遗址最早的文化年代为距今 7710（±40）年。该遗址上层还包含有青铜时代、汉代前后、隋唐时期及其之后朝代的森林狩猎、草原游牧文化的遗存。

哈克遗址是呼伦贝尔草原上一处罕见的早期先民及古代游牧民族遗留下来的聚落遗址。这对研究北

哈克遗址博物馆

海拉尔地区新石器时期人类
生活场景（模拟）

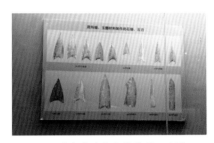

哈克遗址出土的玛瑙、玉髓
制作的箭镞、切割器

哈克遗址出土的骨质矛头

方草原地区早期文化和古代游牧民族的发展壮大以及与周边国家和地区的文化关系，具有极其重要的学术价值。

哈克遗址：中华文明起源"多元一体论"的新佐证

哈克文化原始居民所创造的文化是中华文明起源"多元一体论"的重要组成部分。

通过吉林大学边疆考古研究中心专家对哈克墓葬出土的人骨鉴定，哈克人已经被证实为蒙古利亚北亚人种，此外，扎赉诺尔古墓群被确认为汉代鲜卑人的遗存，哈克镇还发现了两处（一处位于团结村、一处位于谢尔塔拉）汉代鲜卑古墓群，谢尔塔拉又发现了一处公元9世纪室韦人的古墓群，而室韦人是鲜卑人的后裔——这说明哈克人的体质特征很有可能延续到了隋唐时期室韦民族。蒙古民族的族源是蒙兀室韦，顺着这个完整的脉络追根溯源完全可以把蒙古民族的族源追溯到室韦、鲜卑、东胡直至到新石器时期的哈克先民。这意味着哈克先民和中华民族的组成成员的血缘尤为接近，从年代上来看，很有可能是北方各民族乃至中华各民族的共祖，甚至从大人种概念来说，哈克先民是蒙古利亚人种即黄色人种的祖先之一。

哈克文化是一个独立的、具有个性的考古学文化。从哈克文化早期到公元10世纪的7000多年间，呼伦贝尔的细石器遗存都在不间断

哈克遗址出土的象牙人面饰

地出现。细石器是狩猎经济和游牧经济方式下的生产、生活器具，是呼伦贝尔的自然环境——大森林、大草原——所决定的生产生活方式的产物。

哈克遗址中没有发现农耕文明的痕迹，这可以推断出哈克文化具有经济形态上的独立性和独特性。这也正是哈克文化与红山文化的不同之处，可以证明红山文化与哈克文化是各自不同的存在。但从时间概念上讲，哈克文化更加悠久，它的玉器文明也更加靠前。

研究表明，哈克玉器是最原始的玉器，每件玉器都具有工具和兵器功能，而且其制作工艺已经达到了极高的水平。哈克遗址出土的玉石中有一件玉人面头像玉器，有的学者认为其头部两边发式的造型极可能是龙的形象，这个发现意义更加重大。

哈克文化对于人类文明史的重大意义

世界四大文明古国是人类文明史发展的最初的根系，在历史长河中，古埃及、古巴比伦、古印度的文明多次被打断，人种与文化都发生了巨大的变化，失去了传承。唯有中华文明，一脉相承，生生不息，得到了完整的保存。中华文明的历史，对于人类历史来说，具有独一无二的标本作用。而中华文明的起源，对于研究人类文明的起源更是至关重要。

近代以来，史前文化的发掘与研究，不断将中华文明的起源时间向前推进。中华文明的源头在很长一段时间的研究中被认为只是黄

哈克遗址出土的陶器

河流域，然而，红山文化的发现与考古物证打破了这一认识，它还把中华文明的起源时间追溯到了距今6000年前。而哈克文化的"横空出世"，更是把中华文明的发端继续向前推进，并且为史学界关于中华文明"多元一体论"的论点提供了有力的佐证。这也意味着，中华民族的内涵与外延都大大扩展了，对人类文明的探源及人类进化史的研究亦将产生重大的影响。

哈克玉器是原始玉文化的代表。经过7000余年岁月的洗礼，哈克玉器重现天日，震惊了世人。不论是采用压剥技术制成的玛瑙石镞，还是制作精美的玉璧、玉斧、玉饰等，件件都值得世人珍视。

2016年6月，在海拉尔区召开的"首届中国哈克文化国际研讨会"上，故宫博物院研究员、中国著名玉器研究专家周南泉先生指出，以人为造型的玉器很少见，哈克遗址出土的玉人面是迄今为止发现的年代最早的一件，要远远早于红山文化、良渚文化、齐家文化。他认为哈克遗址出土的玉人面创造了很多"第一"：已熟练掌握玉石的开片技术，玉人面是用一整块玉石做成的；已经掌握了非常娴熟的斜下对穿打孔技术；造型设计独特，有正面，有人的眼睛、鼻子、耳朵；还进行

哈克遗址出土的玉璧

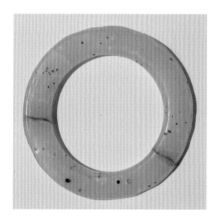

哈克遗址出土的玉环

哈克遗址出土的玉斧

了抛光，工艺非常复杂。玉人面的造型是真人造型，是对祖先的一种崇敬，是对真人的写实。玉人面的两侧是龙的造型，可能是龙形的帽子或发型。

龙是中华民族古老的图腾，在哈克玉器上有龙的造型出现，就更能证明海拉尔河流域是中华文明的起源之一，证明中华文明起源"多元一体论"学说是成立的。

神秘的哈克玉器

玉器是伴随着石器制作技术的成熟产生的，而距今已有7000多年历史的哈克玉器是细石器工艺发展到顶峰阶段的代表，它集中体现了人类早期的狩猎经济形态。

周南泉先生认为哈克玉器的原料为辽宁一带河道里的宽甸玉（与红山文化的玉料一致）。但呼伦贝

哈克遗址出土的玉锛

尔本地并不产宽甸玉。那么，7000年前的哈克人是如何千里迢迢地把产于辽宁一带的宽甸玉运回呼伦贝尔草原呢？

哈克玉器的制作工艺非常高超、精美，从琢磨、造型到钻孔、抛光，每个环节的技术都相当成熟。周南泉先生认为："其精美程度和技艺高超程度不亚于红山玉器。"在7000年前，生产工具、生活用品、武器的制作还很简单粗糙，那么当年的哈克人是怎样在玉器制作上达到如此精湛的水准呢？

哈克遗址出土的玉人面、大玉璧，其功能已经脱离了实用工具的范畴，很可能与祖先崇拜、对天地鬼神的敬畏有关，甚至可能是早期宗教信仰的萌芽。这已大大超出了今人对7000年前人类智力、思维深度和精神世界发展的认识程度……

这些未解之谜仍有待考古人员进行研究和解答。

哈克玉器：足以让世人震惊的精彩

据不完全统计，现有馆藏的哈克遗址出土的玉器28件，其中故宫博物院收藏玉璧11件、内蒙古自治区博物院收藏玉斧1件、呼伦贝尔民族博物院收藏各类玉器14件、海拉尔区博物馆收藏玉匕1件、额尔古纳市博物馆收藏玉斧1件。流散在民间的哈克玉器无法统计。

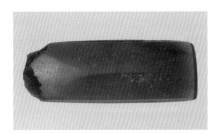

哈克遗址出土的玉斧

与红山玉器比较，哈克玉器品种比较简单，器面纹饰较少，这说明玉璧、玉斧、玉锛、玉匕等在当时都是作为工具用于生产生活中的，即玉质的石器。哈克遗址还出土了大量以玛瑙为原料的石镞、石矛、石刃，它们是玉质的武器。此外，还有玉饰、玉人面等玉质的神器。

呼伦贝尔民族博物院收藏的玉人面是哈克遗址出土的玉器精品，被专家学者称为神器，并被认为是人与龙组合的复合器。玉人面高4.3厘米，宽6.8厘米；玉料是青绿色，微透明；整个玉器雕成人脸形状，面部光素无纹。玉人面造型古朴，采用起凸减地砣磨工艺，颊、眼、眉、鼻、唇凸现；背面磨平抛光；中上部采用斜对钻孔方式向内钻一通孔，并留有象鼻孔，作为系挂佩戴的穿孔。

玉器研究专家于明先生仔细观察玉人面的外缘纹饰，认为其是龙纹装饰。他在文章中描述玉人面：以纹饰外的中间三角形凸凹为分界线，有两条龙分别垂于人脸部的外缘，两条龙头外凸，龙身以瓦沟纹装饰，玉人面的外缘都是龙的简化形式；整个器物是由人和龙组合起来的，为复合器。

呼伦贝尔先后出土15件玉璧，

哈克遗址出土的玉人面

有圆形、三角形、椭圆形。其中收藏在北京故宫博物院的 11 件玉璧，玉料为白色，微透明，表面有绺裂及磕缺，璧中多有土色沁斑，内外圆均不甚圆，有的呈方形；玉璧扁平形状，内圆旋磨成刃，外圆边缘磨薄，薄得像刀刃，剖面呈两头尖的梭子形状，被专家称为"圆形边刃器"。

玉器是中国文化独有的器物，探究它的起源对研究中华文明的起源意义重大。虽然现在呼伦贝尔出土的玉器还比较少，但这些玉器所承载的巨大信息可以揭露呼伦贝尔草原上埋藏着的秘密。

哈克细石器工艺达到顶峰

石器，在人类进化史上具有特殊的意义。远古时期，人们已经学会了用石器、木器、骨头等制作工具。旧石器晚期出现了一种新的石器加工工艺——细石器，即远古人类为了装备骨、木等复合工具（如弓箭、骨刀等），以石为原料而专门制作的精细零件，如石刃、石镞、石钻等。与旧石器制作技术相比，被考古学者称之为细石器的工艺要求更高，需要制作者具有清晰严谨的技术设计以及娴熟精湛的操作技能，揭示了石器打制、压剥等技术前所未有的进步。细石器是人类石器时代石器生产工艺最复杂、技术最尖端的

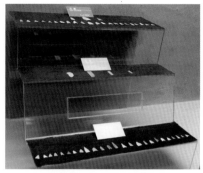

哈克遗址出土的石质箭镞

产品。中国社科院佟柱臣先生认为："呼伦贝尔的细石器工艺技术，在新石器时代达到了顶峰。"

在呼伦贝尔市境内的 280 多处哈克遗址中，出土了大量石器，有打制的手斧、石锤、石砧、石垫、砍砸器、刮削器，也有磨制的石斧、石锛、石环、石杵、石磨盘、石网坠、校正器等。然而，哈克文化最具代表性的器物是采用压剥技术制作而成的细石器。

呼伦贝尔地区是一个由森林草原向蒙古高原过渡的地方，是一片从狩猎转向游牧的天然区域。原始人类无论是狩猎还是游牧，都要用锋利的工具或武器来满足生活的需要，所以细石器能在这里发展到极致是历史的必然。细石器家族主要由石镞、石叶、石钻、石刃、石矛、石刀、石片、刮削器和属于原料或废料的石核组成，其中工艺最为复杂、技术水平最高的是石镞。从石镞的类型入手，理出先后顺序，就

海拉尔地区出土的猛犸象牙及动物头骨

可以摸清一些从事狩猎、游牧并以食肉为主的先民的社会发展脉络。

细石器的使用时间跨度很长，包括中国北方森林草原地区的旧石器晚期、中石器时期、新石器时期、青铜器时期，直至秦、汉、隋、唐时期。哈克文化中，以三角形凹底石镞为代表，登上了细石器工艺的顶峰。但随着社会的进步，金属器的发明和应用，细石器逐步被青铜器、铁器所取代。

玛瑙：哈克细石器中的王后

哈克遗址出土的文物中，最值得骄傲的是玛瑙制品。玛瑙在我国古籍上多有记载，《广雅》中有"玛瑙石次玉"和"玉赤首琼"之说，就是说红色的玉石以红玛瑙为最佳。玛瑙在佛教中是七宝之一，与金、银、琉璃、水晶、赤珠、琥珀齐名。

呼伦贝尔大地盛产玛瑙，这些五彩斑斓的宝石，在距今7000年前的哈克先民看来，是可以加工细石器的优选材料。先民们制作的玛瑙石镞、石矛、石刃、石钻等工具，使生产效率大大提高，对推动人类社会的进步意义重大。他们不仅把细石器生产工艺推向了顶峰，更在长期生产加工以玛瑙为原料的细石器的实践中，逐渐推动人类社会从石器时代进入青铜时代。哈克细石器中，不仅石镞、石矛、石刃是以玛瑙材料加工的，甚至一些玉璧、玉环、玉斧也是用玛瑙材料加工而成的。可以毫不夸张地说，玛瑙是哈克细石器中的皇后。

但直到今天，哈克人是用什么方法处理玛瑙材料，用什么工具打制、压剥、雕琢玛瑙，仍然是未解之谜。

哈克遗址出土的玛瑙石质工具

揭示早期世界文化的内在联系

哈克文化，是由中国人独立发现的原始文化类型。专家认为，这意味着中华民族的内涵与外延都大大扩展了，各民族将在文化上找到共同的血脉。而对于整个人类文明来说，它对于人类文明史都将产生重大的改写作用。

哈克文化的发源地，呼伦贝尔草原，孕育发展了历史上多个优秀智慧的民族。从已知的研究成果来看，哈克文化是海拉尔流域的早期文明，哈克遗址是呼伦贝尔新石器时期最典型的文化代表。

英国伦敦大学丝路文化遗产研究中心中亚艺术考古学家毛铭认为，哈克文化具有世界意义，尤其在中亚地区，它不会单一出现在呼伦贝尔草原，它与南西伯利亚、哈萨克斯坦、蒙古国、中亚锡尔河草原、乌拉尔山脉、高加索等一系列文化遗址存在的文化联系性有待深入的发掘与研究，这属于早期欧亚草原丝路的国际文化概念。

哈克遗址出土的玉质礼器、工具

据悉，在呼伦贝尔草原上，同类文化遗存有280多处，基本都分布在河流两岸、湖泊周围地势较高的沙丘和台地上。遗址出土的器物以细石器为特点，还包括精细的陶器和打制细致的玛瑙器，尤其是神秘而精美的玉器，彻底颠覆了人们对于草原文明开端的浅显认识。哈克遗址的发现将人类在呼伦贝尔活动的时间猛然推进到石器时代，成为呼伦贝尔人灵魂的根系。

保护传承哈克文化

哈克遗址于1985年被发现；2002年，哈克文化被正式命名；2004年，对哈克遗址进行第一次较大规模的挖掘；2009年，海拉尔区建立哈克遗址博物馆；2016年，哈克遗址成为内蒙古考古遗址公园。目前，该遗址已经被国务院确定为国家文物保护单位。在这个过程中海拉尔区委、区政府在保护、传承哈克文化方面不遗余力，做了大量的工作。站在新的历史高度上弘扬哈克文化，扩大哈克文化的影响力，保护和传承好哈克文化，使哈克文化的研究工作具有国家高度和国际视野；积极处理好继承和创造性发展的关系，实现中国哈克文化的创造性转化和创新性发展，真正使哈克文化成为提升呼伦贝尔地区发展水平的重要文化源泉；这些是海拉

首届中国哈克文化国际研讨会暨哈克文化人文历史纪录片开机仪式

尔区委、区政府正在全力做的事情。

2016 年 1 月 16 日，由北京大学国家软实力研究中心牵头成立的中国哈克文化研究促进专业委员会，标志着哈克文化从它的诞生地呼伦贝尔草原走上了国家级平台。在举办哈克文化研究促进专业委员会成立仪式的同时，召开了哈克文化研讨会，此举迅速在各大媒体掀起一轮报道热潮，哈克文化得以闪亮面世，引起业界专家学者的关注。

2016 年 6 月，"首届中国哈克文化国际研讨会"由呼伦贝尔市海拉尔区人民政府和北京大学国家软实力研究中心等部门共同主办。来自北京大学、纽约大学、联合国中亚考古队、KIP 国际学校、故宫博物院、中国社会科学院考古所以及内

蒙古、呼伦贝尔市的文物局、博物院等单位的 30 余名专家学者参加此次研讨。

意大利前外交部副部长 Famiano Crucianelli（儒耐立）在参观哈克遗址博物馆时说了这样一句话：哈克文化应该属于世界、属于人类。

哈克文化当得起这个赞誉。故宫博物院研究员、中国著名玉器专家周南泉先生看到哈克文化出土的玉人面时连说了"四个第一"。哈克文化命名人、呼伦贝尔市博物馆原馆长、研究员赵越提出：哈克遗址是中国文明起源"多元一体论"的新佐证。

海拉尔区委、区政府希望未来通过对哈克文化的深入研究，让埋藏在呼伦贝尔草原上的文化遗产

"活"起来，采用学术研究与经济开发相结合的方法，打通呼伦贝尔文化旅游资源与市场对接的通道，打造出哈克文化品牌。同时，联合俄蒙共同研究，并共同开发草原文化旅游产业，提升呼伦贝尔区域文化软实力，推动呼伦贝尔草原文化、旅游的发展。

"中国历史的后院"
内蒙访古

（本文为中国著名历史学家翦伯赞先生于1961年撰写的，本处节选与呼伦贝尔有关的部分）

哪里能找到这样的诗篇

内蒙，对于历史学家来说，是一个富有诱惑力的地方，因为这里在悠久的历史时期中，一直是游牧民族生活和活动的历史舞台，而这些游牧民族的历史活动又是中国史的一个重要组成部分；有些活动，在世界史上也不能没有它们的篇章。然而这个历史学的宝库，直到现在，还没有完全打开，至少没有引起史学家足够的注意。

不知从什么时候起，匈奴人就进入了内蒙；到秦汉时期或者更早，它就以一个强劲的民族出现于历史。以后，鲜卑人、突厥人、回纥人，更后，契丹人、女真人，最后，蒙古人，这些游牧民族一个跟着一个进入这个地区，走上历史舞台，又一个跟着一个从这个地区消逝，退出历史舞台。这些相继或同时出现于内蒙地区的游牧民族，他们像鹰一样从历史掠过，最大多数飞得无影无踪，留下来的只是一些历史遗迹或遗物，零落于荒烟蔓草之间，诉说他们过去的繁荣。有些连历史的遗迹也没有发现，仅仅在历史文献上保留一些简单的纪录。但是这些游牧民族在过去都曾经在内蒙地区或者在更广大的世界演出过有声有色的历史剧；有些游牧民族，如13世纪的蒙古人，并曾从这里发出了震动世界的号令。

两千多年的时间过去了，现在，内蒙地区已经进入了历史上的新世纪。居住在这里的各族人民，蒙古族、达斡尔族、鄂伦春族、鄂温克族等等，正在经历一个前所未有的伟大的历史变革，他们都在从不同的历史阶段和不同的生活方式，经由不同的道路走进社会主义社会。例如蒙古族是从以游牧为主要生活方式的封建社会走进社会主义社会的，鄂伦春族和一部分鄂温克族则是从以狩猎为主要生活方式的原始共产主义社会末期走入社会主义社会的。（此处有删节）

恩格斯说："世界史是最伟大的诗人。"我们在内蒙地区看到了这个最伟大的诗人的杰作。出现在这个杰作中的不是莺莺燕燕，而是群鹰搏击，万马奔腾。在世界文学的文库中，哪里能找到这样波澜壮阔、气势豪放的诗篇呢？

游牧民族的摇篮

我们在内蒙西部没有看到的塞外风光，在内蒙东部看到了。当我们的火车越过大兴安岭进入呼伦贝尔草原时，自然环境就散发出蒙古的气氛。一幅天苍苍野茫茫的画面出现在我们的面前了。

正像大青山把内蒙的西部分成南北两块，大兴安岭这一条从东北伸向西南的广阔的山脉也把呼伦贝尔草原分割为东西两部。山脉的两麓被无数起伏不大的山谷割开，从山谷中流出来的溪水，分别灌注着大兴安岭东西的草原，并在东部汇成了嫩江，在西部汇成了海拉尔河。海拉尔，蒙古语，它的意思就是流下来的水。

海拉尔市虽然是一个草原中的城市，但住在这个城市里，并不能使我们感到草原的风味，只有当我们从海拉尔乘汽车经过南屯（鄂温克族自治旗首府所在地）前往锡尼河的这条路上，才看到真正的草原风光。在这条路上，我第一次看到这样平坦、广阔、空旷的草原，从古以来没有人耕种过的、甚至从来也没有属于任何个人私有过的草原。没有山，没有树木，没有村落，只有碧绿的草和复盖这个草原的蓝色的天，一直到锡尼河我们才看到一些用毡子围起来的灰白色的帐幕，这是布列亚特蒙古族牧人的家。我们访问了这些牧人的家，在草原上度过了最快乐的一天。

当然不是所有的草原都像锡尼河一样的平坦。当我们从海拉尔前往满洲里的路上，我们就看到一些起伏不大的沙丘；而当我们从满洲

天高地阔的呼伦贝尔草原

31

里到达赉湖（又名呼伦湖，这两个名字是蒙古语和汉语联称，前者汉译"海一样的湖"，后者汉译"水獭一样的湖"，湖东西宽一百余里，南北长三百余里，盛产鱼类及其他水产物），从达赉湖到扎赉诺尔的路上，也看到了一些坡度不大的丘陵在地平线上画出了各种各样的柔和的曲线。

呼伦贝尔不仅在现在是内蒙的一个最好的牧区，自古以来就是一个最好的草原。这个草原一直是游牧民族的历史摇篮。出现在中国历史上的大多数游牧民族：鲜卑人、契丹人、女真人、蒙古人都是在这个摇篮里长大的，又都在这里度过了他们历史上的青春时代。

根据《后汉书·鲜卑传》所载，鲜卑人最早的游牧之地是鲜卑山。他们每年"以季春月大会于饶乐水上"。鲜卑山、饶乐水究竟在哪里，

鲜卑民族建立的兴盛的北魏王朝

历来的史学家都没有搞清楚。现在我们在扎赉诺尔附近木图拉雅河的东岸发现了一个古墓群。据考古学家判断，可能是鲜卑人的墓群。如果是鲜卑人的墓群，那就可以证实早在两汉时期鲜卑人就游牧于呼伦贝尔西部达赉湖附近一带的草原。

对于早期鲜卑人的生活，历史文献上给我们的知识很少，仅说鲜卑人的习俗与乌桓同。而当时的乌桓是一个以"弋猎禽兽为事，随水草牧"，但已"能作弓矢鞍勒，锻金铁为兵器"的游牧民族。我们这次在呼和浩特和海拉尔两处的博物馆，看到扎赉诺尔古墓中发现的鲜卑人的文物，其中有双耳青铜罐和雕有马鹿等动物形象的铜饰片，又有桦木制的弓、桦树皮制的弓囊和骨镞等等，只是没有发现角端弓。又《鲜卑传》谓鲜卑于建武二十五年始与东汉王朝通驿（当作译）使，这件事也从墓葬中发现的织有"如意"字样的丝织物和汉代的规矩镜得到了证实。

史载契丹人最初居在鲜卑人的故地，地名枭罗个没里。没里者，河也（《新五代史》卷七二《四夷附录》第一）。这条河究竟在哪里，不得而知。最近在扎赉诺尔古墓群附近发现了契丹人的古城遗址，证明契丹人也在呼伦贝尔草原东部游牧过。

契丹文字

女真人在呼伦贝尔草原也留下了他们的遗迹。其中最有名的是两条边墙。一条边墙在草原的西北部，沿着额尔古纳河而西，中间经过满洲里直到达赉湖的西边，长约数百里。这条边墙显然是为了防御蒙古人侵入呼伦贝尔草原而建筑的。但据史籍所载，在蒙古人占领这个草原以前，游牧于这个草原的是塔塔儿人，蒙古人不是从女真人手中，而是从塔塔儿人手中接收这个草原

的。根据这样的情况，这条边墙，似乎不是女真人修筑的。只有在这样的情况之下，即为了抵抗蒙古人的侵入，当时的塔塔儿人和女真人是站在一边的，女真人才有可能修筑这条边墙。另一条边墙在呼伦贝尔的东南，这条边墙是沿着大兴安岭南麓自东北而西南，东起于莫力达瓦达斡尔族自治旗的尼尔基镇，西至科尔沁右翼前旗的索伦，长亦数百里。王国维曾在其所著《金界壕考》一文中对这条墙作了详细的考证。（参看王国维：《观堂集林》卷十五）有人认为这是成吉思汗的边墙，并且把扎兰屯南边的一个小镇取名为成吉思汗，以纪念这条边墙，这是错误的。毫无疑问，这条边墙是女真人建筑的，其目的是为了保卫呼伦贝尔南部的草原，免于

逐水草而居的北方游牧民族

33

北宋时期绘制的女真族攻城略地的战争场面

蒙古人的侵入。但是成吉思汗终于突破了这两道边墙，进入了呼伦贝尔草原。

呼伦贝尔草原不仅是古代游牧民族的历史摇篮，而且是他们的武库、粮仓和练兵场。他们利用这里的优越的自然条件，繁殖自己的民族，武装自己的军队，然后以此为出发点由东而西，征服内蒙中部和西部诸部落或最广大的世界，展开

成吉思汗出行时的金帐

北方游牧民族征战的场面

他们的历史性的活动。鲜卑人如此，契丹人、女真人、蒙古人也是如此。

鲜卑人占领了这个草原就代替匈奴人成为蒙古地区的支配民族，以后进入黄河流域建立了北魏王朝。鲜卑人在前进的路上留下了很多遗迹，现在在内蒙和林格尔县发现的土城子古城，可能就是北魏盛乐城的遗址。大同云冈石窟和洛阳龙门石窟也是鲜卑人留下来的艺术宝库。我们在访问大同时曾经游览云冈石窟，把这里的艺术创造和扎赉诺尔的文化遗物比较一下，那就明显地表示出，定居在大同一带的鲜卑人比起游牧于扎赉诺尔的鲜卑人来，已经是一个具有高得多的文化的民族。如果把龙门石窟和云冈石窟的艺术，作一比较研究，我想一定能看出鲜卑人在文化艺术方面更大一步的前进。

在呼伦贝尔草原游牧过的契丹人，后来也向内蒙的中部和西部发展，最后定居在黄河流域建立了辽王朝。契丹人也在前进的路上留下了他们历史的里程碑。他们在锦州市内留下了一个大广济寺古塔，在呼和浩特东四十里的地方留下了一个万部华严经塔，还在大同城内留下了上下华严寺。我们这次游览了锦州的古塔，欣赏了大同上下华严寺的佛像雕塑艺术。从这些建筑艺术和雕塑艺术看来，莫居在锦州和大同一带的契丹人也是一个具有相当高度文化艺术的民族。

为了保卫呼伦贝尔草原建筑过两条边墙的女真人，后来也进入黄河流域。和鲜卑人、契丹人略有不同，女真人在进入中原以前已经具有比较高度的文化，并且建立了金王朝。现在黑龙江省阿城县（今阿城区）

万马奔腾

南的白城就是金上京。在这次访问中，有些同志曾经去游览过金上京遗址。从遗址看来已经是一个规模相当大的城市。这个城市表明了当时女真人已经进入了定居的农业生活，并且有了繁盛的商业活动。

元代的戏剧人俑

成吉思汗在进入呼伦贝尔草原以前，始终局促于斡难河与额尔古纳河之间的狭小地区。但当他一旦征服了塔塔儿人占领了这个草原，不到几年他就统一了蒙古诸部落。正如他在写给长春真人丘处机的诏书中所说的："七载之中成大业，六合之内为一统。"（王国维：《长春真人西游记注》卷上）

蒙古人当然知道这个草原的重要性，元顺帝在失掉了大都以后，带着他的残余军队逃亡，不是逃往别处，而是逃到呼伦贝尔草原。

朱元璋似乎也知道这个草原的重要性，他派蓝

玉追击元顺帝，一直追到捕鱼儿海（即今贝尔湖）东北八十里的地方，在这个草原中彻底地歼灭了元顺帝的军队以后，蒙古王朝的统治才从中国历史上结束。

历史的后院

假如呼伦贝尔草原在中国历史上是一个闹市，那么大兴安岭则是中国历史上的一个幽静的后院。重重叠叠的山岭和覆蔽着这些山岭的万古常青的丛密的原始森林，构成了天然的障壁，把这里和呼伦贝尔草原分开，使居住在这里的人民与世隔绝，在悠久的历史时期中，保持他们传统的古老的生活方式。一直到解放以前，居住在这个森林里的鄂伦春人和鄂温克人还停留在原始社会末期的历史阶段。但是解放以后，这里的情况已经大大的改变了。现在，一条铁路已经沿着大兴安岭的溪谷远远地伸入了这个原始森林的深处，过去遮断文明的障壁在铁道面前被粉碎了。社会主义的光辉，已经照亮了整个大兴安岭。（此处有删节）

我们在这里第一次看到了太阳都射不进去的丛密的森林，也第一次看到了遍山遍岭的杜鹃花和一种驯鹿爱吃的特殊的苔藓。秋天的太阳无私地普照着连绵不断的山岗，畅茂的森林在阳光中显出青铜色的深绿。在山下，河流蜿蜒地流过狭窄的河谷，河谷两岸是一片翠绿的草原和丛生的柳树。世界上哪里能找到这样美丽的花园呢？（此处有删节）

从狩猎转向畜牧生活并不是一种轻而易举的事，这要求一个民族从森林地带走到草原，因为游牧的民族必须依靠草原。森林是一个比草原更为古老的人类的摇篮。恩格斯曾经说过，一直到野蛮低级阶段上的人们还是生活在森林里；但是当人们习惯于游牧生活以后，人们就再也不会想到从河谷的草原自愿的回到他们祖先所住过的森林区域里面去了。恩格斯的话说明了人类在走出森林以后再回到森林是不容易的；在我看来，人类从森林走到草原也同样是不容易的。因为这需要改变全部的生活方式。要改变一种陈旧的生活方式，那就要触犯许多传统的风俗习惯，而这种传统的风俗习惯对于一个古老的民族来说是神圣不可侵犯的。（此处有删节）

揭穿了一个历史的秘密

这次访问对于我来说，是上了一课很好的蒙古史，也可以说揭穿了一个历史的秘密，即为什么大多数的游牧民族都是由东而西走上历史舞台。现在问题很明白了，那就是因为内蒙东部有一个呼伦贝尔草原。假如整个内蒙是游牧民族的历史舞台，那么这个草原就是这个历史舞台的后台。很多的游牧民族都是在呼伦贝尔草原打扮好了，或者说在这个草原里装备好了，然后才走出马门。当他们走出马门的时候，他们已经不仅是一群牧人，而是有组织的全副武装了的骑手、战士。这些牧人、骑手或战士总想把万里长城打破一个缺口，走进黄河流域。他们或者以辽河流域的平原为据点，或者以锡林郭勒草原为据点，但最主要的是以乌兰察布平原为据点，来敲打长城的大门，因而阴山一带往往出现民族矛盾的高潮。两汉与匈奴，北魏与柔然，隋唐与突厥，明与鞑靼，都在这一带展开了剧烈的斗争。一直到清初，这里还是和

生活在这里的北方游牧民族

准噶尔进行战争的一个重要的军事据点。如果这些游牧民族，在阴山也站不住脚，他们就只有继续往西走，试图从居延打开一条通路进入洮河流域或青海草原；如果这种企图又失败了，他们就只有跑到准噶尔高原，从天山东麓打进新疆南部；如果在这里也遇到抵抗，那就只有远走中亚，把希望寄托在妫水流域了。所有这些民族矛盾斗争在今天看来，都是一系列的民族不幸事件，因为不论谁胜谁负，对于双方的人民来说都是一种灾难，一种悲剧。

马克思说："世界历史形式的最后一个阶段，就是它的喜剧。"现在悲剧的时代已一去不复返了，出现在内蒙地区的是历史喜剧。但是悲剧时代总是一个历史时代，一个不可避免的历史时代，一个紧紧和喜剧时代衔接的时代，为了让我们更愉快地和过去的悲剧时代诀别以及更好地创造我们的幸福的未来，回顾一下这个过去了的时代，不是没有益处的。

纷纷攘攘的历史
北方游牧民族的繁衍之地

海拉尔现在生活着包括蒙古、汉、达斡尔、鄂温克、回、满、朝鲜、鄂伦春等在内的30个民族，其中蒙古、达斡尔等民族的先祖，很早就活跃在这片土地上了。

海拉尔在清雍正年间是戍边的军事重镇，因坐落在呼伦贝尔草原而被称为呼伦贝尔城。清俄《尼布楚条约》签订后，这里成为清帝国北部的重要门户，为捍卫1000多公里长的中俄边界发挥了巨大的作用。呼伦贝尔城是呼伦贝尔草原的中心，依靠优越的地理位置，发挥了巨大的辐射作用。建城之初，这里就有通往齐齐哈尔、黑山头、古北口、张家口、库伦(今乌兰巴托)、阿尔山、吉拉林等地的数条可通车马的道路。道路的通畅促成了当年草原上车马如流、盛况空前的甘珠尔庙会。20世纪初，随着中东铁路的修筑、通车，俄、日、德、美等外国资本纷纷进入，海拉尔商贸日渐繁荣，并于1907年被辟为对外开放商埠。东清铁路建设时，这里被定名为"海浪"(海拉尔的译音)站。后来，新街开发，海拉尔站的知名度渐渐提升，"呼伦贝尔城"的名称逐渐被"海拉尔"取代。

海拉尔河是呼伦贝尔草原的母亲河，早在二三万年以前，河两岸就有人类活动，当时在呼伦贝尔大草原上生活的古人类被考古界称为"扎赉诺尔人"。自1934年起，在扎赉诺尔煤矿中已先后发现20多个古人类化石。根据海拉尔哈克乡出土的古人类化石和大量器物判断，那时的人类社会应处于旧石器晚期、新石器时期，这里的古人类与猛犸象、披毛犀、东北野牛等古生物共存，而且还以这些野生动物为捕猎对象。在海拉尔地区，北山、东山的取土场都发现过大量的这类古生物化石。早在民国时期，各国学者就在这里进行发掘、研究。"文革"期间，黑龙江省博物馆在这里征集、发掘了大批古生物化石，现在黑龙江博物馆展出的猛犸象、披毛犀、东北野牛化石多是海拉尔出土的。1985年，东山取土场又发现零散的猛犸象化石，考古人员在其中一块

冬季那达慕

化石上发现了人类砍砸的痕迹，这说明在旧石器时期这里有古人类活动。进入全新世（距今1万年左右），海拉尔的气候、地貌与生物群与现在相似，人类走入了新的发展时期。在考古学中，从旧石器向新石器过渡期间，有一个中石器时代，目前考古界把海拉尔西山（也称松山）细石器作为中石器时代的代表。在距今6000～10000年间，海拉尔地区生活着一群使用细石器、走向文明时代的原始人类。他们手持石制工具，同大自然进行顽强的拼搏，过着原始氏族社会生活，创造了中石

器文化。当中原进入新石器时代，生活在海拉尔的原始人也步入了新的历史时期，创造了辉煌的哈克文化。人类文明的重要标志礼器——玉器出现了，生产力发展了，先进技术推广了，复合工具应用了，文明出现了，细石器也发展到了顶峰。

春秋战国时期，海拉尔地区的狩猎、游牧民族以"东胡"之名见诸史籍。那时，在中国北方草原上有一个强大的游牧民族，被中原称为匈奴，史书简称其为"胡"。而其东面，在大、小兴安岭，乃至外兴安岭一带，存在一个比匈奴还强大的狩猎、游牧民族，因在匈奴之东，被称为"东胡"。秦汉之际，北方草原战火纷飞，匈奴经常和汉朝交兵，也频繁打击、劫掠东邻的东胡。被匈奴打散的东胡一支——鲜卑族，后来在呼伦贝尔草原的孕育下发展、强大，占据了匈奴故地，建立了强大的鲜卑部落联盟，并在海拉尔留下许多的遗迹，如谢尔塔拉的鲜卑古墓群。东汉末年，拓跋鲜卑人统一了北方，建立了中国历史上第一个少数民族政权——北魏。鲜卑南迁后的留守部众以"室韦"的名称被记入史册。"室韦"与"鲜卑"是同音异释之音，都属蒙古语，是"森林中的人"之意。至今，额尔古纳市北部仍有民族乡以"室韦"为名。在北魏、隋、唐之际，中原把居住在大

兴安岭和呼伦贝尔草原的狩猎、游牧民族都称作"室韦"。最近，文物考古工作者在谢尔塔拉又发现了室韦古墓群，说明室韦及其后裔蒙古族，都曾在海拉尔地区繁衍生息。

916年，契丹人在中国北方建立了辽政权，海拉尔地区为辽国所占据。辽国在这里设乌古敌烈统军司进行管理，还在海拉尔河流域建立了边防城池，成为契丹人统治下北方游牧民族驻牧的地方。考古工作者在海拉尔东山、谢尔塔拉、哈克镇等许多遗址都发现了辽代遗迹。

1202年秋，蒙古乞颜部落的铁木真打败了塔塔儿部落，占领了海拉尔河流域，统一了呼伦贝尔草原。他把这里作为休养生息的据点，用4年时间统一了蒙古高原各部，被拥立为大汗——成吉思汗。从此，北方草原形成了一个具有共同语言、地域和文化的，并在心理素质和经济生活上也有共同特点的民族——蒙古族。他们西征欧亚大陆，建立了四大汗国，随后又统一了中国，建立元帝国。元朝灭亡后，战乱使呼伦贝尔草原的游牧民族又过上了动荡不定的原始游牧生活。至后金兴起，这里的蒙古各部陆续称臣于清朝。清政府先后把居住在这里的蒙古人迁往乌兰察布草原，呼伦贝尔地区只留下为数不多的巴尔虎、

布里亚特蒙古族和达斡尔族、鄂温克族等游牧、狩猎民族。

沙皇俄国在签订《尼布楚条约》后仍继续侵略呼伦贝尔地区，清雍正帝鉴于沙俄的不断侵扰，开始注重边防建设，在呼伦贝尔境内设立12处卡伦，并迁大兴安岭东麓的索伦部（包括鄂温克、达斡尔、鄂伦春等族）和巴尔虎蒙古部到岭西呼伦贝尔地区戍边。呼伦贝尔地区人丁遂日益增多，经济也日渐繁荣。坐落在今海拉尔正阳街一带的"呼伦贝尔城"，成为呼伦贝尔地区的商贸、交通、政治、文化中心，被称为草原上一颗灿烂的明珠。

谢尔塔拉出土的汉代铜镜

谢尔塔拉墓葬群

谢尔塔拉墓葬群，位于海拉尔区原谢尔塔拉镇东约5公里的台地上，西南距海拉尔城区约15公里，南距海拉尔河约2公里。遗址西北侧有一隆起的山冈，东侧和东南侧地势平坦开阔（现为牧场），南侧为较低的草滩地。

1998年9～10月，中国社会科学院考古研究所内蒙古工作队与呼伦贝尔民族博物馆（今呼伦贝尔民族博物院）、海拉尔区文物所对该墓地进行了联合发掘，揭露面积337.5平方米，清理出不同规格古墓葬10座，考古专家确定这是迄今为止在我国发现的第一个原蒙古人墓葬群。

该遗址的古墓均为长方形竖穴土圹墓，木棺大多数有盖无底，多数（多为男性）为单人葬，也有双人葬；死者皆为侧身屈肢葬，头向朝东南，面向朝北，也有的面部及上身俯趴在墓穴内。共出土金、银、铜、铁、陶、桦树皮器等各类文物200余件，随葬品多集中放置在墓主人头部及胸部周围，也有的放在墓

谢尔塔拉室韦墓葬说明

谢尔塔拉室韦墓葬是晚唐五代时期的遗存，1997年9月在海拉尔市哈克镇谢尔塔拉牧场发现，墓地位于海拉尔河右岸台地上。经中国社会科学院考古所内蒙工作队、呼伦贝尔民族博物馆、海拉尔市文物管理所联合发掘，共清理10座古墓葬，从葬俗及形制方面比较，它与鲜卑墓有一定继承关系，如随葬的弓箭、镞、桦皮器和陶器等。谢尔塔拉墓葬的发掘及谢尔塔拉文化的命名，系在国内首次发现室韦遗存，为研究蒙古族的起源提供了重要考古实证，进一步说明呼伦贝尔是游牧民族的历史摇篮。

谢尔塔拉室韦墓葬陈列说明牌

鲜卑古墓出土的铜镂

主人身上。还有少数葬品是由两种或两种以上质地的材料加工而成，依据使用功能的不同也可以将随葬品分为生活用品、生产工具、马具、装饰品等。

经人种学鉴定，这些古墓中的尸骨的人种属于北亚蒙古人种，又经碳14方法测定，其时代为公元9～10世纪，再结合考古学和有关历史文献记载，确定墓主人为室韦人。据文献记载，室韦人是蒙古族的祖先，公元9世纪初，室韦人中的一支从额尔古纳地区森林中走出来，来到森林西部平坦的草原地区，这些人被称为"原蒙古人"。

蒙古族是从森林走向草原的，但他们走出森林后先到哪个草原却一直没有定论。我国考古界对谢尔塔拉地区曾经出土的一些古墓葬进行多年研究后认为，原蒙古人从额尔古纳地区森林走出之后，首先来到了呼伦贝尔草原的谢尔塔拉地区，并在此繁衍生息，其后，才西迁至蒙古高原的不儿罕山（今肯特山）一带。此外，谢尔塔拉墓的发掘为研究晚唐五代时期北方少数民族文化遗存及其与境外相关地区的文化联系提供了弥足珍贵的资料。

古代其他重大历史事件的发生地

1. 西汉卫青北击匈奴，漠北之战中卫青军队曾到达海拉尔西的克鲁伦河一带。

2. 成吉思汗与札木合联军在海拉尔东北的特尼河一带爆发大战，此战，成吉思汗击溃札木合联军。

3. 明朝大将蓝玉率军追击元顺帝，在呼伦湖一带爆发大规模战事，此战北元损失十万之众及全部辎重。

4.明永乐帝八年（1410年）起，明朝5次攻击北元残部。其中第一次是在呼伦湖一带，此战本雅失里战败，北元余部远走西北，自此不振。

令人铭心刻骨的历史纪念地
世界反法西斯战争海拉尔纪念园

第二次世界大战时期，日本关东军为进攻和防御苏联，于1934年在中国东北边境建设了海拉尔要塞。为了让广大人民群众勿忘国耻，2006年，海拉尔区委、区政府在侵华日军海拉尔要塞遗址上修建了世界反法西斯战争海拉尔纪念园，作为弘扬爱国主义、国际主义、革命英雄主义的基地。

园区中的海拉尔要塞博物馆通过大量文字、图片、实物，运用高科技的布展手段，生动形象地再现了日本关东军在我国东北犯下的滔天罪行。通过陈列的史实，赞颂了东北抗联、东北军爱国将士和呼伦贝尔各族人民反抗日本侵略者的爱国主义精神，赞颂了苏联红军及蒙古国军队与日本侵略军英勇作战的英勇事迹，再现了那段沉重的历史。

园区建设恢宏大气、肃穆凝重，整修复原了地下工事遗迹，复原了日军司令部、将校室、兵舍、弹药室、通讯室等。园区分为地上、地下两部分，其中地面建有海拉尔要塞遗址博物馆（分为四个展厅、九个部分）、主题广场、地面战争遗迹、模拟战争场景等内容。走进园区，就能看到满布山坡的坦克（其中有3辆是真实的坦克）、装甲车和持枪进攻的苏军士兵。这方圆几平方公里的模拟战场，让人们看到了战斗规模的宏大和震撼。

园区对原来的要塞遗址碉堡做了整修，使道路通畅。要塞的入口

世界反法西斯战争海拉尔纪念园

世界反法西斯战争海拉尔纪念园外景

有长长的台阶可进入十几米深的地下工事。要塞内部呈东西走向，面积9053平方米，干道长5481米，共有11个入口，每个入口分别与地面部队集结地、火炮阵地、观察所等相通，但战时散布在地面的工事已被全部摧毁。

当时地下要塞里有发电室、仓库、弹药库、卫生所、兵营，还有宿舍、将校室、指挥室等。地下坑道呈拱形，高2米、宽1.7米，坑道两边排列着大小不等的房间59个，最大的宽2.6米、长42米。每个交叉路口或转弯处都设有射击孔，便于在坑道战时狙击作战。坑道底部两侧有用于排水的沟槽，坑道顶部每隔50米即有一个通风孔直通山顶，最长的一段，全长有5000多米。地下工事的通道蜿蜒曲折，四通八达，目前在这里陈列了大量实物，如武器、工具、器具等。

侵华日军海拉尔要塞遗址

侵华日军海拉尔要塞遗址位于海拉尔北部的山上，距城区约2公里。1996年被确定为内蒙古自治区重点文物保护单位。该遗址占地21平方公里，现已开放3平方公里。

1957年7月1日，内蒙古军区司令部组成勘察队，在呼伦贝尔军分区、呼伦贝尔盟委、公署、海拉尔市委、呼伦贝尔盟、海拉尔市公安部门、海拉尔火车站等单位的支持、配合下，对该要塞实施了详细的勘测，通过搜集资料、野外勘察和测量，整理出详细的勘测报告，并绘制了北山16平方公里内1：10000地形图、1：2000地下道平面图、1：5000立体图及部分工事的断面图等。

二战前，日本一直把苏联作为侵略的主要对象之一，占领中国东北后，这个意图更加凸显。日军决定把同苏联国境接近的"北满"和"东满"（即所谓"北边地区"）规定为三线部署的综合性大型军事基地地区。1933年，日军大本营决定在长达近3000公里的中苏边境线上修筑第一线防御工事。日军东京参谋本部作战课长铃木率领数十人，从吉林珲春出发，沿中苏边境行程数千里，最后到达海拉尔，其目的是勘察、设计对苏联的阵地工事（亦被称为"要塞""筑垒阵地"或"筑垒地域"）。海拉尔距满洲里、黑山头等额尔古纳河诸渡口及诺门罕等中蒙边境地域均在180公里左右，是向苏、蒙进攻的出发和后勤供应基地；又因海拉尔控铁路、公路交通咽喉，进可攻退可守，故而是个理想的要塞建设地域。

1934年5月12日，按照日本关东军589号命令和日军大本营审定的设计图纸，各要塞全面开工，其中，规模最大的是海拉尔和黑龙江东宁两处。海拉尔要塞于1934年6月动工，1937年末竣工，技术总负责人为工兵少佐岩仲。在东北各17处要塞中，有13处均距边境线较近，是为出击时的战术支撑点，唯独海拉尔要塞因距边境线较远，在建设中注重攻防兼备。

海拉尔城区西、北、东三面地形突起，北部的敖包山是城区的制高点。海拉尔要塞利用环绕城区的这三面高地，以各抵抗枢纽部为防御主阵地，以设立在各抵抗枢纽部空隙间高地的辅助阵地为策应，构成了一个严密的防御体系。要塞分

地下工事的通道

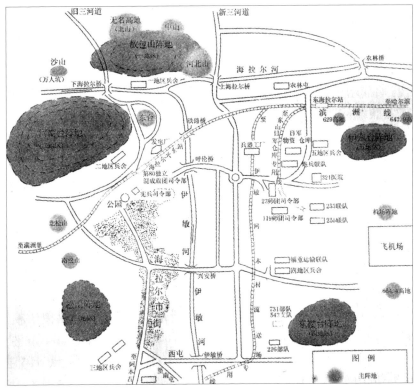

日军海拉尔要塞平面图

设5个抵抗枢纽部（阵地）、10个辅助阵地和数十个火力支撑点，占地约21平方公里。

各抵抗枢纽部都有数个火力支撑点，诸多钢筋混凝土永备火力点、指挥所、观察所及榴弹炮、山炮、步兵炮、迫击炮发射阵地，还有钢筋混凝土掩蔽部、钢筋混凝土顶盖工事和碉堡群。火力支撑点多建在高地上，并与现地障碍物相结合形成环形防御。各高地上的火力点做多层次配置，能以火力相互支援。各抵抗枢纽部和支撑点都有数道铁刺线屏障，有的地段还敷设地雷。

永备火力点及主要防御工事周围构筑的数道堑壕和露天枪座，既可弥补永备工事的火力配系，又能支援和保卫永备工事免受攻击和封锁。大部分永备火力点之间都有暗道与地下工事相连。日本关东军在工事构筑上特别注重对坦克的防御，修建了大量防坦克的障碍物，还有宽10余米、深4米余的防坦克壕。各个抵抗枢纽部都有地上地下电话线相通，有较强的通讯联络指挥系统。

要塞以敖包山、北山阵地军事工程为主体，分地上与地下相连通的两部分。地下工事距地面

12～17米，采取地上挖掘和地下掘进方式建设，其中北山和敖包山地下工事是采取地下掘进式，用机械和人工相结合的方法建成。要塞永久性工事分为特、甲、乙、丙、丁级。特级工事混凝土厚3米，可抵御30厘米以上口径炮弹、1吨级航空炸弹的直接轰击；甲级工事混凝土厚2米，可抵御30厘米炮弹、500公斤航弹的轰击。北山（河南台）阵地有特级碉堡16个、甲级5个；敖包山阵地有部分甲级工事，其余均为乙、丙、丁级工事，以丁级为多。各种不同功能、不同形制、不同规格的机枪堡、火炮堡约250个，占地面工事的60%，主要分布在河南台、敖包山、松山阵地上。特大堡不仅墙体厚，面积可达200平方米，直径可达30米，而且周围还有若干

个机枪堡形成拱卫，相互支持。其余碉堡有的混凝土墙外镶嵌钢制帽顶，有可开闭的瞭望、射击孔；有的为不规则多面型碉堡，有立式、卧式、半地下六角形重机枪掩体；有的为露天混凝土式，加固野战火炮阵地、高炮阵地。除堑壕、铁丝网障碍区外，还有布雷区。地下工事主要分布在河南台、敖包山、松山阵地。地下工事又分深层工事、浅层工事，各有储备、指挥、作战、供应、医疗、交通等功能。

海拉尔要塞各阵地概况：

1.敖包山阵地

即海拉尔要塞一地区，日军称之为"安堡山"地区。因此处200余年来一直是呼伦贝尔副都统衙门祭敖包之地，故称敖包山，也称安本（衙门）敖包，阵地以山得名。

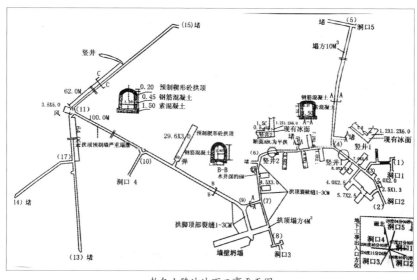

敖包山阵地地下工事平面图

敖包山火炮阵地

该阵地是由海拉尔东北部敖包山山体中心的敖包山、西北部的无名高地（北山）、东北部的中山和东部的河北山四个阵地组成的环形防御体系，距火车站约6公里，海拔743.6米。主阵地南北长约2公里，东西宽约3公里，地面火力点125处。敖包山阵地为海拉尔要塞的前沿阵地，与北山阵地形成"蟹钳"之势，防御北部中苏边境三河方向的进攻。阵地配备兵力1200人左右，各种火炮14门。

在主阵地处，有满头山、沙山一东一西两个辅助阵地。敖包山南部山下为驻守部队的兵营。敖包山阵地的地下工事总面积1400多平方米，各种通道总长780多米，住房、弹药库、炊事房、指挥所、通讯室、仓库、卫生间等房间15个。主体部分集中在敖包山东北部，面积为380多平方米，通道长122米，有5个

洞口与地面工事相通。敖包山西北的无名高地有地下通道370多米，有3个洞口与地面工事相通。中山、河北山没有地下工事，只有地面永备火力点及其他工事。

敖包山阵地地面工事有钢筋混凝土碉堡、钢筋混凝土掩蔽部、炮兵发射阵地、指挥所、观察所、永备火力点，还有5道环形防坦克壕、铁刺线防坦克障碍物。步兵交通壕密如蛛网，四通八达。

2.北山阵地

即海拉尔要塞二地区，日军称之为"河南台"（海拉尔河南岸台地之意）。位于海拉尔北部，北邻海拉尔河，以旧三河道为界与敖包山阵地相连；东邻海拉尔火车站、发电厂，西连北松山，南以滨洲铁路为界与南松山相连；距火车站约1.5公里，海拔668.9米。主阵地南北长约1.5公里，东西宽约4公里，主阵地面积7.25平方公里。

北山阵地是海拉尔要塞中地上地下工事最为复杂、规模最大、各种设施最齐全的环形防御阵地，是整个要塞的指挥中心。战时，日本

关东军第八十独立混成旅团司令部就设在这里。

北山地下军事工程呈东西走向，均为钢筋混凝土筑成，各种工事总面积达1万平方米。由一条主干道和多条支干道连贯组成，通道总长度约4000多米，面积5000多平方米，通道地下敷设电缆，壁上装设通讯、照明线路，每隔一段有一隐蔽的通风孔直通山顶。通道底部两侧有宽、深各10厘米的泄水沟槽。通道两侧辟有规格不等、用途不同的房间50多个，面积约3500平方米，门上有用途类别标志和编号。其西部为指挥中心，房间门标有分类：将（将校室）、信（通讯）、绷（医疗室）、楼（宿舍）、油（油库）、风、电（通风供电室）、炊（食堂）、厕（厕所）、弹（弹

药库），计20多间。北山地下要塞东部靠近公路（海拉尔—三河段），为物资贮存区，共设油（油库）、扬（卷扬机室）、仓库等30多间。

地下工事设有十多个通向地面的出入口，还有十几个通向地面永备火力点（碉堡）的出入口。通道入口处的钢筋混凝土厚约1米，密封门厚25厘米，四周镶有角钢，入口下有水泥阶梯76～87阶（计12～17米），直通地下通道。通道交叉路口或转弯处都有小型堡垒，有射击台、射击孔、铁门，是坑道战阻击设施。

北山阵地的北部和西南部有东台、北松山两个辅助阵地。北山地面阵地呈环形，建有30多个钢筋混凝土明碉暗堡和顶盖工事，还有

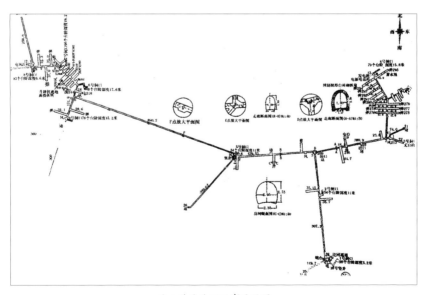

北山阵地地下工事平面图

北山重机枪阵地

钢筋混凝土掩蔽部、指挥部、观察所，有迫击炮和其他火炮阵地和许多永备火力点及野战工事，实行轻重火力配置，明碉暗堡结合，对空对地火力交叉。另有5道环形防坦克壕、铁刺线等障碍物。步兵交通壕将所有火力点和阵地连接起来。北山阵地配备有兵力4000多人，迫击炮8门、10厘米榴弹炮8门、10厘米加农炮4门、15厘米加农炮8门、高射炮16门，总量占全部火炮的44%。

至今，北山阵地地面工事虽已破坏殆尽，但地下部分仍基本保存完好。地下通道除个别被堵塞外，基本都可通行，各类房间多数墙面平滑坚实，完整无损。

3. 南松山阵地

即海拉尔要塞三地区，因与"北松山"相对而命名，日军称之为"沙松山"地区。其规模位居要塞第三位。南松山海拔635米，主阵地南北长

约4公里，东西宽约1公里。北起滨洲铁路线，南至海拉尔通达阿木古郎的公路，西部为平坦草原，东部连接市区。

南松山阵地地上、地下防御设施主要建在阵地南部海—阿公路一线。地面阵地为环形防御，十几个钢筋混凝土永备火力点分布于各制高点上，以南部居多。各火力点由交通壕相连，南部永备火力点有钢筋混凝土地下通道相连。还设有防坦克壕、铁刺线等障碍物。各永备火力点有电话相通。配备兵力1300人，山炮、高炮等火炮20门。南松山阵地的主要任务是警戒来自

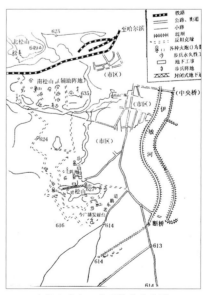

南松山地上、地下阵地平面图

西面满洲里、新巴尔虎左旗方向的苏、蒙军队。

地下工事沿海—阿公路一线修筑，共有十余处独立的地下钢筋混凝土掩蔽部、指挥所和仓库，有房间20多个。地下工事利用山体坡度修筑而成，地下工事上距地面1～2米不等。多处出入口距地面1米左右，沿慢坡即可进入，无台阶；少数出入口与地面平行。地下工事通道和房间均为钢筋混凝土平顶结构。在阵地中南部有一东西向的钢筋混凝土通道，地下宽约1.5米、高约1.75米、长200多米，距地面1～1.5米，与地面数个钢筋混凝土的永备火力点和碉堡相通。

如今，南松山阵地的地面工事已全部破损，地下工事除通道数段被炸毁外，各处掩蔽部、指挥所、仓库等均保存完好。

4.东南山阵地

即海拉尔要塞四地区，日军称之为"东樱台"地区，因此处遍生的干枝梅花形似樱花而得名。海拔668米，南临伊敏河，北靠飞机场，东部是平坦草原，西部为城郊农田。主阵地南北长和东西宽均约1.5公里，面积2.25平方公里。其规模位居第四。

该阵地无地下工事。地面有十几个钢筋混凝土永备火力点和碉堡，呈环形分布，各永备火力点间有电

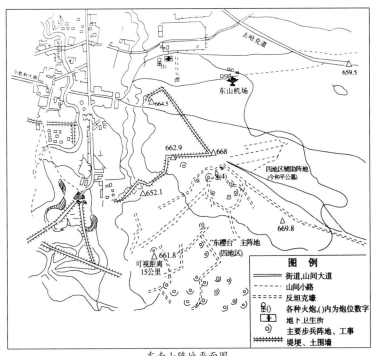

东南山阵地平面图

话相通，有防坦克壕、铁刺线、交通壕等，并有布雷区。如今，阵地上防坦克壕仍清晰可见，但地面永备火力点及碉堡均已成废墟。东南山阵地驻军850人，有迫击炮4门、高射炮4门、野炮6门。主要任务是从东南方向警戒防守山下的日军各部队营房、库房，配合南松山阵地的作战行动。

5.东山阵地

即海拉尔要塞五地区，日军称之为"伊东台"（"伊敏河东岸台地"之意）地区。海拔643米。主阵地南北长约1.2公里，东西宽约1.5公里，面积1.8平方公里。北邻滨洲铁路线，南为关东军——九师团营房和飞机场，东为平坦草原，西为日军仓库。

这是规模最小的一个阵地，没有地下工事，只有钢筋混凝土的掩蔽部和独立的防空洞。有十几个永备火力点和钢帽碉堡，呈环形分布，

东山阵地局部图

各火力点有电话相通，并有布雷区，还有防坦克壕、铁刺线等障碍物。伊东台阵地配备迫击炮、野炮、高炮12门，配备兵员937人。目前，该阵地仍有防坦克壕、兵营房舍遗迹及永备火力点碉堡的废墟。

除上述5个主要阵地外，还有沙地、东台、北松山、满头山4处辅助阵地，周边20公里内还有谢尔塔拉、巴彦汗等野战阵地，地面均设有钢筋混凝土永备火力点和碉堡等工事，但无地下工事。

白骨累累的"万人坑"

海拉尔"万人坑"遗址，位于海拉尔河北岸，距海拉尔城区约7公里，是一个东西宽、南北狭长的巨大沙带。这里掩埋着为日本关东军修筑海拉尔要塞的中国劳工的尸体。

海拉尔要塞是建立在中国人的性命上的。日本人以招募作业员的名目，从东北、华北、山东欺骗或强行绑架中国人到海拉尔要塞，强制他们劳动。他们每天从事十几个小时的重体力劳动，却只能吃高粱米粥、杂合面干粮；发的更生布的衣服，很快就被穿烂了，只能把"纸洋灰袋子"（水泥袋子）绑在身上，出门不能迎着风，只能倒着走。一个席棚住400个人，两层铺。晚上解手，要四个人一起出入，少一个就要被追查，要挨打。每天都有人

死掉，或者被扔到伊敏河里，或者被拉到敖包山西侧的沙坑里掩埋。这些劳工遭受着疲劳、疾病以及殴打，导致累死、病死甚至直接被日军杀害，几乎没有生还的，殉难者的数量多得数不清。1937年，海拉尔要塞工程结束时，为了保密，日军将中国劳工全部杀害。

20世纪60年代，"万人坑"被发现。挖掘时，不到一尺厚的沙土下便露出了各种形状扭曲纠结在一起的层层白骨。其凄惨之状，世间罕有。

《海拉尔军事志》记载，日本军人竹内供述，伪兴安北省修筑要

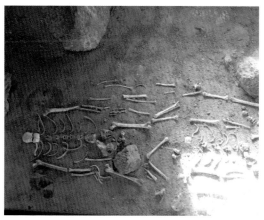

暴露在地面的部分劳工的零散遗骨

塞大约死亡5万人。海拉尔的"万人坑"是日本侵略者在中国实施法西斯罪行的铁证。日本大东公司是当年修筑要塞的日本公司之一。2000年5月4日，日本大东公司僧侣团来海拉尔调查侵华日军罪行，该历史得到证实，他们在现场祭祀、哭泣，为日本人忏悔。

日本大东公司僧侣团一行祭奠万人坑

"断桥"

"断桥"位于海拉尔区与鄂温克族自治旗交界的伊敏河西岸至东岸之间。日军于1934年动工修建，1936年竣工。桥体为钢筋混凝土与钢板联合结构。桥长200米，时称"伊敏桥"，是伪满洲国时贯通伊敏河东西的唯一的一座永久性公路桥梁。1945年8月毁于战火，从此便得了"断桥"之名。

战前，在该桥西侧的大堤上，约七八十米处日军已预设了钢筋水泥的地堡、掩蔽部和交通壕等军事工事。平时无军人驻守，只有海拉尔市（今海拉尔区）伪国境警察队的一个分队组成的"检问所"，对过往人员、车辆进行盘查。

1945年8月9日上午，苏军机群第二次空袭海拉尔。为确保战时桥梁安全，日军海地区防卫司令部（即独立混成第八十旅团）派旅团挺身大队平泽分队长率领17人由北山赶到断桥，从伪警察手中接过防务。此时由黑山头一带越过界河的苏军第三十六集团军先遣支队正向海拉尔方向全速推进。当晚9点，苏军由北部迂回敖包山、河北山，并在行进中突击歼灭了据守今建设街道办事处北部河北山下农林桥的一股日军，后占领了农林屯（今建设街道办事处辖区）。随后苏军兵分两路：北路沿今呼伦路，沿途粉碎几支日军小股阻击部队，抢占了呼伦桥，午夜时分占领了火车站；南路苏军从农林屯东部上山，拟绕过东山上日军各阵地，从今呼伦贝尔市劳教所以北下山经伊敏桥进入河西市区南部，再到市中心与北路

断桥遗址

和平公园苏联红军"共产党员跟我冲"雕像

部队会师。但苏军开上东山后，立即与5号阵地（在今地质109队以东，东山粮库南大墙以南高地一带）日军发生了胶着战。当日拂晓前，日军用近一个联队的步兵在坦克协同下发起反击，企图逐出车站一带的苏军，并夺回呼伦桥，但未达目的。为防止南路苏军通过伊敏桥、包抄日军阵地，日军司令部决定改变原计划，由护桥改为炸桥。日军在苏军南路部队下山之前赶到伊敏桥，将大桥西端炸毁，桥体被炸塌一孔（约10米长），桥头路面炸毁约15米长。随后赶到东岸桥头的苏军车辆无法通过此桥，打乱了苏军作战计划。但也阻断了从新巴尔虎左旗一带回撤的日军部队经伊敏桥东逃的道路。

如今，断桥旁边已建立起一座新的桥——贝尔桥。断桥的残余部分，依然旁置在贝尔桥的旁边，成为这段历史的见证。2007年，桥边新建和平公园，以此激励后人缅怀历史、珍视和平。广场上苏联红军"共产党员跟我冲"雕像，是以当年战地记者为戈姆波利斯基中尉拍摄的照片为素材进行创作的，用以纪念在苏军助力解放海拉尔时涌现出来的战斗英雄。

侵华日军的细菌战与毒气战基地

日军731部队，全名为日本关东军驻满洲第731防疫给水部队，对外称石井部队或加茂部队。该部队假借研究防治疾病与饮水净化之名，使用活战俘进行生物武器与化学武器的效果实验。

57

海拉尔 543 支队

1940 年 12 月，731 部队在海拉尔建立 543 支队，对外称"防疫给水班"。支队设在海拉尔伊敏河东岸的东南山下（今奋斗镇辖区），其东部是丘陵台地，台地上是戒备森严的海拉尔要塞东南山阵地。543 支队营舍占地南北长约 1 公里，东西宽约 1.5 公里，四周围设铁刺线，再往里还有 1.5 米高的土围墙，墙上有近 1 米高的铁刺线。营门设在西侧，有卫兵室；营舍内建筑均为青砖青瓦，有兵舍、动物舍、饲料库、材料库、汽车库、教室、锅炉房、浴池、小卖部、卫生所、食堂、跳蚤室、菌苗地下仓库等 300 多间。

海拉尔 543 支队有研究人员 226 人，他们身着日本军服，但不戴军衔，对外称"日本军属"。海拉尔 543 支队守卫森严，在其他军营，中国菜农可赶马车入内至门卫房送菜，唯有这个"单位"不用菜农送菜；此外，这个支队的人员除业务联系者外，不许与任何人员接触，否则要受到严厉制裁；购物、医疗、文体活动均在支队营区内进行。

海拉尔 543 支队的主要任务之一是繁殖致命细菌的传播物——跳蚤，用老鼠做培养动物；任务之二是培养马、羊、猪、兔、雀、老鼠等，用以培养跳蚤的传播物，或直接传播疾病；任务之三是培养伤寒菌、副伤寒菌、赤痢菌、结核菌等。

1940 年 9 月，日本关东军化学部在海拉尔进行撒播 30 吨氢氰酸的大规模实验。本次实验，2 公里之内的实验动物全部死亡，4 公里内马匹也都死亡。

1941 年 10 月，用死刑犯进行毒气实验。

1942 年 4 月，731 细菌部队与 516 化学部队在海拉尔郊区的草原上对大约 100 个俘虏进行人体实验。

1942 年 8 月，关东军化学部与日本第六陆军技术研究所在海拉尔附近再次进行大规模氢氰酸发射实验。实验中，氢氰酸被装在 500 公斤罐中，分两次发射，共发射了 30 罐。实验后，6 公里以内的鸽子全部死亡。

日本军人渡边国义于 1954 年 8 月 8 日提供证言：1940 年 5 月下旬至 6 月上旬的某一星期，在"兴安北省"海拉尔日军飞机场北约 2 公里处的草原上，借毒气普遍训练之

日军在海拉尔地区使用的细菌弹

名，以中国人为目标，进行了放毒；在东面约1公里处一个有500户中国居民的村庄道上及草地上，秘密散布了面积2000平方米、毒量100公斤、杀伤效力1000名、毒气有效时间长达一星期的糜烂性持久瓦斯。放毒结束后，还在该村庄的小河里放流了5公斤附在放毒工具上的瓦斯。有6名中国农民路过该放毒地时身体中毒腐蚀而惨死；此外有约50位农民的脚和手因瓦斯腐蚀而受到伤害。

自1940年开始，海拉尔543支队在海拉尔南面的辉苏木、伊敏苏木一带，以当地的厄鲁特蒙古人、鄂温克人等为对象，强迫、诱骗当地牧民打预防针或菌液内服，致使大批人感染。病人出现高热、吐泻、痉挛等症状，几天内全部死亡。日军对报告疫情的人说："这是汉人长的疾病，神仙也没办法。"几年里，花拉、扎来、延吉玛、巴图苏和等地死亡人数达400人，有的甚至全家遇害。1939年，诺门罕战役后期，日军在哈拉哈河地区撒播了大量病菌，给边境地区的牧民造成了长期伤害。

用活人做实验的"特别输送"

第二次世界大战期间，日军731部队的罪恶史中，尤为令人发指的是它使用了数以千计的活人进行了各种细菌武器的研究、制造和实验。这些实验需用大量的活人做"材料"，为此日本关东军制定实施了"特别输送"计划。在731部队特设监狱关押的"特殊实验材料"多是反清人员、抗日人员、苏联战俘及谍报人员，他们是各地日伪军警抓获后"特别输送"来的，被用作细菌试验品。支队院内有焚尸炉，可随时销毁罪证。

1945年8月9日晨5时左右，苏军飞机空袭海拉尔。当晚，日军海拉尔543支队按731部队本部的命令，将支队饲养的动物、贮存的细菌、营房、动物舍、实验设备、文件资料、细菌实验数据档案等，全部焚烧。顿时火光四起，浓烟滚滚，大火整整烧了一夜。10日凌晨，海拉尔543支队官兵分乘七八辆汽车向大兴安岭方向逃去。路上不时与苏军遭遇，部分日军战死，其余全部被俘。

日军细菌实验器具

不能忘却的历史事件

HUASHUONEIMENGGUhailaerqu

不能忘却的历史事件

BUNENGWANGQUEDELISHISHIJIAN

近代，海拉尔两次毁于外军入侵的战火；1932年开始，日本侵略者在这里实施了最残暴的统治……当地各族军民为保卫国家进行了血与火的抗争，中国人民取得最后的胜利。

沙俄军队侵占海拉尔

1900年，八国联军攻占天津大沽口炮台，后占领北京。沙俄认为有了进一步占领中国东北的机会，以保护中东铁路为名，沙皇尼古拉二世亲任总司令，派兵15万，于7月6日，从满洲里、黑河、松花江口、宁安、珲春、旅大六路进攻中国东北。

清黑龙江衙门兵分两路，由将军寿山统一指挥，分别抗击由北路黑河、西路呼伦贝尔黑山头入侵的俄军。西路清军翼长由呼伦贝尔副都统德全兼任，他任命镇边军保全为统领，抗击从满洲里入侵的俄军。

7月12日，沙俄军奥尔洛夫少将率2个步兵营、2个骑兵连、1个

海拉尔地区军民喋血抗俄

63

炮兵连从满洲里阿巴该图方向进攻呼伦贝尔，但受到呼伦贝尔各族军民的顽强抵抗。清镇边军与蒙古骑兵近万人在完工一带与沙俄军激战，清军士兵与蒙古族、达斡尔族、鄂温克族、鄂伦春族骑兵同仇敌忾、连日英勇杀敌。俄军武器精良，清军虽有小胜，但还是抵抗不住。7月30日，沙俄军队占领海拉尔，杀害近3000名各族军民，烧毁副都统公署、庙宇和大批民房，库存粮食、财物、档案等也被全部劫掠，额尔古纳河沿边卡伦被尽行烧毁。西路抗俄军民被迫退守大兴安岭。

8月10日，在保全的指挥下，抗俄军民数千人对进攻大兴安岭的沙俄军奋勇反击，连连获胜，收复免渡河，进抵海拉尔。这时大批沙俄援军赶到，抗俄军被包围，经几次血战，清军统领保全冲锋陷阵，不幸战死。官员崇玉、义胜新军右路营官瑞昌等带领其余军民突出围困，再次退守大兴安岭，依据有利地形与尾随而至的沙俄军展开激战，接连打退俄军的进攻。8月25日，抗俄军民弹尽粮绝，崇玉、瑞昌等奋勇杀敌，却都相继战死。沙俄军攻破清军阵地，攻入齐齐哈尔等地，到处残杀中国民众，海拉尔至齐齐哈尔沿途17个驿站全部被占领、烧毁，财物均被劫掠。

此后沙俄军一直打到北京附近，后因清廷坚持议和，东北抗俄以失败结束。抗俄战争中我军民被杀逾20万人。此为海拉尔第一次毁于战火。

中东路战争爆发
海拉尔再次毁于战火

1918年，十月革命之后的苏联宣布，放弃以前历届俄国政府从中国割占的领土和取得的各种特权，包括中东铁路。当时的北洋政府不承认新生的苏联政权，故而向中国归还领土和各项特权的和谈一直未能进行。

1923年中苏谈判建交，次年苏联直接和统治东北的地方政府约谈，达成三项协议：中国可以以赎买的方式收回中东铁路，苏联缩短独占中东铁路的时间，中东铁路由中俄共同管理。但苏联国内形势稳定之后并不认真履行协议，引起东北军阀政府的不满。不久，东北军阀政府侦知第三国际拟于1929年5月在哈尔滨苏联总领事馆内召开会议，参加者有苏方铁路重要人员和身在东北的中国共产党人。东北军阀政府误认为苏俄势弱，便突然包围苏俄总领馆，搜出一批宣传材料、书籍等物证，以违反"不得在中东铁路进行政治活动"的协定为由，逮捕苏总领事等39名高级人员，驱逐出境59人，查封、解散铁路沿线工会，7月10日又逮捕苏方人员300人。苏联提出抗议，中苏断交。

张学良认为苏方不可能开战，遂决定以武力收回中东铁路，轻启战衅。苏联与东北军的战事在满洲里、同江、绥芬河、萝北、鸥浦等多地展开，苏军迅速组织了远东红旗军团4万多人，并动用了军舰、飞机、重炮、坦克等装备。张学良部将领意见不一，未做充分准备，且部队素质差、装备落后，很快在战事中陷入被动。

7月28日，苏军进攻满洲里、扎赉诺尔，并不断增兵，战斗进行了数十次。11月16日，在重炮轰击下，苏军2个师的坦克、步、骑兵攻击扎赉诺尔秃尾巴山。东北军韩光第旅长等多名高级军官阵亡，官兵死伤2000多人。满洲里守军梁忠甲旅腹背受敌，东北军中不同意开战的副帅张作相以缺乏经费为由拖延支持，致使参战的东北军弹尽粮绝，满洲里数百名平民伤亡。在绅商的斡旋下，苏军同意停战。梁忠甲部8431人被俘，送往苏联达乌里、伯力、赤塔等地。苏军继续进攻海拉尔，27日攻占海拉尔，之后陆续攻占黑龙江、呼伦贝尔沿边城镇。

国民政府及东北军被迫议和，12月22日，中苏签订《伯力协定》，中东铁路恢复共管。战事中，海拉尔、满洲里、扎赉诺尔等地衙署、民房、矿山被炸毁、烧毁无数，档案及贵重物品、机器、车辆、工程材料被抢掠一空，海拉尔再次毁于战火。

"呼伦贝尔独立活动"

辛亥革命后，全国实行"新政"。1912年，厄鲁特旗总管胜福与新巴尔虎右翼旗总管车和扎抵制新政，打算继续维持封建统治制度，于是他们召集蒙旗地方上层，派代表与呼伦道尹黄仕福交涉，反对新政。后在沙俄的唆使和军事支持下，胜福等组织"大清国义军"，攻占呼伦贝尔城，宣布"呼伦贝尔独立"。

1911年，随着清朝统治的没落，在沙皇俄国驻库伦（今蒙古国乌兰巴托）领事的策动下，"外蒙古"活佛八世哲布尊丹巴在库伦宣布"独立"，建立"大蒙古国"政府，自称日光皇帝。此独立行为未被当时的清朝政府和后继的中华民国政府承认。但在沙俄和非法的日光皇帝的鼓动下，胜福等接受当时非法独立的"大蒙古国"的封号：胜福为贝子爵位、"大蒙古国"统辖呼伦贝尔大臣；车和扎为辅国公。沙俄驻海拉尔东省铁路代表吴萨蒂夫一直从事蒙古上层人物的策反分裂活动，他送给胜福军500支枪，并组织俄军扮成胜福部队"大清国义军"攻占满洲里、吉拉林等地。在地方政府军的反击中，击毙了多名"大清国义军"，经与德国官员一起查看，他们多数是穿着"大清国义军"服装的俄国人，遂剥取了他们的肩章、证件等，并将此行为公之于世，沙俄策反蒙旗独立的目的昭然若揭。1915年，北洋政府与俄国签订《中俄会订呼伦贝尔条件》，规定呼伦贝尔为特别区域，并任命胜福为呼伦贝尔副都统并组建副都统署。1915年6月，北洋政府与"外蒙古"自治当局、沙俄政府签订《中俄蒙协约》，"外蒙古"取消独立，归返中国。

色布精额匪帮占领海拉尔

辛亥革命后，巴布扎布匪帮与日本帝国主义扶植的"宗社党"相勾结，纠集四五千人，以"勤王师扶国君"的名义，窜扰内蒙古东部各旗、煽动暴乱。1916年10月18日晨，张作霖的东北军消灭了这个匪帮的大部分，其中巴布扎布在哲里木盟（今通辽市）林西县（今属赤峰市）城被击毙。色布精额、本巴扎布等人纠合残匪千余人，向北流窜至呼伦贝尔南部一带。他们派人到海拉尔向呼伦贝尔副都统表达合作意愿，被胜福婉辞。又因色布精额的军力较强，为缓和局势，副都统公署派人携带数十车粮食、防寒物资前往哈尔哈河"慰问"，双方达成互不侵犯协议。色布精额匪徒假借做买卖经常出入海拉尔，又和与日本特务有密切关系的明保相勾结，买通副都统衙门门官那木吉勒佐领，窥探情报，换取武器弹药，伺机行动。

1917年6月，色布精额以谈判为名，利用内奸那木吉勒欺骗荣安等通过了第一防线，逼近南屯一带，并从东南、南、西南三面进攻海拉尔，占据了海拉尔、西屯、南屯。呼伦贝尔副都统胜福等上层人物逃到齐齐哈尔避难，右厅厅长成善、索伦左翼佐领卓德仁、新巴尔虎左翼副总管多布丹巴勒珠尔、陈巴尔虎旗骁骑校朋车布等官员被害。

色布精额攻入海拉尔后，占据副都统衙署，以这里为指挥部，设"提督府"，意图长期统治这里。

呼伦贝尔的地方官员等获悉色匪企图占领海拉尔的消息，立即召开紧急会议，拟定对策：派凌升等人向沙俄驻海拉尔领事吴萨蒂夫求援；城内部署300兵力守卫；派保安队营长荣安、根登布率500余名新兵驻屯在新巴尔虎左旗罕达盖地方为第一防线；命令照都荣、少保逮两佐领统领呼伦贝尔南疆防卫军约70人，驻扎在今鄂温克族自治旗伊敏苏木；派嫩林陪同那木吉勒和日本人甘风前往哈尔哈河探听色匪的具体意图。

8月16日晨，由贵福指挥的达斡尔族民兵向盘踞在海拉尔的色布精额匪帮进攻；厄鲁特旗总管凌升、蒙员武魁率索伦兵200余人攻击驻南屯的色布精额匪帮据点。中东铁路的俄国护路军为保护铁路与俄侨的安全，放弃中立，派200人的马队参与剿匪，俄军4门大炮在北山向匪军轰击。新巴尔虎、陈巴尔虎的军队也开到海拉尔外围。这场收复海拉尔的战斗中，色布精额匪帮死伤400余人，残部200多骑兵溃逃至哈尔哈河地区，企图逃进"外蒙古"，但被"外蒙古"军队痛击，色布精额匪帮全军覆灭。

历时两个月，海拉尔的匪乱被平定，呼伦贝尔副都统公署恢复，阻止了日本帝国主义势力向呼伦贝尔地方的政治渗透，社会重归安宁。

中国最早的抗日战争之一
——海满抗战
誓师抗日

1931年九一八事变后，日本加紧对中国东北全境的军事占领和殖民统治。同年11月，日本出兵黑龙江省会城市齐齐哈尔，爱国将领马占山率部在嫩江江桥奋起抵抗，打响了中国抗日战争的第一枪。"江桥战役"失利后，齐齐哈尔失陷，

马占山退至克山，其部下苏炳文、张殿九率所部5000余人撤退到嫩江以西，据守从富拉尔基到满洲里一带的黑龙江省西部地区。他们表面上与日本人和谈，实际上却是在加紧军事运筹。在此过程中富拉尔基、扎兰屯、博克图等地成为双方战事的战略要冲。

1932年3月，日本扶持成立伪满洲国傀儡政权。

1932年9月26日，苏炳文在海拉尔召开会议，秘密部署抗战军事行动。9月27日，驻扎在满洲里、海拉尔、博克图、扎兰屯和富拉尔基等地的驻军全部戴上"铁血救国"袖章，断绝与外界的一切联系，同时占领各地车站，禁止列车行驶，切断通往齐齐哈尔的电话线，扯下伪满洲国国旗，升起中华民国的青天白日旗。10月1日上午9时，苏炳文等在海拉尔誓师抗日，成立"东北民众救国军"（以下简称"救国军"），苏炳文为司令，张殿九为副司令，谢珂为参谋长。大会上，苏炳文总司令、张殿九副司令、谢珂参谋长率众宣誓：为国家收复失地，为民族争求生存，为东北同胞驱逐敌寇，抗战到底。并通电国内外。

救国军以海拉尔为中心将呼伦贝尔的日伪人员全部拘捕监禁；解除了满洲里伪国境警察大队的武装；

苏炳文"海满抗战"通电

将梅野等3个日本间谍处死；张殿九部在扎兰屯逮捕了长期为日本搜集情报的白俄间谍。同时任命张玉廷为黑龙江陆军步兵第一旅旅长、吴德林为第二旅旅长，调二旅一团开往富拉尔基附近的朱家坎、腰库勒一带布防，二旅四团驻碾子山待命。又任命张玉廷为前敌总指挥，在扎兰屯设立前方司令部，张殿九副司令与谢珂参谋长等人主持作战计划，并在富拉尔基做好抵抗日军进犯的战前准备。张学良也当即汇来11万元以示支持。

同日，关东军一架运输机对富拉尔基至海拉尔沿线进行侦察，到达碾子山附近时因故障被迫降落，机上8名侦察人员被救国军击毙。这架飞机被拆开，运至海拉尔后进

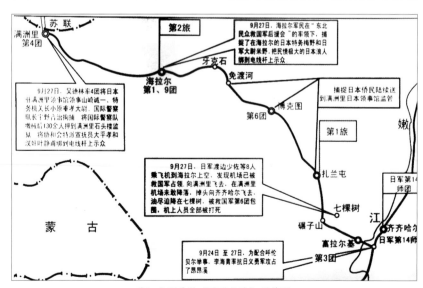

苏炳文领导的"海满抗战"形势图

行重组。不久，日军侦知这架运输机已在海拉尔机场组装完毕，于10月15日派重轰炸机第一中队飞至海拉尔将运输机炸毁。

因黑龙江战备物资全部贮存在省城齐齐哈尔，苏炳文在海拉尔起义后，准备寻找有利战机，渡江收复省城。日军则调动长谷旅团到嫩江东岸布防，并炸毁富拉尔基嫩江桥，形成两军隔岸对峙态势。

这次抗战在历史上被称为"海满抗战"，苏炳文、张殿九率两个旅的兵力，与持续增加到3万兵力的日军进行了殊死决战。

同仇敌忾

1932年10月3日拂晓，日军主动出击，派步兵、骑兵2000多人渡江，意欲攻占富拉尔基，但救国军六团一营奋起阻击，日军丢下12具尸体后逃回东岸。数日后，300余敌军分乘30多只橡皮艇强行渡江。救国军猛烈射击，击沉数只。但敌军又增加500多人且选择多个地段蜂拥强渡。日军这次强渡，向救国军左翼活动，意在牵制兵力以掩护后续部队渡江。高俊岭团长率兵两营选择适当地点，凭险据守，给予日军迎头痛击。此战日军伤亡50多人，后退守江东。第二天，日军又增加1000多人，疯狂冲向一营阵地。高团长也调来预备队一营加强火线。

时，救国军伤亡80余人，仍坚持战斗。日军武器装备虽然优于救国军，但因进攻时人员暴露，伤亡更重，双方形成对峙局面。日伪军又几次进犯，均被打退。关东军派昔日清朝肃亲王的十四格格、卖身投靠关东军的女间谍川岛芳子到海拉尔进行劝降。苏炳文虚与委蛇，川岛芳子以为苏炳文已经答应不再抗日，旋即回去邀功请赏。日伪方面相信了川岛芳子的报告，又为拉拢苏炳文部，很快送来16万元的军饷。日军还委托苏联驻华官员劝降，许苏炳文以黑龙江省省长、伪满洲国军令部长，并保留其哈满护路军总司令职务，驻防海拉尔、满洲里等条件；又提出以日本金票200万元交换，还许苏炳文以出国视察、过富翁生活等条件，均遭苏炳文严词拒绝。

日军彻底失望，日本关东军司令官武藤信义紧急抽调曾参加上海"一·二八"战役的第十四师团部分步兵、骑兵、炮兵、工兵、通信兵等组成中山支队。10月7日，中山支队从齐齐哈尔西的桦木岗偷渡嫩江，向富拉尔基实施包围。8日，高团长指挥救国军二旅一团，与日军展开激战，日军伤亡200多人最后退走。此战，救国军在日军飞机、大炮的轰击下，血战了两个昼夜，高团长右臂炸断、后背受伤，二营长杨绳武阵亡，全团连排长伤亡10余人，士兵伤亡400余人，部队迫不得已转移到腰库勒阵地。司令部闻讯，命令步兵四团由碾子山前来增援。

战事激烈时，苏炳文、张殿九等亲临前线慰问火线上的将士，龙江县及富拉尔基一带人民也纷纷组织慰劳团同救国军抗敌后援会一起到前线慰问官兵，使救国军士气高涨，一致表示要誓死杀敌。

惨烈战斗

10月9日至27日，救国军与日军展开了激烈的富拉尔基争夺战。

10月9日，富拉尔基失陷，日军与救国军在腰库勒一带对峙。

10月10日下午，苏炳文在朱家坎召开重要军事会议，决定破坏铁道桥梁及昂昂溪至富拉尔基间的

木桥以迟滞日军的进攻，并在阵地薄弱地点埋地雷设置障碍。日军攻势严重受挫，多日未能前进。灭绝人性的日军，在排雷和清除障碍时向救国军施放毒气，使救国军半数中毒。苏炳文于12日通电国联，揭露了日军违反国际法的罪行。

10月20日，救国军二旅四团开到腰库勒。苏炳文下令各团，夺回富拉尔基，以配合东线朴炳珊、邓文，南线李海青，北线马占山、徐海亭等合攻省城。21日，由于救国军布置周密，行动神速，日军猝不及防，留下大量尸体溃逃。22日夜，救国军又趁敌人混乱之际，发起突然袭击，1000多名救国军攻进日军阵地，在黑岗子激战了3个小时，将敌诱出阵地，彻底消灭。进入富拉尔基的救国军，与日军展开巷战，

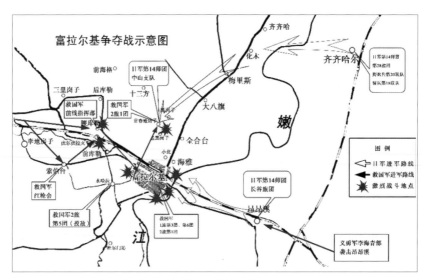

富拉尔基争夺战示意图

日军骑兵部队包抄进攻救国军

守城日军总指挥原加寿雄左腋中弹，伤势严重，接任者斋藤实腹部中弹毙命，续任者中岛芪被乱弹射杀，日军土崩瓦解，救国军收复了富拉尔基。这是继"江桥抗战"之后，北满抗战史上非常重要的一页。

日军急忙从洮南调集重兵增援富拉尔基。救国军避敌锋芒，主动退出富拉尔基，驻守朱家坎。救国军休整后，于10月24日再次主动出击由伪军驻守的富拉尔基。后来，

日军江田部突然从侧面进攻救国军，双方激战，各有伤亡。27日，苏炳文在扎兰屯召开营以上军事会议，计划在扎兰屯以东集中兵力，步步为营向东推进。由于救国军顽强作战，不断重创日军，于月末第三次夺回了富拉尔基。同时有500多名救国军，奋勇前进到齐齐哈尔城外，准备渡嫩江进攻省城齐齐哈尔。日军急忙在齐齐哈尔西门外的飞机场用重炮猛击富拉尔基救国军阵地，

日军炮击救国军阵地

71

日军坦克部队攻击救国军阵地

并在江东集结重兵，企图夺回富拉尔基，但遭到救国军沉重打击。日军轻机枪队在富拉尔基西部被救国军一举包抄，并全部歼灭。

在日军侵占齐齐哈尔之前，位于朱家坎北20里左右的东李喜屯、西李喜屯、廉家岗、善宝屯、扎兰屯、碾子山等地的农民，为保本地免遭土匪抢掠和日军的侵占，成立了红枪会，后被陆续编入救国军队伍。

10月20日，苏炳文下令收复富拉尔基，红枪会随部队进驻李家地房子和索伯台，与张玉廷所指挥的两个连汇合。22日，天下起小雨，红枪会打头阵，自索伯台出发，突然向据守虎尔虎拉车站的日军发起攻击，打死4个日军，活捉1个日军，其余日军败退，红枪会进驻虎尔虎拉站。当时，张殿九旅的一个团驻扎在前水哈拉，苏炳文旅的一个团驻扎在腰库勒，另一个骑兵团驻扎在十三方屯。

11月10日，日军大量增兵，向救国军发起攻击，600多日军和原苏炳文旅投敌的五团，配合进攻虎尔虎拉。日军用机枪扫射，红枪会员奋勇冲锋，与日军展开肉搏战，用红缨枪刺死日军200多人，日军岩松大佐当场身亡。红枪会也牺牲了52人，后因没有援军而退出虎尔虎拉。

日军随后进攻腰库勒，驻守的救国军奋勇抵抗半日，日军又伤亡80多人，救国军夺得日军迫击炮3门。这次战斗异常激烈，救国军阵亡63人，最终由于寡不敌众，撤出阵地，日军占领了腰库勒。日军进驻腰库勒后，大肆烧杀劫掠，杀死村民，烧毁民房和已经上场的200多垧地的庄稼，毁坏其他物品无数。日军飞机还轰炸了腰库勒和后库勒一带，当时投弹爆炸的深坑直到现在还在。就连腰库勒村周围的很多树木也是弹痕累累，每个孔洞里都可以抠出一颗子弹来，可见当时战斗的激烈。

寡不敌众

11 月上旬，江河封冻。日军以松木直亮的第十四师团为主力，以从辽宁调来的精锐骑兵旅团为先锋，配以装甲车、坦克车、飞机、重炮等装备，向嫩江西岸运动。武藤信义发布 424、425 两项作战命令，调集齐齐哈尔、富拉尔基地区日伪军 2 万多人，向救国军进攻。并以装甲车掩护工兵抢修江桥、铁路，步兵则向富拉尔基、腰库勒一带救国军阵地发动进攻。紧急形势下，苏炳文通电全国，决心与敌人周旋到底。

与富拉尔基争夺战同时，11 月 11 日至 22 日，日军集中 3 万兵力，在飞机、大炮、装甲车的掩护下，沿中东铁路两侧猛扑前库勒、虎尔虎拉、后库勒一线。救国军阵地被炮火轰塌，失去屏障，但仍然连续血战四昼夜英勇抗击日军。救国军在弹尽援绝、日伪大量增兵的情况下，被迫撤退到朱家坎（今龙江县政府所在地）、碾子山一带。

救国军在朱家坎、腰库勒一带布防时，得到富拉尔基人民的大力支持。救国军在腰库勒一带修筑阵地时，村民们家家户户出人出力，帮助救国军修筑工事，还挖了 2 米多宽、3 米多深的护村战壕（当年修筑的战壕至今依稀可见）。村民们还为救国军的驻防提供了生活上的方便。

11 月 22 日，嫩江已全面封冻。日军集中了步兵、骑兵、炮兵 6 个旅团部分兵力近 3 万人，由 200 多架飞机配合，越过富拉尔基向朱家坎救国军阵地发起总攻。救国军官兵在苏炳文的镇定指挥下，英勇战

日军装甲车

斗，前仆后继，子弹用尽了就用刺刀肉搏，官兵伤亡600多人却仍坚持战斗。28日，司令部鉴于战场形势，下令部队撤到碾子山第三线，休整补充。此时，日军集结在齐齐哈尔、富拉尔基一带的各兵种一齐出动，分三路压向碾子山。

日军第十四师团向齐齐哈尔附近集结。11月24日，关东军决定将混成第十四旅团也调归松木直亮指挥，进攻海拉尔和满洲里地区。该师团以二十七旅团担任齐齐哈尔地区的守备，以2个步兵旅团、2个骑兵旅团、3个飞行中队，进攻碾子山、扎兰屯、博克图、牙克石、海拉尔、满洲里中东铁路沿线地区。由二十八旅团、骑兵第四旅团围攻富拉尔基铁路沿线至扎兰屯以南一带的救国军并占领以上地区；以混成第十四旅团、骑兵第一旅团进行策应，从铁路以北的大名屯、梅里斯、甘南，迂回攻占扎兰屯，阻断救国军的退路。第二阶段，由攻占扎兰屯的独立混成第十四旅团、骑兵第一旅团，沿铁路继续前进攻占海拉尔、满洲里地区。

11月28日，日军第十四师团长松木直亮指挥4个旅团、3个飞行中队、伪黑龙江省警备军10个旅中的大部，按预定计划开始进攻。因掌握苏联不会干预战事的情报，日军全部沿着有苏联权益的中东铁路地区作战，放胆进攻中国军队。

12月2日，日军平贺旅团、茂木骑兵第四旅团及蒙古兵、伪军，从北方、西方联合向碾子山大举围攻。救国军奋力抵抗，终因力量对比悬殊，仅存1700多人的救国军被迫向西南退却，由张玉廷带领，以游击战方式进入人烟稀少的索伦山区（后于1933年1月经热河转到张家口参加了冯玉祥的部队）。

救国军前方司令部将预备队和武器弹药全部投入朱家坎、腰库勒前线，只留下警卫营等零星部队300余人驻守扎兰屯的司令部，维持社会治安。由于日军飞机连续两天对扎兰屯火车站和街区进行狂轰滥炸，车站和部分街区成为一

日军飞机轰炸救国军阵地

苏炳文（左三）

片废墟。从前方撤下来的伤员，源源不断送往设在火车站的简易包扎所，并分别转往博克图野战医院和海拉尔。

呼伦贝尔地处边陲，与内地隔绝，张学良和国民政府直接进行援助极其困难。救国军很快就陷入了物资匮乏的困境。

日军随即展开了进一步的行动，日军增援师团的部队集结于扎兰屯附近；混成第十四旅团也奉命增援，其先遣部队自嫩江一线经甘南迂回前进。

11月30日下午1时，混成第十四旅团、骑兵第一旅团从甘南迂回到扎兰屯近郊，在装甲车、坦克的掩护下，向火车站前边的制高点东山高地发动猛攻，救国军总司令部组织队伍顽强反击。日军骑兵从两翼包抄，步兵在装甲车掩护下正面冲锋。警卫营伤亡100余人，东山高地被日军占领。日军居高临下，用多种野炮反复向扎兰屯火车站和街区轰炸。

因力量悬殊，张殿九副司令、谢珂参谋长率警卫营余部200余人，在破坏了站区铁路后，沿铁路线向博克图方向撤退；行至哈拉苏站后，遇到从博克图前来接应的列车，余部乘车撤往海拉尔。

沿中东铁路线前进的日军平贺少将指挥的混成旅团及骑兵第四旅团也攻入扎兰屯。混成第十四旅团的先遣部队和平贺旅团的装甲列车及铁道部队长驱直入扎兰屯。11月30日下午，日军占领了扎兰屯，步兵第二十八旅团也占领了富拉尔基西北的朱家坎、碾子山。轰炸机第十二飞行大队及两个侦察中队，负责各部队的联络和沿铁路线侦察的任务；12月1日，两个轰炸机中队分别对朱家坎南的景星镇、博克图车站接应抗日部队的列车进行轰炸。12月3日，日军根据"马占山、苏炳文的指挥机关设在海拉尔的面粉厂内"的情报，轰炸了海拉尔的面粉厂。

退入苏联

救国军乘火车向兴安岭地区后撤时，日军混成第十四旅团先头部队乘装甲列车快速向博克图、兴安岭追击。救国军后卫部队占据兴安岭铁路隧道的东口，在敌装甲列车沿着盘山路向上坡道缓缓前进时，将已装满石块的货车从上坡向下溜放。敌军发现后立即紧急刹车，并在铁道上放置脱轨器，使快速溜下的载石货车脱轨翻转，敌军未受到大的损失。

日军通过兴安岭隧道后，继续以装甲列车为先导，向海拉尔、满洲里追击救国军部队。同日下午，日军攻占免渡河。

至此，救国军已无险可守。由于主力部队南去，仅剩学生连、卫队营、步六团2000余兵力。救国军在马占山和红枪会地方群众的支援下，面对日军第十四师团、第十师团3万多人的优势兵力、3个飞行中队及坦克、装甲车等重装武器，孤军奋战68个昼夜，牺牲3600余人、伤2500多人，杀伤日伪军2000余人。其壮行感天动地，誉满全国，在中国抗日战争史上写下了光辉的一页。

苏炳文、张殿九电请张学良同意后，联系苏联，率所部官兵、铁路员工等4000余人于12月4日经满洲里退入苏联。12月5日，日军占领海拉尔，6日占领满洲里。至此，日军进入呼伦贝尔，占领东北全境。

战斗中的救国军官兵

苏联红军进攻海拉尔的日军

苏军进攻之前

双方的军事准备

1945年4月，苏联远东各方面军司令员在最高统帅部讨论进攻中国东北的作战，这个战场不仅包括我国东北和内蒙古东部，也包括朝鲜北部，总面积超过150万平方公里。苏、蒙两国与日本占据的中朝领土所相邻的边境线约为4000公里，超过第二次世界大战欧洲战场战线长度的总和。

苏联大本营认为，苏军在远东两个方面军的兵力不足以粉碎日军，应尽快结束战争。斯大林则决定从欧洲方面向远东调兵。苏军动员了交通部门的全部运输工具，在5～8月的4个月内，向远东和外贝加尔运送了136000节车皮的部队和物资。

到1945年8月，苏军在远东共展开了11个合成集团军、2个战役集群、1个坦克集团军、3个空军集团军、3个防空集团军和4个独立航空兵军；此外，还有太平洋舰队（包括北太平洋分舰队）、阿穆尔地区舰队，连同计划使用内务部的边防支队，总共超过158万人，比战前增加了一倍。苏军计划兵分四路进攻：后贝加尔方面军担任主要突击，为西线部队，穿越内蒙古草原，突入东北中部平原；苏蒙骑兵机械化集群，为西线的右翼，向承德、锦州和张家口突击；远东第一方面军为东线，强渡乌苏里江，分割围歼关东军第一方面军主力于牡丹江、通化地区；由普列卡耶夫大将指挥的远东第二方面军为北线，策应后贝加尔方面军和远东第一方面军，从东北地区

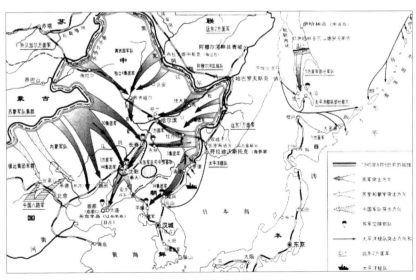

苏联红军进攻日本关东军形势图

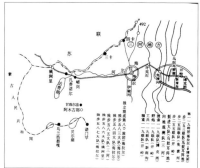

苏联红军后贝加尔方面军作战形势图

的北面突破黑龙江和乌苏里江防线，向哈尔滨和齐齐哈尔方向进军。此外，远东第一方面军与太平洋舰队，切断关东军和日本本土的联系，进击并消灭朝鲜北部的日军。

日本关东军在东北的兵力部署共70万人，其中，独立步兵第四军，也称北满军，司令部驻齐齐哈尔，辖3个师团、4个旅团，共16万人。第四军的一一九师团、第八十混成旅团驻海拉尔。但关东军对于苏联的战略和兵力调动，几乎毫无察觉，他们认为，苏军的进攻十之八九不会早于（1945年）9月份，即东北雨季结束的时候。

8月6日、9日，美国向日本广岛、长崎投下原子弹，分别造成20万、15万人死亡或失踪，引发日本大本营是否投降的争论。

莫斯科时间8月8日17时（日本时间23时），苏联外交人民委员莫洛托夫按照预定时间会见了日本驻莫斯科大使佐藤，不等佐藤提出任何问题，立即将早已准备好的对日参战宣言交给佐藤。半小时后，佐藤回到使馆打算告知东京，但电话线已被破坏；他又试图在莫斯科电报局通过明码向东京发报，也未能成功。此时在远东，已经接近8月9日零时。

战事开始

1945年8月9日零时，苏联红军三个方面军的部队几乎在所有的方向上跨越了国界，强渡了额尔古纳河、黑龙江和乌苏里江，迅速突破了日军的要塞。各先遣支队和侦察支队越过国境，拂晓，各路主力同时发起进攻。

西线后贝加尔方面军，由马利诺夫斯基指挥，共60万人，其中苏军在远东唯一的坦克集团军就配备在该方面军。其突击方向：一是以坦克集团军为主，穿越浩瀚的沙漠、草原和大兴安岭，插入伪满"首都"新京(长春)和东北的工业中心沈阳；二是以机械化集群向长城以北推进，直指张家口、多伦一线，牵制日本华北方面军。

西线部队苏军强渡额尔古纳河攻击海拉尔；西线左翼苏军，取道满洲里，越过大兴安岭，突入东北中部平原，直插长春、沈阳，切断关东军与华北日军的联系。苏蒙联军向承德、张家口和锦州方向进军。

渡过额尔古纳河的苏军迅速挺进海拉尔

从8月9日晨起，各方面军的轰炸航空兵对日军后方大的火车站和通信枢纽以及重要军事目标实施集中轰炸。苏联红军主力采用深远迂回，绕过日军要塞，将日军要塞部队与野战部队隔绝。仅6天时间，苏联红军主力已经攻占了日军17个要塞中的16个，并向东北纵深腹地推进了50～400公里，其中后贝加尔方面军穿过广阔的沙漠，越过大兴安岭，向东北纵深推进了250～400公里。此外，空军猛袭哈尔滨、长春、吉林、沈阳，太平洋舰队在日本海积极行动，进攻库页岛等地。

苏联空军猛烈轰炸日军各处的阵地

西线的后贝加尔方面军中路以坦克第六集团军开路，分两个方向快速前进，第一天前进150公里，第二天又前进100多公里，主力于当夜登上大兴安岭，占领台日黑达坝。12日，第六坦克集团军全部越过大兴安岭，占领鲁北、突泉。左翼部队于11日攻克满洲里要塞，但在海拉尔要塞遭日军顽抗，迫使主力迂回前进。苏蒙骑兵机械化集群，在八路军配合下，于14日攻占多伦，15日占领张北，从而切断了关东军与华北日军的联系。日本关东军原计划利用广阔的"满洲平原"的纵深优势阻止苏军进攻，然后确保满洲东南部山岳地带的安全，但在苏军强大攻势下，只能仓皇后撤，未能做任何有组织的抵抗，只有据守海拉尔要塞的第八十独立混成旅团和一一九师团部分人员凭险死守。苏军强攻不克，于17日停战。

海拉尔方向的战事

海拉尔城区西、北、东三面地形突起，其中北部的敖包山海拔743米，是城区的制高点，居高环视，城区及铁路、公路交通了然于目，占据此地，可以控制中长铁路、满—海—齐公路、三河—海拉尔的公路交通，日军认为这是个天然的理想的要塞阵地。日军利用城市四周高地建立了5个抵抗枢纽部（阵地）及

10个辅助阵地。各阵地相距均在4～7公里，炮火可以相互支援，从整体上构成了一个严密的防御体系。据守海拉尔地区的是日本关东军第八十旅团与一一九师团的部分留守人员，大约有5300人，加上一一九师团其他部队留守军人、第四军留守人员及边境守备队、宪兵、特务部队、伪满第十军管区的部队，总共10000人左右，有约8000人在战事开始时进入要塞阵地。

苏联红军后贝加尔方面军左翼多兵种合成的第三十六集团军负责攻击海拉尔要塞。第三十六集团军分3个区域作战，集团军的主要突击方向是北部，即额尔古纳河上游的旧粗鲁海图—黑山头等方面，

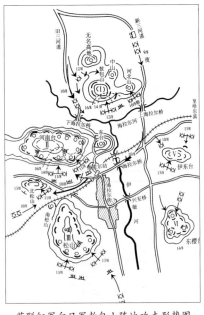

苏联红军向日军敖包山阵地攻击形势图

并向海拉尔要塞进攻，其中步兵第八十六军第九十四师、二一〇师和独立坦克第二〇五旅等部队担任主攻，并预定在10日内歼灭要塞守军、解放海拉尔。右翼为步兵二九三师、二九八师、2个机炮旅、迫击炮团、榴弹炮团、工程兵团以及独立坦克营等部队，是集团军作战的辅助进攻方向，进攻满洲里、扎赉诺尔至海拉尔一线。集团的左翼是辅助突击方向，由步兵第二军第一〇三师、二九二师及其他配属部队，由旧粗鲁海图—黑山头等五处渡河后，向东面三河、那吉布拉格方向运动，向牙克石、免渡河及大兴安岭方面攻击前进。后贝加尔方面军还从第三十九集团军抽调步兵第九十四军第二二一师、三五八师由新巴尔虎左旗诺门罕、将军庙、阿木古郎一带向海拉尔方向攻击前进，策应满洲里方向的进攻。

8月9日零时20分，第三十六集团军强渡额尔古纳河。在额尔古纳河上游的波格丹诺夫卡、杜罗伊、旧粗鲁海图（即陈巴尔虎旗境内的额尔敦陶勒盖、八达关、四卡及额尔古纳市的黑山头）等地，突击架设5座野战桥梁，建成轻、重舟2处船只渡口。苏军先遣队装备水陆两用汽车渡河，并迅速突破薄弱的日军边境防线。9日早晨5时30分，苏军空军第十二集团军十几架轰炸机飞临海拉尔，对海拉尔市内的日军军事目标、重要设施实施了多轮的空袭轰炸。

苏军空袭后，日军迅速组织部队、部分政府人员、警察等进入各处要塞工事。日军除火车站等重要目标有部队据守外，其他基本都进入地下。

6时，第三十六集团军中路纵队步兵第八十六军先遣队已全部渡河，并向海拉尔方向推进，20点到

向海拉尔方向进攻的苏联红军

达三河道的头站区域，此地西距海拉尔30公里。侦察部队抵达莫勒根河，此地西距海拉尔20公里。21点，侦察部队接近海拉尔，并突然发起攻击，消灭了日军一个小队，攻占了敖包山下海拉尔河上的钢筋混凝土大桥。坦克二〇五旅完成迂回进攻，23点前攻占铁路车站和工人村。该旅遭到来自当面和敖包山阵地的日军炮火的轰击，遭到反击压制。日军一个联队的步兵在坦克的协同下向该旅实施反击，企图夺回铁路车站等地，但被击退。苏军步兵一五二团于10日清晨占领了海拉尔东郊、南郊，沿途均遭到了日军的猛烈抵抗。日军紧急调一一九师团到齐齐哈尔、兴安岭一带迎击苏军。

苏军八十六军步兵第九十四师和二一〇师相继进抵海拉尔，部分苏军向南绕过东山阵地、东南山阵地，占领东山机场，并向城区迂回。8月9日，日军实施"紧急烧却计划"，炸毁伊敏桥（今南门外大桥），纵火烧毁东山下的兵营、弹药库等。日军各营舍顿时火光冲天，爆炸如霹雷，竟日不断，许多机关、厂房、民居也同时被烧毁。日军还根据计划，紧急屠杀了在押的反满抗日人士，屠杀了18岁以上苏联男性侨民，连为日军效忠的白俄别日柯夫部队数百人也全部屠杀。

由于伊敏桥被日军紧急炸毁，苏军进攻被阻。苏军步兵八十六军军长列武年科夫指挥部队以机炮、加农炮、榴弹炮、迫击炮、加强坦克和空军，配合步兵九十四师、二一〇师、二九三师，对日军守备部队和要塞发起不断的攻击，在北松山、敖包山、东山北口等多处激战。当天，九十四师九团在攻打敖包山中，摧毁15个永久性火力点和25

苏军强大炮火轰击日军阵地

个混凝土钢帽堡、1个指挥所，消灭了里面的日军。二一〇师六四四团在攻击东山阵地中，摧毁一批地面工事，消灭了据守在里面的一批日军。苏军攻势猛烈，日军依托坚固的水泥钢骨工事顽强抵抗，将苏军阻击在各阵地外围的防坦克壕以外。一时间，战事胶着，进展缓慢。

11日中午，日军在城内的守备部队被全部歼灭，苏军完成了对要塞的包围。

8月11日早晨6时，日军2架战斗机飞临海拉尔上空，沿要塞的5个阵地盘旋侦察，遭到各处苏军地面高射武器的密集射击。日机穿越火力网，仓皇飞离。上午10时，几架苏军飞机降落在东山机场（此前被苏军占领）。日军东山阵地组成多个"肉弹"敢死队，隐蔽接近机场，用手榴弹、汽油燃烧瓶向机场发起几轮冲锋袭击，烧毁苏军通信联络机1架，击伤1架。苏军守备机场的部队激烈抵抗，九十四师迅速派遣1个步兵连和1个迫击炮排赶到机场，经猛烈交火，打死日军100多人，缴获步枪、机枪80余支，解救出苏军飞机2架、飞行员3人。

8月11日下午2时，苏军主力部队的三十六集团军司令员中将卢钦斯基率指挥部进驻海拉尔。在中路纵队渡河时，三十六集团军副

军长福明柯中将指挥的部队（右路纵队）同时开始向满洲里、扎赉诺尔发起进攻，并向海拉尔方向攻击前进。8月11日夜，福明柯指挥的以步兵二九三师为主的右路纵队攻占了满洲里—扎赉诺尔，并向东进攻海拉尔。至此，苏军从北、西两路完成了对海拉尔要塞的全面合围。此外，后贝加尔方面军三十九集团军步兵九十四军的二二一师、三五八师从南路新巴尔虎左旗的将军庙、诺门罕方向迂回到海拉尔南部锡尼河、南屯一带，对龟缩进地下工事的日军进行持续攻击。到8月13日，苏军一直在要塞各阵地的壕堑内与日军开展阵地战，进行近距离拼杀。

连续三天的猛烈攻击，日军遭到了沉重打击，但日军依然躲在要塞地下负隅顽抗。第三十六集团军司令员卢钦斯基决定重新组成多兵种配合的攻击集群，要求尽快达成歼灭海拉尔要塞全部日军的目标。

敖包山日军主峰阵地因设有数层防坦克壕和铁刺网，核心阵地周围还建筑了3道环形防御阵地，并且利用工事区域的地形多层次配置了轻、重火力点，而且地上、地下人员和通信有效联通，使得日军防守严密，火力易于发扬。此外，日军水泥钢骨工事大都是甲、乙级，

标准建设，厚度在1米以上，野战重炮难以轰毁。但经苏军英勇冲杀，以人力土工抵近，用大当量炸药爆破，反复争夺，13日才全线突破外围防御，进入阵地内展开白刃拼杀。日军失去工事依托，死伤惨重，不得不钻入地下工事做最后的抵抗。

日军指挥部所在的河南台阵地，兵力、火力配备强大。苏军利用河南台阵地西部的平坦地形，从背后发起攻击，接着，又从西南部、南部和东部实行多方向的攻击。日军得到北松山阵地的炮火配合，阻止了苏军的坦克进攻。在河南台阵地西面区域，苏军坦克被击毁、击伤十余辆。但苏军炮火强大、重型坦

苏联红军烈士陵园（1945年建成）

克部队装甲厚重，经几次对射、冲击及人力爆破，日军地面火力点被彻底摧毁，被迫藏匿地下。苏军遂逐个肃清地面残敌，并用炸药、爆破筒、集束手榴弹、汽油等各种手段，

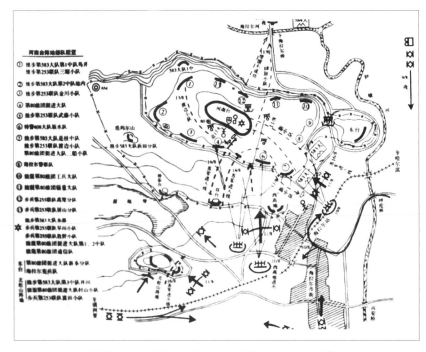

苏联红军向日军北山阵地（河南台阵地）展开攻击形势图

破坏日军地下工事的出入口、通气道。苏军还派遣俘虏及会日语的人等喊话劝降。

日军东南山阵地位处伊敏河东、东山机场的西面沿山地带，距敖包山、河南台阵地较远，当时苏军尚未向其发动攻击。防守阵地的日军大队约650人，无远程火器参与作战。12日深夜，日军大队指挥官按照日军"作战要领"规定，决定放弃阵地向南撤逃。逃跑的路上，一路日军在今友联村、友好村南部与鄂温克族自治旗交界处，与迂回包围海拉尔城区的苏军遭遇，大部被歼，极少数漏网；一路被苏军追击，最后在海拉尔东南约25公里的尖山沟一带被全歼。一时间尸横遍野，战后这一带被附近居民称为"死日本子沟"。

在东山阵地，日军有一个加强大队约900人。当苏军步兵第六四四团对其攻击时，遭到猛烈抵抗，经过激烈拼杀，苏军攻克碉堡和两道堑壕，歼敌50余人，其余日军有的藏匿，大部溃逃。

伪满第十军管区的蒙系部队2000余人，在日本军官的带领下，向兴安岭撤退，退至锡尼河一带。后在司令郭文林、参谋长正珠尔扎布等军官策动下，于11日、13日分别暴动，打死日本军官及军属等30多人，其余日本军官逃跑。暴动部队联系苏军后投降。

在对要塞攻击作战中，日军依托坚固设防的永久性工事顽强抵抗，苏军在兵力及武器装备上虽有压倒性的优势，但战斗仍异常激烈，付出了巨大牺牲。日军工事耐弹能力极强，重型火炮直接命中也难以击毁，故苏军多利用火力严密封锁日军火力点，并以工兵土工作业挖沟壕迫近，然后以大当量炸药进行爆破，许多工兵、步兵在迫近作业时被击中牺牲，甚至涌现了7个舍身炸敌堡、堵塞射击孔的英雄人物，可见攻克日军工事的艰难。

在海拉尔要塞攻坚战中，苏军从8月9日夜间突入我国境内，沿途与日军有小规模的接火，到8月17日清晨日军挂出白旗投降，本次作战持续了7天8夜。苏军投入攻击海拉尔要塞的部队3万多人，中口径以上火炮450多门、坦克50多辆，控制绝对制空权。海拉尔之战，苏军牺牲官兵1100余人，伤员为4000余人，取得了最终胜利。日军企图依赖的强大的军事工事——"东方马其诺防线"，未能阻止苏军的攻击，最终彻底溃败，要塞内3800人投降被俘，其余被击毙。战事结束，苏军对战场做初步清理后，将工事全部炸毁。

海拉尔的革命和抗日活动

20世纪的20年代初期,俄国十月革命的影响逐渐传播到海拉尔地区,五四运动及新文化运动也传播到海拉尔。

早期的革命活动

1917年,俄国十月革命胜利后,各帝国主义国家决定出兵干涉,扼杀新生的苏维埃政权。1918年初,英、法、美、日等国家武装干涉的军队进入西伯利亚地区,苏联内部爆发邓尼金、尤登尼奇、高尔察克等反革命武装叛乱,俄国陷入战争泥潭。流落在俄国的约4万名华工纷纷回国谋生,他们中的大多数从满洲里入境,滞留在中东路沿线。他们带回了许多宣传十月革命的报纸杂志,广泛传播"工人国"革命的信息。受到这些革命信息的启发、教育,海拉尔及周边的劳苦群众的觉悟迅速提高。1919年4月末,海拉尔铁路机务段和博克图、昂昂溪机务段工人同时举行了大罢工,反对沙俄中东铁路当局的经济压迫,很快得到全路职工和海拉尔毛皮工人的支持。6月和8月,海拉尔铁路职工分别响应哈尔滨工人联合会总的号召举行罢工,要求增加工资、抵制在工资中配发西伯利亚纸币。罢工都取得了胜利。

受十月革命和五四运动影响,

达斡尔族青年郭道甫等接受"外蒙古平民革命党"的主张,开展反帝、反封建的斗争,提倡民族教育,组织成立了呼伦贝尔学生会、青年团,进而,于1923年成立了"呼伦贝尔青年党"。这些青年人在课堂上宣传对军阀统治的不满,揭露日本的

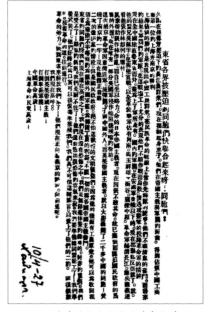

1927年在海拉尔流传的革命传单

"大陆侵略政策",宣传苏联社会主义革命。1924年冬,黑龙江督军吴俊升发布命令"务要枪毙郭道甫等赤化份子"。

1925年,我党派楚图南到哈尔滨领导党的地下工作。10月18日,《盛京时报》报道:"东北赤化宣传者积极活动,主要在哈尔滨、海拉尔等处。"次年,我党成立北满地方委员会,向满洲里、海拉尔、

為報告事據海拉爾偵探密報近在海拉爾之

街市間發現貼有華文傳單其内容詞意係

為鼓吹推翻現在中國之官廳及驅逐外人出境

等情謹將傳單一併附呈敬請

鈞鑒

附傳單一紙

田遇春

月十二日

1927 年海拉尔地方官吏的报告

博克图等地派出党员开展革命活动。1927 年，海拉尔街头出现大批地下党的宣传单，揭露英、美帝国主义炮击南京、造成 2000 余人伤亡的罪行，号召"同胞们联合起来""中国革命万岁"等。1929 年，中共哈尔滨市地委派人在铁路沿线活动，组织"反帝大同盟"。1931 年 4 月，当时的呼伦贝尔警备司令部向上级呈报，"查共产党在满洲里 20 余人""在海拉尔有反帝会员 30 余人""号召改组工会及农民协会、鼓动风潮、煽动民众，拟举行示威"，云云。1930 年初，满洲省委曾派许多同志到海拉尔、博克图、富拉尔基专门从事士兵工作，秘密组织士兵委员会，提高士兵觉悟、组织士兵暴动，"准备全满武装夺取政权"；共产党员卢透云等报告，在博克图已组织 100 人，决定农历新年前后举行暴动。满洲省委军委书记韩源波来了解情况，被奸细告密，共产党员李庚辰、高文久、李广海、韩源波、卢透云等被铺，牺牲在博克图。

抗战时期

1931 年 9 月 27 日，苏炳文在海拉尔誓师抗日，开展"海满抗战"；共产党员任作田、宁匡烈在海拉尔成立"东北民众抗敌救国后援会"，组织百姓、商人捐献款物，支援抗战、慰劳义师。任作田等还协助苏炳文组织"学兵连"，建立兵工厂，

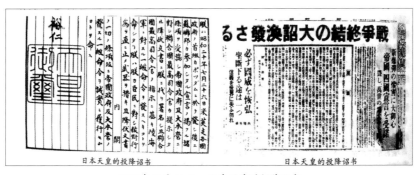

日本天皇的投降诏书　日本天皇的投降诏书

1945 年 8 月 15 日，日本天皇的投降诏书

制作手榴弹、地雷等供应前线。中东铁路沿线海拉尔、满洲里等地的"反帝大同盟"也积极配合"东北民众抗敌救国后援会",声援抗日。海拉尔路工人紧张地为东北民众救国军(以下简称"救国军")前线运输粮草、弹药、大炮,抢运伤员。日本军队大举进攻,救国军孤木难支、紧急撤退时,火车于万险之中

及时赶到,接回了救国军的余部和伤员,摆脱了日寇的追击,又将苏炳文将军等4000余名官兵、爱国人士运送至苏联境内。海拉尔军民同仇敌忾、万众一心,表现了中华民族在重压之下不甘屈服的伟大精神。

海拉尔沦陷后,党的外围组织"抗日救国青年进步读书会"成员张贵霖,因组织活动,致使父子俩

弹痕累累的海拉尔铁路桥桥头堡

被日军逮捕杀害。海拉尔周边，很多蒙古族、达斡尔族、鄂温克族牧民和混入敌伪的人士积极开展反日活动，向苏蒙传递日伪情报。1944年，东北抗联联络员刘伯肖不慎暴露身份，被敌伪捕杀。据敌伪记载，先后有54名共产党员和进步人士为救中国免于沦亡在呼伦贝尔被捕后被杀害。另据多名日伪军官、特务供述，

在日据时期，多次逮捕共产党员、苏蒙派驻的谍报人员，验明身份后，作为"特别输送"押往哈尔滨731部队，作为毒气细菌战的实验品。

解放战争时期

1945年8月，日军战败，海拉尔从日军铁蹄下挣脱。国民党千方百计派出人员，在海拉尔进行搜集情报、组织策反、组建军队、建立

政权等活动。我党领导的东北抗日联军曾三进呼伦贝尔，积极争夺这一政治上的中间地带。

1945年10月，国民党黑龙江蒙旗党务特派员李宗洲以兴安特派员身份来海拉尔活动。不久，李宗洲秘密组建了40余人的兴安党部，还组建了海拉尔光复军，赵明骧、傅锦堂任正、副司令。1946年5月16日，中共西满分局派东北民主联军西满铁道司令郭维城、旅长王化一、政委苏林率部队进驻海拉尔，抓获在各地活动的国民党特务陈国兴、刘云程等人。接着，又根据内部情报摸清了国民党秘密建军、建政的情况，展开搜捕。还在海拉尔等铁路沿线进行集中打击敌特活动，逮捕公安局内部光复军份子30多人，公审并处决了一批光复军头目。

这个时期，一批拥护我党政策的群众组建了"苏联之友社"，配合我党的工作。1943年初，共产党员吴质彬在满洲里至昂昂溪一带活动。1946年5月，中共兴安工委北部分委成立；6月，海满临时工委成立，由郭维城、王化一、苏林领导；7月，以高锦明为首的群众工作队建立；9月，中共海拉尔工作委员会成立，高锦明为书记。

此后，我党的事业如火如荼、轰轰烈烈地在海拉尔展开，海拉尔进入了光明、民主的社会。

昔日战地敖包山

苏炳文将军

HUASHUONEIMENGGUhailaerqu

风 云 人 物

FENGYUNRENWU

海拉尔土地上涌现了海兰察、苏纳木策麟、宋小濂、苏炳文、王德臣等多位杰出人物，他们在不同的时期和领域，为维护国家统一、强盛，丰富民族文化做出了重要贡献。

辉耀地方历史的人物
卓尔海

卓尔海，被称为经营呼伦贝尔第一人，生卒年不详，曾任齐齐哈尔协领。雍正七年（1729年），任呼伦贝尔城副都统，次年任黑龙江将军。

雍正十年（1732年），卓尔海上奏朝廷，"呼伦贝尔地广而腴，且邻俄境"，请求筑城，并移索伦部

鄂温克、达斡尔、蒙古（巴尔虎部）、鄂伦春兵丁驻防。同年四月，清政府批准这一请求，决定从布特哈地区抽调3000名索伦部官兵驻防，所移官兵组建呼伦贝尔八旗（或称索伦八旗），分左、右两翼，各领四个旗，共50个佐，以总管一员辖之。其中，自筑城处西行抵俄罗斯界，为左翼游牧地；右翼，游牧于喀尔喀河。

卓尔海（雕像）

凡驻防官兵，均按官兵等级给予牛、马、羊以立产业，官员每年给予半俸，兵丁月银1两。

索伦部官兵驻防呼伦贝尔，是呼伦贝尔自20世纪蒙古阿鲁科尔沁、三乌拉特、四子和茂明安等部南迁以后，第一次有了较稳定的居民；也是中俄签订《尼布楚条约》后，清政府加强边界巩固的一个重要措施。故《呼伦贝尔志略》称卓尔海为经营呼伦贝尔第一人。卓尔海于雍正十一年（1733年）四月奉命率呼伦贝尔索伦兵赴今蒙古国境内的察罕叟尔军营；后，署理黑龙江将军事务，加授内大臣；雍正十二年（1734年），兼理黑龙江副都统；雍正十三年（1735年），因"坐事褫职"。

博尔本察

博尔本察（又称伯勒布恩察），敖拉哈拉氏（姓氏），鄂温克人。博尔本察是一位有胆有识，富有军事、政治才能的鄂温克族历史人物。

博尔本察从小习武、操练箭术，在清康熙末年经兵丁测量为合格。由于聪明能干、武艺超群，他在雍正初年（1723年）清政府设置的济沁阿巴（围猎场）中操练兵丁侍卫。

雍正九年（1731年），清政府为固防编制了布特哈（扎兰屯市）八旗，济沁阿巴被编为正蓝旗，博尔本察由侍卫升任为佐领。

博尔本察

雍正十年（1732年），布特哈八旗受朝廷之命迁至呼伦贝尔附近驻防，分为左、右两翼负责建城处至俄罗斯交界处及喀尔喀河一带的驻防，博尔本察、达巴哈二人分别被提任为左、右两翼的第一任总管，博尔本察掌管总管关防，人称"博恩德安本"。二人带领戍边官兵西越大兴安岭进入呼伦贝尔草原，又深入伊敏河西岸，在与海拉尔河汇口处附近驻防，左、右两翼分别设在胡吉日托海（今鄂温克族自治旗南屯）、哲布勒（西屯，位于今海拉尔区西南面）。雍正十一年（1733年），博尔本察奉命前往察罕敖拉（今译为察罕敖拉岭）卡伦驻防。在呼伦贝尔驻防期间，他在戍边官兵中影响很大。

雍正十一年（1733年）一月二十三日，因博尔本察、达巴哈"并不和办衷事"，另派大臣统领索伦八旗。同年六月，博尔本察随同黑龙江将军卓尔海，带领呼伦贝尔索伦八旗中的2000兵丁前往察罕叟尔（今蒙古国境内）驻防。乾隆初年，博尔本察因业绩显著，被清政府任命为蒙古正黄旗都统。

乾隆二十年（1755年）五月，蒙古准格尔部阿睦尔撒纳在塔尔巴哈台（今塔城）举兵反清。

乾隆二十一年（1756年）一月十六日，清政府急令博尔本察带领索伦八旗兵丁前往巴里坤（今新疆巴里坤哈萨克自治县）听候调令，著加授为内大臣，同侍卫顺德讷驰驿前往。博尔本察奉命行动，带领驻防乌里雅苏台的索伦八旗到达巴里坤，编入定西将军永常指挥的西路军，在伊犁河南特克斯地方与阿睦尔撒纳交战，阿睦尔撒纳兵败后逃往俄罗斯。在交战中，博尔本察所率领的索伦劲旅英勇作战，克敌制胜，发挥了主力军作用。清政府因博尔本察指挥得力，战功卓越，其画像入紫光阁，并载入功臣史册，在清朝受封的前50名功臣中名列第20名。乾隆盛赞其为"夔铄清行，索伦巨擘。挽五石弓，尚能杀贼。如鸷之击，不留飞鸟。马援归来，舒恩荣老"，将博尔本察比作汉朝伏波将军马援式的人物。

海兰察

海兰察（1740~1793年），额格都·杜拉尔氏，呼伦贝尔索伦左翼镶黄旗鄂温克人。他经历多场战事，是一位因功勋卓著且画像四次入紫光阁、昭忠祠的鄂温克族战将。

海兰察生于占其布佐的普通人家。传说海兰察面如铁色，膂力过人，少时在今海拉尔正阳街路西一朱姓商人的"公来号"牧马。乾隆二十年（1755年）应征，朱公曾赠一健马为其壮行。而后海兰察感激朱公知遇，为其建一木质小楼，时人称之为"海公楼"。海兰察从军后征战南北，勇武过人，身先士卒，先后任头等待卫、一等超勇公、侍卫大臣、都统参赞大臣等职。为维护祖国领土完整、维护清政府统治，海兰察征战大金川、小金川、西藏、台湾等地，战功赫赫。乾隆五十八年（1793年）病逝于京都，特准入昭忠祠。

海兰察画像

乾隆二十年（1755年），海兰察以索伦马甲从征准格尔，生俘再次叛乱的辉特部台吉巴雅尔，叙功，赐号额尔克巴图鲁。乾隆二十三年（1758年）八月，海兰察随乾隆皇帝赴木兰围猎，射杀两只虎，解皇帝险境。而后连连提拔到头等侍卫，并赐予骑都尉兼云骑尉世职，其画像第一次入紫光阁。

乾隆三十二年（1767年），海兰察以记名副都统从征缅甸叛军，师出虎踞关。他率轻骑先驱，屡建胜功。乾隆三十三年（1768年），再次出师缅甸，度万仞关，击败缅军于戛鸠江，获胜后，留军防边。后升任镶白旗蒙古副都统。

乾隆三十七年（1772年）六月，清政府决定平复金川战事，海兰察从征，合力奋击，数次设伏，击破图谋截粮的敌军，又破碉卡三百余座。清帝诏嘉奖，擢正红旗蒙古都统。十二月，小金川既定，进讨大金川，授海兰察参赞大臣，随将军温福出西路。乾隆三十八年（1773年）二月，凿冰开道，至固木卜尔山诱敌设伏，破数山寨。同年六月，后路乱军攻陷清军大营，将军温福战死；海兰察令大军撤退，自己殿后，保全了队伍，受到清帝上谕嘉奖。

清政府任大臣阿桂为定西将军再征金川，海兰察等率八千人分三路进攻，夺取别斯满大小十余寨，复克乱军主寨美诺。乾隆三十九年（1774年），进谷噶山，搏击酣战，海兰察力攻功最，授内大臣；再战取碉卡百余座，三路并进，海兰察屡克险要，被赐号绰尔和罗科巴图鲁。八月，自逊克尔宗峰脊分左、右翼仰攻，纵火毁碉卡二百余；十月，破山后官寨，复授参赞大臣，命在御前侍卫上行走。乾隆四十一年（1776年）正月，金川平，封海兰察为一等超勇侯，赐双眼花翎，赐御前鞍辔马一，赐锦、白金；画像入紫光阁，列前五十功臣；授领侍卫内大臣，补公中佐领。

乾隆五十二年（1787年），台湾林爽文叛乱，清帝命将军福康安帅师，仍授海兰察参赞大臣。十月，渡鹿仔港，率巴图鲁二十人至彰化八卦山跃马登山，乱军拥至，海兰察发箭射中数人，余惊遁。又同福康安援嘉义，分五队，沿途搜剿，击破乱军万余，嘉义解围。清帝嘉赏海兰察身先士卒、勇略过人，进二等超勇公，赐红宝石顶、四团龙补褂。十二月，海兰察冒枪石驰剿大埔林、大埔尾诸庄，进攻林爽文起事地大里代，尽歼砦中乱军，至极北炭窑。乾隆五十三年（1788年）正月，俘获林爽文于老衢崎，槛送京师。上念海兰察功，解佩囊赐之。

平定台湾林爽文乱形势图

台湾平，赐紫缰、金黄辫珊瑚朝珠、画像入紫光阁。

乾隆五十六年（1791年），廓尔喀（今尼泊尔）在英国殖民势力的支持下，勾结西藏大封建主势力，武装侵略后藏。海兰察随福康安率军征讨廓尔喀。次年，廓尔喀降。

乾隆五十八年（1793年）二月，清乾隆帝又谕："向来武臣，无乘轿之例，海兰察在军前效力多年，腿有宿疾，著格外施恩，赏令乘轿。"三月，海兰察由藏回京数月后在家病故，乾隆皇帝打破病故不入昭忠祠之例，加恩著入祀昭忠祠，赐海兰察"武壮"称号。

敖拉·昌兴

敖拉·昌兴（1809～1885年），又名阿拉布登，达斡尔族。敖拉·昌兴是索伦左翼镶黄旗双宝佐（今鄂温克族自治旗巴彦托海镇）人，是清朝末期达斡尔族文学创作第一人。

敖拉·昌兴自幼聪明，才智过人。15岁时，父亲升任佐领（章京），他随父赴京城叩拜皇帝。一路上，敖拉·昌兴将经过的村屯、城镇、山河、田野描绘出简略的地图，将所见到的人物、名胜、古迹用散文诗的形式记述下来，开阔了他的视野，增长了社会知识。

道光十二年（1832年），在敖包会上，敖拉·昌兴同笔帖式依灵阿二人一道被乡亲们推举为嘎辛达。之后，他们整顿村屯秩序，公平合理地解决了村屯内的一些纠纷。清同治年间，敖拉·昌兴任佐领，指示其弟松恒在每年春夏秋季节，腾出自家门房办私塾，召集郭、敖两姓达斡尔族子弟20多人，教授汉、满两种文字。这也是海拉尔一带较早的私塾。

敖拉·昌兴画像

敖拉·昌兴还关注牧民的身心健康。在当时缺医少药的情况下，他同喇嘛医探查索岳尔济山，他们在哈拉哈河南岸的山坡下发现32个泉眼，并逐一品尝、试探水温。回到海拉尔后，他向呼伦贝尔副都统衙门详尽呈报并建议开发哈伦阿尔善，得到副都统的认可。副都统拨给专款，并委派敖拉·昌兴于第二年召集有关人员前往阿尔山，在泉眼上修造木池，又在每个泉眼上用蒙古、汉、满文注明泉名和效能。后因年久失修，敖拉·昌兴又于清咸丰三年(1853年)建议重修阿尔善。在阿尔善的官佐、喇嘛、富裕牧户的支持下，他筹集了巨额捐款和牲畜，并从西藏等地请来活佛及有名的喇嘛和藏医，再次探查哈伦阿尔善，重新鉴别每个泉眼的成分、作用和效能。本次重修用石头砌了32个石池，每个石池前边都竖立刻有泉名、效能的石标，注有浴治、饮治、点治三种疗法和治疗过程中的注意事项。哈伦阿尔善的探查和重修，对牧区人民的身心健康起到了积极的作用。

清咸丰元年（1851年），清政府为确保北部边疆的安全，要求黑龙江将军派得力官员巡查边境地区，敖拉·昌兴以精明练达而被选中。临行前，他查阅了许多巡边报告和有关资料，以掌握边情。敖拉·昌兴以高度的责任感细心察看边界标志，观察祖国边疆的大好河山和各地的风土人情。他将一路上的观察和所见所闻以诗的形式记录下来，即今人所见用满文书写的《巡边记》。全诗表达了对祖国美好山河的讴歌和赞颂，表达了他热爱祖国北部壮丽多姿山河的思想感情。《巡边记》是他留给后人的宝贵精神财富。

晚年，敖拉·昌兴因遭到地方官吏的打击而入狱。出狱后，他隐居在海拉尔河畔陈巴尔虎山嘎绰格地方的密林中，不问政事，专门写作，赋诗吟歌，著有田舍诗《依仁堂集》等。《黑龙江志稿》称其"用达呼尔俗语编著诗歌，一时人争传诵之"。近代地方史认为他是用地方民族语言进行文学创作的第一人，对地方民族特别是达斡尔族的影响重大。

清光绪十一年（1885年），敖拉·昌兴病故在他的寓所，终年76岁。

古柏礼

古柏礼（1831～1890年），蒙古族，新巴尔虎左旗宝格德乌拉苏木人。他是一位博学多识、政绩卓著的地方官员。

古柏礼少年时家庭生活优裕，读私塾，过目成诵。曾拜活佛官布学习藏文，拜山西人李唐学习汉文，成年时精通汉、满、蒙古、藏文字。

古柏礼画像

他著有天文学、地理学、医学、文史类等多种作品。《黑龙江志稿》中记载："古柏礼，呼伦贝尔新巴尔虎总管，精通文艺，啧啧入口，一时风气，得其提倡。"但其作品传世不多，现有《诸蒙古始祖记》《呼伦贝尔三部落起源记》《呼伦贝尔史料》《天时、地理、人体气息的关系》《巴尔虎史诗》《记受派赴黑龙江之事》《评三教》《中国历代皇帝年鉴》《巡查哈拉哈河的祭词》等。

清光绪七年（1881年），古柏礼任新巴尔虎左翼总管，奉黑龙江将军衙门派遣，率800多人的巡防马队赴漠河、奇乾河一带巡查。时，沙俄野蛮掠夺中国境内的黄金资源，大批俄人非法入境。1885年，古柏礼巡查时，俄人私行挖金的已达万余人。古柏礼长途跋涉，巡查各处，

到漠河就沙俄派人越境强行劫占中国金矿事宜，与沙俄使臣谈判；同时，派出巡查队开展军事行动，烧毁俄人窝棚千余处，至当年年底，将擅自越境挖金的俄人万余名驱逐出境，金矿全部收回。古柏礼又派人到奇乾河，将非法居留挖金的数百名俄人驱逐出境，恢复了额尔古纳河边境地区的主权管辖，恢复了边境地区的安定局面。

因古柏礼对恢复边境地区主权贡献突出，光绪十四年（1888年），清政府特许他进京觐见，并赏授都统衔总管。

古柏礼于光绪十六年（1890年）因病去世，终年59岁。

苏纳木策麟

生卒年不详。齐齐哈尔满洲镶红旗人，也有资料称是齐齐哈尔巴尔虎蒙古人。在任时，他兴废立治，外抗强权，是一位卓有政声的地方官员。

清光绪三十一年（1905年），苏纳木策麟赴任呼伦贝尔副都统。这时正值呼伦贝尔刚经1900年俄军进攻东北的战事不久，当时呼伦城官衙、商铺毁于战火，百业凋敝，民不聊生，特别是沙俄政府恃强凌弱，地方政府与其交涉官事十分困难。他到任后，励精图治，重建官衙，重建沿边卡伦，照垦开荒，改善财税，

苏纳木策麟画像

提倡学务，设交涉局，兼征收牲畜、皮毛、木材、羊草等税款，严厉禁止俄人越界打草、种地。次年，俄国东清铁路公司与清政府铁路交涉总理周冕私下签署俄界展地合同，俄人据此约定于铁道北坝后砖窑等地挖壕100余丈，又于街北向西南挖壕圈地，将庙宇、新旧衙署基址、新开街道、商埠、旗署、卫队房等全部圈占，还先后三次恃强展界。苏纳木策麟向朝廷报告，并参革周冕私自签约。同时同俄人坚决力争，磋商改议，将前挖的壕沟一律填平；然后在城北庙以北、西面东清铁路房前留出道路，南为华商街，北为俄商街，合理划界，分界立标。由于苏纳木策麟的据理力争，中国主权、权利得以挽回和保护。

苏纳木策麟在任期间，与蒙旗官民共商政事，彼此融洽。呼伦贝尔地方的经济、治安迅速改善，留下了卓著的政声。

宋小濂

宋小濂（1860～1926年），吉林人。他是近代东北史上内修政务、外争国权的民国大吏，是一位杰出的爱国人士。宋小濂少读诗书、考秀才，为知府李金镛所赏识。后到奉天（今沈阳）投军。不久即受李金镛（时任观察使，督理漠河矿务）之召，任漠河金厂文书，办理文案及交涉事务。从此开始了"半生心事在筹边，黑水黄沙二十年"的生涯。

光绪三十年（1904年），程德全任齐齐哈尔副都统（兼垦务大臣），闻知宋小濂的才干，调他到省城任

宋小濂

文案处总理。因其博学多才，精通吏治，不到三年便被提升为秩监司长官，后又试署海伦直隶厅同知（清代常于新设置地区设直隶厅，以同知为行政长官）。东清铁路修筑后，清政府在哈尔滨设铁路交涉总局，宋小濂任总办。光绪三十二年（1906年），外务部派他到哈尔滨与中东铁路公司总办霍尔瓦特会商，交涉改订由之前负责铁路交涉的周冕迫于沙俄势力而擅自与俄方订立的购地、伐木合同。当时中俄所订展地、伐木、采煤合同让中国主权受到侵犯，他与会办的官员据理力争，与俄人相持近两年，会谈1400余次，终于在光绪三十三年（1907年）废弃前约，先后改订多次，挽回很多主权。

光绪三十三年（1907年）十月，宋小濂被任为暂护呼伦贝尔副都统，后改任呼伦贝尔兵备道员加参领衔。他为稳定边疆局势，不撤旗官，整顿财政；为加强边疆防卫，亲自踏察一千五百余里国境线，写出《呼伦贝尔边务调查报告》。他设立机构整顿、重设二十一座边防卡伦，统管垦务并创办学校，设置警察，清理税制，四处巡视，抚慰地方，为呼伦贝尔地方的安定发展和民族团结做出了很多有益的工作。其时，宋小濂与俄方官员会勘西段国界，

但俄人骄横，欲将满洲里划入俄界，宋小濂却大义凛然、寸土未让。宣统三年（1911年），宋小濂升任黑龙江民政长，同年又署黑龙江巡抚。

民国初建，宋小濂被任为黑龙江省都督兼民政长。他在黑龙江二十余年，熟悉边情，在与俄多次交涉中屡挫其锋。俄人惧虑宋小濂，借齐齐哈尔巡警检查俄籍朝鲜人的问题之机，对北洋政府施以威胁，因此，宋小濂于1913年被调入京。俄国十月革命后，中东铁路长春以上段由中苏合办，北洋政府于1919年命宋小濂任中东铁路督办。他到任后，组织新的董事会，更换管理局长，亲自按站巡阅全线，勉励职工、询问旅客，对应兴革事项详察通筹，力求改良，有《巡阅东省铁路纪略》一书略记其事。

宋小濂六十三岁时辞官，定居北京，1926年逝世，留有多部著述和书法作品。

程廷恒

程廷恒（1878年～？），江苏昆山人，著名方志学家，附贡生，是一位为呼伦贝尔留下历史专著的南方人。从清宣统三年（1911年）至民国14年（1925年），历任抚顺、宽甸、安东、复县县知事，呼伦贝尔督办兼交涉员、龙江道尹、黑龙江省公署政务厅厅长。

程廷恒

程廷恒每到一处，皆有创修方志之举，并统称以"志略"。在任呼伦贝尔督办时，主持编修《呼伦贝尔志略》。程廷恒在地方任职一般都是两三年，最长也不超过四年。他之所以每移官一处，都能积极主动地修志，原因有四。一是他真正把编修志书当成了"官职""官责"。他认为修志是守官的不可推卸的职责，是从政的必须、施政的依据。不修志，便不能全面地了解民情、反映民情；不修志，便是失职。所以他每到一地都把编修地方志当作急切需要完成的工作来抓。程廷恒认为"为政有宏观，当务其大者远者"，而编修志书便是规模深远意义重大的大事、要事。二是把修志看成是展示地方官从政之才的一种

好的形式。程廷恒在完成《呼伦贝尔志略》的时候，当时代行黑龙江省省长职务的于驷兴便评价程廷恒具有"远到之才""经事之略"（于驷兴：《呼伦贝尔志略·序》）。于驷兴认为，我们不能把《呼伦贝尔志略》仅看作是一部地方文献，它是程廷恒从政思想的凝聚和政治志向的展示。三是修志是为了更好的"资政、教化、存史"，正如程廷恒所说："里乘所登，轩所采，不出户庭，而利病得失，数计烛照焉。"（程廷恒：《呼伦贝尔志略·序》）四是修志是为了激励守土之官励精图治、奋发有为（袁金铠：《呼伦贝尔志略·序》）。有了这四点认识，程廷恒每到一处，便"采风询俗，不敢言巨细之靡遗，而对于古今中外之兴废乘除，则务孜孜然，悉心搜讨，闻见所及、辄笔之于书"（程廷恒：《呼伦贝尔志略·序》）。程廷恒主持编修这么多的志书，仍然不自满，谦虚地将所修志书名称标为"志略"，"其详其审，概可想见"（朱庆澜题，朱时任东北特区行政长官兼中东铁路护路军总司令，摘自《呼伦贝尔志略·序》）。

随着职务的变动，程廷恒后来又主持编纂了《黑龙江通志》，黑龙江文人魏毓兰曾赠诗："《呼伦贝尔志》，筚路启遐荒。民物供搜集，

山川为发皇。穷边传政绩，余事到文章。省志还相待，肖然国史光。"这是对程廷恒纂修的《呼伦贝尔志略》的赞扬，也是对其主持编纂《黑龙江通志》寄予的莫大希望。

程廷恒编修的《呼伦贝尔志略》对呼伦贝尔而言，是一部非常重要的历史文献。

成 德

成德（1875～1932年），达斡尔族，原索伦左翼正白旗莫和尔图人。他是一位主张撤销"呼伦贝尔独立"的地方官吏和学者通晓汉、蒙古、满三种文字。

1911年，任厄鲁特总管衙门佐领、笔帖式（文秘办事员）期间，他率牧民代表与呼伦直隶厅交涉，反对开垦海拉尔河沿岸的游牧草原为农业地，遭拒后，参加胜福的"呼

成德

伦贝尔独立运动"，恢复"副都统衙门"。1913年，成德参加"外蒙古"驻多伦地区的军队，在多伦与民国政府军作战，被击溃后逃往"外蒙古"。1915年，在"外蒙古"任"外交部副部长"，期间研究、翻译《蒙古秘史》，并根据1908年叶德辉汉文版《元朝蒙古秘史》将其翻译成现代蒙古文，成为国内首个现代蒙古文版的译作者。译文手稿现存于莫斯科圣彼得堡图书馆。

1915年，迫于民国政府的压力，"外蒙古"八世哲布尊巴活佛宣布取消"外蒙古"独立，取消自己的蒙古皇帝名号，实行"自治"。

1917年，成德带领"外蒙古"军队协助平息呼伦贝尔地区的色布精额匪乱之后，回到呼伦贝尔，在副都统署任左厅厅长。在他的提议主持下，呼伦贝尔副都统发行官钱局券，成立公司，组织经贸活动，开办教育，安置由俄国境内迁来的蒙古布里亚特部，协助编纂《呼伦贝尔志略》，组建蒙旗毛皮公司，统一收购牧区的畜产品，保护牧民利益。他又组织牧民集资，在呼伦城建立蒙旗合作社，呼伦贝尔进入经济稳定发展的时期。成德支持布里亚特部自中国境外迁入呼伦贝尔，并说服呼伦贝尔副都统衙门将锡尼河地区的草场划给布里亚特部驻牧。

1919年，民国政府军队进入库伦（今乌兰巴托），驱逐沙俄人员，收缴日本驻库伦军队的武器，收复"外蒙古"，哲布尊巴活佛彻底放弃"独立"与"自治"的幻想。

1920年1月，呼伦贝尔左厅长成德、右厅长巴嘎巴迪、署理索伦左翼总管荣安、署理索伦右翼总管凌升等审时度势，向东三省巡阅使张作霖、黑龙江督军孙烈臣呈交了《呼伦蒙旗请愿转电中央取消特别区域文》。该呈文于1月28日获得批准，保留呼伦贝尔副都统衙门，取消呼伦贝尔特别区域及《中俄会订呼伦贝尔条件》，至此呼伦贝尔摆脱俄国的干涉。因成德是"首先提议撤销呼伦贝尔特区"之人，经蒙藏院批准，成德被封为镇国公。

1920年，成德出任东北行政委员会顾问、黑龙江督军公署顾问。期间，成德把郭道甫创建的私立小学改成公立，并将大片土地划归学校所有，还延聘了一些教员，增设了汉语、俄语课程等等。

1931年末，苏炳文领导的海满抗战失败，日本军队侵占海拉尔，成德婉拒伪满洲国重要职务邀请。第二年病逝于海拉尔家中。

苏炳文

苏炳文（1892～1975年），字翰章，号铁庵，汉族，中国早期抗日大战——海满抗战中的英雄。1892年9月2日生于辽宁省新民县，1910年进入北京清河镇陆军第一中学。1912年，苏炳文升保定军官学校第一期步兵科。1914年10月，毕业后被派到部队，为见习军官，陆续任排长、连长。护国战争爆发后，苏炳文在北京城内讨伐张勋复辟，战绩卓著。第二次直奉战争结束后，苏炳文应奉军郭松龄之邀，任东北镇威军十二旅上校参谋长。1928年春，苏炳文任黑龙江军务督办公署中将参谋长兼国防筹备处处长和黑龙江省政府委员，驻防齐齐哈尔。同年12月，苏炳文被任命为东北边防军驻黑龙江副司令公署参谋长和省政府委员。1929年，中东路战争爆发，东北军战败。1930年，苏炳

苏炳文

苏炳文将军铜像及部分生活用品

文任哈满护路军司令、呼伦贝尔公署长官、呼伦贝尔警备司令兼省防军第二旅旅长。1931年，九一八事变后，苏炳文支援马占山将军抗日，将其驻满洲里的步兵团调到嫩江江桥，协助马占山作战。苏炳文在海、满一带积极进行抗日活动，成立学兵连，收容有志青年学生百余人，进行军事训练；继之成立步兵第九团，扩充抗日队伍；以留德学兵工的刘绍复为领导，将沈阳兵工厂流亡的技工与青年百余人组织起来成立了制造手榴弹、地雷等的兵工厂；凡由沦陷区逃来的爱国志士，均欢迎接待，安置在救国后援会工作，这一举措颇得人心。苏炳文的诸多抗日活动深为日伪所仇视。日伪多次邀请他到黑龙江省城齐齐哈尔开会，许以重任，但他拒不前往，日伪威胁利诱俱归失败。

1932年10月1日，苏炳文领导海满抗战。他率部在海拉尔誓师抗日，宣布成立"东北民众救国军"，苏炳文被公推为司令。海满抗战失败后，他退入苏联。1933年，苏炳文与马占山、张殿九、李杜、王德林、孔宪荣等人由欧洲回国。后苏炳文被任命为国民政府军事委员会中将委员。

1954年，苏炳文为全国政协委员、中国人民政府第三届委员；当年12月，苏炳文任黑龙江省体委主任。1955年，为黑龙江省第四届人民代表。1956年加入民革，任民革黑龙江省委员会副主委、黑龙江省政协常委。1957年被划为右派。1958年，调任黑龙江省人民政府参事室参事、省政协委员。"文革"中遭到迫害。

1975年5月，苏炳文病故于黑龙江省医院，终年84岁。中共十一届三中全会以后，党和政府为苏炳文平反，高度评价了他在国难当头之际英勇抗日的爱国举动，肯定了他为新中国的建设事业所做出的贡献。

从海拉尔走向全国、世界的名人

王德臣

王德臣，男，1933年出生于辽宁省义县，中国火箭研究院原副院长，长征系列火箭的总设计师，是我国航天领域著名的火箭技术专家，国际宇航科学院院士，国家"863计划"航天领域专家组成员，北京航空航天大学顾问、教授，南京航空航天大学特聘名誉教授。

王德臣1950年毕业于海拉尔第二中学，1957年毕业于北京航空学院，后分配到原国防部五院一分院工作，历任设计员、室主任、总体设计部副主任、科技委常委、中国运载火箭技术研究院副院长。先后担任远程运载火箭、长征二号、长征三号甲运载火箭、长征二号捆绑式火箭、新型运载火箭的总设计师。1992年，担任载人飞船火箭总设计师，特别是在长征二号捆运载火箭发射"澳星"等任务中，发挥了极为重要的作用。1979～2004年，获航天部第一研究院先进工作者、航天部劳动模范，荣立一等功；获国家科学技术进步特等奖；国防科委授予《总设计师工作贡献突出荣誉状》；获航天部通令嘉奖；获载人航天工程第一次飞行试验成功突出贡献奖；获国家科学技术进步一等奖；获何梁何利基金科学与技术奖；获中国人事部、总装备部、国防科委联合颁发的"载人航天工程国家科学技术进步特等奖"。先后获政府特殊津贴，被评为国家级有突出贡献的中青年专家。（此资料由王德臣本人提供给作者）

王德臣

通 福

通福（1919～1989年），生于海拉尔附近的莫和尔图村，中共党员，达斡尔族著名音乐家。通福幼时曾在海拉尔生活，年轻时到日本学习音乐。1946年，他参加呼伦贝尔自卫军文工团。20世纪50年代初，他调到内蒙古歌舞团工作，先后任创作员、指挥。

1952～1964年，通福先后在长春电影制片厂和内蒙古制片厂从事电影音乐创作。创作了电影歌曲

通福

《敖包相会》《草原晨曲》，并为《前进中的内蒙古》《飞跃的内蒙古》《阳光普照鄂伦春》《今日内蒙古》等纪录片配乐作曲。其中《敖包相会》《草原晨曲》是他最为著名的传世佳作，蜚声国内外。

电影《草原上的人们》的拍摄地就在南距海拉尔39公里的白音胡硕景区。期间，通福面对电影主题曲的歌词冥思苦想。在一个十五的晚上，他漫步草原，只见朗月中天、光华铺地，蒙古包前人影疏斜，遂突发灵感，借鉴蒙古民歌《韩秀英》的音乐元素，创作出了著名的歌曲《敖包相会》。如今，这首歌脍炙人口，唱遍全世界，成为呼伦贝尔草原的骄傲。

1989年通福在呼和浩特逝世，终年70岁。如今呼伦贝尔大剧院的广场上立有他的塑像。

通福一生创作和改编的歌曲有100多首，代表作品有《团结之歌》《呼伦贝尔家乡》《沙漠之歌》《内蒙古青年进行曲》《前进吧》《牧民之歌》《歌颂毛泽东》《雁舞》，还有电影配乐《彩虹》《鄂尔多斯风暴》《牧人之子》《草原上的人们》等，多次获得自治区和国家的奖励。

王纪言

王纪言，6岁前生活于海拉尔，1974年考入北京广播学院（今中国传媒大学）新闻系，专攻电视新闻摄影。后留校，先后任电视系主任、学院副院长、研究生导师。

1995年，王纪言参与创立凤凰卫视，现任香港凤凰卫视中文台台长、执行副总裁。王纪言童年是在海拉尔度过的，对呼伦贝尔的文化事业一往情深，致力于发掘地方民族文化。2006年12月，由呼伦贝尔市委、市政府组织，王纪言等专家

王纪言

策划，布仁巴雅尔、乌日娜出任艺术总监的"五彩呼伦贝尔儿童合唱团"成立，这是我国第一个由少数民族儿童组成的合唱团。该合唱团成立以来，逐渐提升了呼伦贝尔民族文化在国内乃至海外的影响力、知名度和美誉度，成为呼伦贝尔蜚声海内外的一张"文化名片"，受到了中央和自治区各级领导及社会各界的广泛欢迎和高度赞誉。王纪言在组织、策划、协调合唱团"五彩呼伦贝尔儿童合唱团"的对外演出、宣传、包装以及争取国内外赞助等方面，做了大量工作，对推进呼伦贝尔市文化产业发展起到重要的作用。

乌日娜、布仁巴雅尔

乌日娜，鄂温克族女高音歌唱家，国家一级演员，中央民族大学副教授，硕士研究生导师，鄂温克民歌传承人，中国少数民族声乐学会理事，中国音乐家协会会员，中国少数民族音乐协会会员，内蒙古文学艺术界特殊贡献人才，歌曲《吉祥三宝》演唱者之一。

1980～1983年，乌日娜在位于海拉尔的内蒙古艺术学院呼伦贝尔分校学习，毕业后在内蒙古呼伦贝尔盟歌舞团工作；1984～1988年，毕业于中央民族学院，毕业后任教于中央民族大学音乐学院；2000年，

在新加坡维多利亚音乐厅举办了"乌日娜独唱音乐会"，获得成功；2003～2004年，留学俄罗斯国立师范大学和圣彼得堡音乐学院；2004年，在俄罗斯圣彼得堡留学期间，成功举办"个人音乐会""双人音乐会"和"三人家庭音乐会"。

2006年，她和爱人布仁巴雅尔与呼伦贝尔市政府、凤凰卫视共同创办"五彩呼伦贝尔儿童合唱团"，担任艺术总监，在世界各地成功演出。他们出版的《五彩传说》CD专辑获得全国最佳其他语言奖及最佳

呼伦贝尔五彩儿童合唱团

组合奖。

2010年，她总导演的鄂温克大型歌舞剧《敖鲁古雅》在北京保利剧院上演。乌日娜曾经多次受邀参加中央电视台文化节目，在2014年中央电视台春节联欢晚会中，她倾情演唱了歌曲《套马杆》。

乌日娜出版的个人专辑有《祝福你，鄂温克》《鄂温克风情》《历史的声音》《七个母音》和《敖鲁古雅》等；发表论文《鄂温克人的传说音乐具有代表民族身份的意义》《鄂温克音乐文化》等；她还入选《中国音乐家名人录》书中。

乌日娜于1985年获全国少数民族声乐比赛"金凤奖"（最高奖）；于1988年参加第一届全国少数民族青年歌手大奖赛，并获一等奖。

多年来，乌日娜教授各民族学生300多名，其中蒙古族的乌兰图雅、哈林、诺恩吉娅组合、科尔沁姐妹组合、鄂温克族的其其格玛，藏族的泽郎金、苗族的刘恋、侗族的王馨、维吾尔族的祖邦丹等，都已成为所在地方的业务骨干，并在全国和各省市声乐比赛中屡获大奖。

布仁巴雅尔，1978～1980年，被鄂温克族自治旗乌兰牧骑推荐，到内蒙古艺术学校学习蒙古长调歌曲和马头琴演奏；1980～1983年，在位于海拉尔的内蒙古艺术学校呼伦贝尔盟分校继续学习蒙古长调歌曲、马头琴演奏，同时担任舞蹈班的语文课教学工作；1983年，在鄂温克族自治旗乌兰牧骑担任独唱演员和马头琴演奏员；1990年至今，在中国国际广播电台蒙古语部从事新闻时事节目和专题栏目的播音、文字翻译和采访工作，并主持《中国当代文化人物》节目。

他于1987年参加第一届内蒙古自治区蒙语歌曲电视大奖赛，获二等奖；于1988年参加第一届全国少数民族青年歌手大奖赛，获一等奖。布仁巴雅尔在北京、新疆、内蒙古、广西、海南等地频繁演出，并多次参加中央电视台、中央人民广播电台、北京电视台等媒体的演出。

他在《东归英雄传》《美丽的草原我的家》等多部影视作品中演唱主题曲；还录制出版了《我有两个太阳》《巴尔虎、布里亚特旋律》《蔚蓝色的杭盖》等专辑CD和磁带。2016年2月，参加2016年中央电视台春节联欢晚会，演唱歌曲《酒歌》《春天来了》《守望相助》。

布仁巴雅尔生于呼伦贝尔，他对草原的眷恋，既有着牧民天然的情感，也融入了城市化的理性思考，蕴涵动人的深情。他写的《吉祥三宝》成为流行乐坛的经典之作，为敖鲁古雅专门创作的《你好！敖鲁古雅》与原生态舞台剧《敖鲁古雅》成为一份民族文化的宝贵资料。

布仁巴雅尔夫妇的作品，2005年以来获得中国歌曲排行榜、亚太音乐榜、中国民歌榜冠军、金唱片奖、华语音乐传媒大奖——最佳新世纪民族音乐艺术奖等二十多个奖项。2007年，布仁巴雅尔作词作曲并演唱的《吉祥三宝》荣获中共中央宣传部颁发的第十届精神文明建设"五个一工程"奖。2011年，歌舞剧《敖鲁古雅》，在智利第四届国际民俗术节上获团体"世界民族文化特殊贡献奖"。

超 克

超克，蒙古族，中央电视台《中华民族》栏目著名导演。1957年出生于内蒙古海拉尔，就读于海拉尔胜利街小学、海拉尔第一中学；1982～1985年，就读于内蒙古广播电视大学汉语言文学系专业；1985～1994年，在呼伦贝尔电视台工作；1995年至今，在中央电视台社教中心社会专题部《中华民族》栏目任导演。他在中央电视台所做的重大题材的节目有《全国少数民

超克

族知识竞赛》（任导演），庆祝内
蒙古自治区成立60周年特别节目《为
了国家的孩子》（任导演），纪念
抗日战争胜利60周年特别节目《寻
找铁骑兵》和《六十年的牵挂》（任
导演），特别节目《边地大穿越》（任
导演）等。他拍摄制作并在中央电
视台一套播出的宣传呼伦贝尔的电
视专题片有《北方的河》《乳香飘》
《原野的呼唤》《穿越呼伦贝尔》
《深山鹿鸣》《诺门罕的记忆》等，
共30多部。

在呼伦贝尔电视台工作期间，
他曾获内蒙古自治区好新闻奖一等
奖，专题片二、三等奖；全国好新
闻三等奖，优秀专题片一、二、三
等奖。在中央电视台工作期间，获
全国电视节目骏马奖一、三等奖，
获1998年中央电视台抗洪救灾宣传
报道先进个人，还三次被评为中央
电视台社教中心先进工作者。

乌兰托嘎

乌兰托嘎，蒙古族音乐家，国
家一级作曲家。1958年出生于海拉尔，
并在海拉尔完成中学学业，1978年
考入哈尔滨师范大学音乐系学习作
曲和指挥，后到中央音乐学院深造。

1984年，他创作了第一部交响
曲《骑士》，开始受到业内同行和
前辈的关注。1988年，他因为蒙古
语歌曲集《蒙蒙细雨》作曲而成名，
代表作有《父亲的草原母亲的河》
《草原在哪里》《天边》《呼伦贝
尔大草原》。乌兰托嘎创作风格多样，
作品丰富。2006年12月，他在人民
大会堂举行盛况空前的乌兰托嘎作
品音乐会"父亲的草原母亲的河"，
全面展示了他的音乐才华，堪称民
族音乐的一次盛典。

他的作品还有交响组曲《呼伦
贝尔交响诗》，电影音乐《季风中
的马》《红色满洲里》，电视剧音
乐《我的鄂尔多斯》《家有考生》《血
浓于水》《非常岁月》《今生来世》

乌兰托嘎在演出现场

乌兰托嘎

《青山恋》等，歌曲《往日时光》《这片草原》《回家吧》等500余首，尤以草原歌曲脍炙人口、广为流传。

乌兰托嘎现任中国少数民族对外演出公司、中国少数民族音像出版社艺术总监。他出生于呼伦贝尔，在海拉尔学习、生活多年，他怀着对家乡的深厚情感，创作了一批优秀歌曲，这些作品广泛流传，深受各族人民群众喜爱，为提升呼伦贝尔的知名度发挥了积极的作用。

杨 卉

杨卉，1964年生于牙克石市，小学和中学分别就读于牙克石和海拉尔，毕业于吉林大学。现担任英国贝尔法斯特女王大学国际部高级官员和中国及中国香港区经理。在英国，她兼任北爱尔兰华人联合会主席、北爱尔兰少数民族委员会副主席。这两个组织是英国目前最成功的华侨组织，也是融入当地主流社会最成功的组织，是中国驻英使馆向各地华侨组织推荐学习的榜样。

家乡的大森林、大草原一直藏在她内心深处。当人们问她时，她会很自豪地说："我来自美丽的内蒙古自治区呼伦贝尔大草原。"

她说，北爱尔兰有华人华侨2万余人，其中大陆去的只占十分之一，他们大都靠开饭馆为生，华人组织的商会则由香港的餐馆老板们组成。所以那时的英国人认为我们只会做中国菜，只会开餐馆，却不知道我们中国有历史悠久的文化，有受过良好教育的知识分子……所以，她呐喊："我太想让爱尔兰人民了解中国文化了！"中国的民族精神、大草原的蓝天绿野给了她力量和灵感。她发誓一定要让外国人了解中国，认识呼伦贝尔！

1997年底，由当地华人社会福利会组织、地方政府出资扶持，杨卉发动自己所在的阿尔斯特大学"华人学生、学者联谊会"的成员为爱尔兰人民举行了一次大型的演出，内容有刚柔并济的太极拳表演、缠绵动人的二胡独奏、清新亮丽的民歌演唱以及展示东方美的旗袍时装表演等等。这次演出展示了中国文化的魅力，在当地人心中产生了轰动效应——曲终人不散，长时间热

杨卉

烈的掌声，主要演员反复出场谢幕多次——最后台上台下全体起立，演出才在掌声中徐徐落下帷幕！

杨卉组织的第一场演出获得成功，其后其他城市不断邀请杨卉组织华人去演出，各方媒体也开始对她关注。杨卉不断丰富演出内容，加入了中国的杂技、北爱尔兰当地的民族舞蹈和拉丁舞等等。杨卉认为，我们在宣传自己文化艺术的同时，也要了解北爱尔兰的文化艺术。

大草原的广阔用彩笔无法尽情描绘，杨卉从舞台开始的道路也越来越宽广。她丁2000年又创建了北爱尔兰华人联合会，联合会主要由华人留学生组成。起初，它的各种活动由留学生自己掏钱，资金很紧张，杨卉就到北爱尔兰市政厅去申请资金。经过多次的协商，她申请

到第一笔资金——2000英镑。如今，当地政府每年都拨经费支持他们的活动。

海外的游子，能强烈感受到祖国强盛的影响。杨卉在北爱尔兰多次举办民间工艺、画展、讲座和组织演出来展示中国现代艺术和民间艺术，她将中国文化的精粹源源不断地引入北爱尔兰，让当地社会和人民越来越多地了解和喜爱中国文化，认同中国的历史和发展。

2001年春节，杨卉还在中国驻英国大使馆的帮助下，邀请国内很多著名的演员、乐团到北爱尔兰演出。2002年，英国BBC电视台还请杨卉合作了一部反映北爱尔兰华人生活情况的纪录片。杨卉把国粹精华、民族传统、经典作品呈现在国际友人面前，获得了赞赏和认同！她认为，华人华侨在异国他乡，聆听到那熟悉而久违的旋律，能从心里感到亲切！艺术瑰宝是没有国界，它属于世界文化宝库，它跨越语言和肤色的障碍，深入人的心田！

杨卉的努力和成绩受到了英国社会的认可，2007年6月16日，经英国原首相布莱尔推荐，杨卉被女王册封为MBE（第五等大英帝国最高勋爵）。此荣誉只颁给对社会有突出贡献的人士，她是在英国的大陆华侨中第一个获此爵位的人。

特色景观

HUASHUONEIMENGGUhailaerqu

特色景观

TESEJINGGUAN

呼伦贝尔古城给我们留下了许多可歌可泣的历史诗篇，海拉尔国家森林公园留下了本地区古人类的足迹，复建的古城衙门和两河圣山景区则向后人展示了海拉尔地区民族历史和文化建设……

海拉尔国家森林公园

海拉尔国家森林公园，东邻城区的广场路，总面积为14700公顷，是我国唯一一个以樟子松为主体的国家级森林公园、国家AAA级旅游景区。园区分为南园、北园、西园和后备资源区，统称为三园一区。园内植物园、动物园、名人峰、守望松、根坡、树王等景观深受游人喜爱。

海拉尔国家森林公园原为西山风景区，是著名的呼伦贝尔十景之一——沙埠古松。《呼伦贝尔志略》记载："县城西北附近，岗阜突起，沙性松浮，绵延约四五里。古松数千株，映带其上，苍翠蔽天，大可

西山樟子松林中的游览栈道

合抱。听涛踏雪，玩月披风，对之饶有清兴。游人散步，多集于此。"

园区的自然风光特色为森林、草原、湿地、水体、沙地景观相结合。园区是海拉尔植物种类集中分布的地区，具典型的沙地海拉尔松植物群落特点，现有松、杉、中东杨、家榆等植物及杨柳科、蔷薇科、豆科、菊科、禾本科等种类。其中观赏性植物有野玫瑰、百合、石竹等73种，药用植物有柴胡、防风、黄芩等36种，野果香料植物有山荆子、稠李子、茶藨子等30多种。园内超过百年的沙地樟子松超过1000株，其平均年龄超过200年，最高树龄接近500年。樟子松又称海拉尔松、蒙古赤松，为松科松属针叶常绿乔木，耐寒、耐干旱胜过其他绿化树种。现存的古樟子松颜色多为赭红、赭黄，鳞片斑斑，树体粗壮，干枝遒劲，形状各异，姿态优美。一年之中，古樟子松林绿浪奔涌、金沙碧树、山花摇曳、野果飘香，是国内不多见的、极具特色的森林景观。古樟子松经历了沙俄铁路修建、日伪工事建设、抗日战争、解放战争，是海拉尔历史遗留下的痕迹，具有重要的人文价值和景观价值。园区的动物以鸟类为主，有24科、60余种，如百灵、戴胜、黄雀、夜鹰等，还有少量的狼、獾、狐狸等。

南松山和北松山分别是海拉尔国家森林公园的南园和北园。南园是主园，面积194.7公顷；北园面积达295.3公顷，是三园中面积最大的。两座公园的动植物资源丰富，据不完全统计，园内有植物447种，隶属于65科、226属。其中国家一

樟子松

西园湖戏水的天鹅

级保护植物2种，即沙芦草和浮叶慈姑；国家二级保护植物3种，分别为草麻黄、甘草和宽叶红门兰。园内有脊椎动物189种，隶属于27目55科、120属。其中国家一级保护动物1种，即黑鹳；国家二级保护动物30种，均为鸟类，包括小天鹅、灰鹤等。

南园内有北方草原细石器时期文化遗址，是中国北方四处细石器时期文化遗址之一，对研究中国古人类的社会形态极具参考价值。其名人峰南侧有三处侵华日军工事遗址，被称为沙松山阵地（即南松山阵地），于1934年建造，1940年完工，1945年在抗日战争中被苏联红军摧毁。

北园的樟子松保持着自然状态。此外，该园以白沙滩最为出名，白沙滩沙质细腻洁白，景色迷人。这里草原、樟子松天然林、白沙滩交错分布，构成一幅优美的画卷。

西园景观主要以湿地为主，呈现为在一条狭长的湿地地带间或分布的天然湖泊及沼泽。湿地总面积2500公顷，有15处湖面，其面积达250公顷，其中以冰湖面积为最大，达56公顷。湖内栖息着众多的水鸟，有国家二级保护动物天鹅、灰雁、苍鹭、灰鹤、野鸭等。

海拉尔国家森林公园是一处集度假、休闲、娱乐于一身的理想的旅游胜地。近年来观赏樟子松的游客逐年增加，相应的各项基础设施也在逐步完善，公园的知名度和美誉度也在逐步升高，并于2004年12月16日晋升为国家AAA级旅游景区。

樟子松林壮美冬色
。

西园湖落日

兴安杜鹃（鞑子香花）

近年，海拉尔区委、区政府实施生态经济社会协调发展战略，在园区人工种植了樟子松18万亩，现已郁闭成林，在海拉尔西北部形成了一道大型的绿色屏障，使海拉尔的生态环境得到极大改善，浮尘扬沙天气明显减少，多年不见的狼、狍子、白天鹅、鹤等野生动物又回到了这里。

呼伦贝尔副都统衙门

呼伦贝尔是我国历史上一个非常重要的地方，这片土地与我国的历史息息相关，发生在这里的许多事件影响着我国的历史进程，有的甚至载入了世界历史史册。呼伦贝尔有建置的历史很久，但留下的大多是粗略甚至是模糊的印记。自呼伦贝尔副都统衙门建立以来，在这片土地上生活奋斗的人们，在建设、保卫她的过程中，留下了许多清晰而又激动人心的记载。呼伦贝尔副都统衙门作为这许多活动的组织机构和见证者起到了极其重要的作用。

设立呼伦贝尔副都统衙门的历史背景

清雍正帝决定在呼伦贝尔地区移民戍边，设立呼伦贝尔副都统衙门管理这片地方，此举主要是为了守备额尔古纳河到满洲里西边的塔日达呼山一线的边防线，防止沙皇俄国的不断东侵。

从1618年努尔哈赤发动对明廷的战争，清顺治元年（1644年）清兵入关占据北京，到顺治十五年（1658年）年云贵两省战事结束，全国性战事绵延了41年。康熙十二年（1673年），康熙担心吴三桂等藩王坐大，宣布撤藩，引发"三藩之乱"，战事又进行了8年。康熙十九年（1680年）平定三藩，全国才开始休养生息、恢复经济。在清朝努尔哈赤、皇太极、顺治、康熙等数位皇帝用兵关内的时候，沙皇俄国趁机东侵，劫掠了今西伯利亚地区。此前的俄罗斯领土虽已扩张，但仍处在乌拉尔山脉以西的欧洲部分。1581年，斯特甘洛夫家族的部属哥萨克人耶尔玛克率领一支800多人的武装商队进入西伯利亚汗国；1598年，这支强盗商队消灭了西伯利亚汗国继续东进。1613年，俄国罗曼诺夫王朝建立，俄国武装商人推进到叶尼塞河流域，于明崇祯五年（1632年）又进入勒拿河流

复建的副都统衙门正门

域，建立了俄国在北亚的第一个城市雅库茨克。沙皇随即在此设立督军府，并接手在亚洲扩张。明崇祯十年（1637年），俄国人推进到鄂霍次克海，战胜了贝加尔湖沿岸的布里亚特蒙古人。此后的30年，沙俄占领了整个贝加尔湖地区（贝加尔湖地区在我国西汉时期为匈奴领地，被称为"北海"；唐朝时正式归入中国，属关内道骨利干管辖，被称为"小海"；元朝时属岭北行省）。

康熙二十四年（1685年），清俄发动了雅克萨之战，清政府获胜，沙俄乞和。在这期间，蒙古准格尔部的噶尔丹在沙俄的支持下攻略南疆，攻击蒙古喀尔喀部，清廷又发动了平定噶尔丹版乱的战争。康熙二十八年（1689年），清廷在不断的内战中，被迫与沙俄签订《尼布楚条约》（此条约有拉丁文本、俄文本、满文本）。在尼布楚会议上，清朝代表曾提出以勒拿河（贝加尔湖西北侧）至北冰洋为界等三个方案。最后，康熙作了重大让步，以额尔古纳河至外兴安岭至乌第河为界，将额尔古纳河以西、外兴安岭以北所有地方让给了沙俄。西伯利亚那片辽阔富饶的土地以及生活在其上的蒙古族的近亲民族从此就成了俄国的土地和居民。

在明清两朝兴替和清政府用兵关内的六十多年里，沙俄利用我国明、清政府都无暇北顾的机会，以民间武装势力开路，继而由政府接管，轻而易举地将北亚1300多万平方公里的土地收入囊中。

呼伦贝尔草原幅员辽阔，自17世纪蒙古阿鲁科尔沁、乌拉特等部南迁以后，这里一直没有成规模的常驻人员，从而形成有边无防的局面。而《尼布楚条约》的签订，把额尔古纳河以东、以南的呼伦贝尔草原推到了边防最前沿。俄国也并未因签订《尼布楚条约》而停止对中国领土的劫掠，小规模的过界侵扰中国边境地区频频发生，守卫边界、保卫领土成为清政府的一件大事。雍正把这件事提上日程，他调拨兵民、建立卡伦、整顿驿站，设立官署、整备边防，开发农业、引进商人，开始经营呼伦贝尔地区。

呼伦贝尔副都统衙门的职级和辖地

康熙二十二年（1683年），清政府设置黑龙江将军衙署统辖松花江左岸以北直到外兴安岭的广大地区。黑龙江将军为便于进行行政管理和抗御外敌入侵，在辖区内分地筑城，建起黑河、墨尔根、齐齐哈尔、布特哈四城。雍正十年（1732年），清政府建呼伦贝尔城。光绪年间，又陆续增建了呼兰、兴安、通肯三城。这八城史称"黑龙江八城"，各城以都统或副都统衔总管辖制。将军衙门和副都统衙门均是军府建制。军府衙门兼管行政、军事、司法和

副都统衙门二堂

副都统衙门大堂

经济，编制均是军事职级；所辖民众被列入军事体系当中，平时生产、战时为兵，随时听调。

呼伦贝尔城管辖地域大致是指今呼伦贝尔市除扎兰屯市、莫力达瓦达斡尔族自治旗、阿荣旗、根河市之外的部分，约20万平方公里。呼伦贝尔城初期定为总管衙级。总管的品级为正三品。将军、都统、总管、佐领都是京外武官。

黑龙江将军卓尔海亲率官兵两次勘察城址，勘定伊敏河一带"水草丰美，树木丛茂，禽兽繁殖，土地膏腴，可以开垦，形势两便，可以建城"，决定在伊敏河左岸正式建城，因此地靠近呼伦、贝尔两湖，命名此城为"呼伦贝尔城"。

呼伦贝尔建城伊始，只有衙门办公房屋一处。衙门西临南松山，北边靠南松山伸出来的一座沙山（今海拉尔医院街北口的西侧，现已无存）。为保障呼伦贝尔兵民的生活需要，经黑龙江将军奏请朝廷，指定京城内一些有经济实力的大商户，向其发放特许经商证——"龙票"，到呼伦贝尔地区经营商贸。自此，陆续形成了旅蒙商八大家，再加上自发来这里的小商贩，呼伦贝尔城很快成为岭西草原的行政、商业中心。城的街区就是正阳街，后来就以街区为城。初期即依各商户的房后墙或外院墙为城垣；没能相接的地方，就堆筑起高约一丈的土墙进行连接，形成城郭。在城周边4里

127

副都统衙门官吏（蜡像）

多的地方、正阳街的南北两头各建了木制的栅栏门。后经乾隆、嘉庆、道光、光绪等朝的建设，至清末民初的时候，已形成南北向4条主要街道，从东到西依次为东新街、东大街、正阳街、西大街；此外，从北到南依次又有北大街、王家胡同（即今工字路中从东新街河边到第一中学路口的全段）。

呼伦贝尔衙署的建筑物有正殿、传堂、掌印处、银库、兵器库等7栋、27间。衙门西侧是卫兵房；再往西稍远是火药库，是索伦、巴尔虎、厄鲁特、新巴尔虎等旗甲兵集中存放兵器的库房，此外还有监狱。另外，有卫兵房、大门共20栋、41间，有演武厅、射靶殿、哨兵房2栋、5间。副都统住宅一处，有正房、东厢房、西厢房、书房、大门、二门。光绪七年（1881年），衙门添建册档房、兵器房5栋、14间；副都统

住宅添建了穿堂、东厢房、西厢房、厨房、侧门等。所有原来没有围墙或仅有简易栅栏的，全都新建或改建为高6尺的砖墙。光绪二十六年（1900年），被俄国入侵军队烧毁。光绪三十三年（1907年），在约今健康小学位置，建有呼伦道署、呼伦县衙门，后来一直由副都统借作衙署。

索伦等部兵民屯牧戍边

雍正十年（1732年）二月起，雍正通过理藩院下文，从察哈尔调来蒙古厄鲁特部兵丁两佐、100人，编为一旗，安置在锡尼河南、伊敏河以东一带驻牧。乾隆二十一年（1756年），清政府平定了蒙古辉特部首领阿睦尔撒纳在伊犁的叛乱，并将该部一部分兵民迁入锡尼河地区，因属新迁入的，被称为新厄鲁特。这两次共迁入590户、2900余人。

雍正十年（1732年），清政府决定建设黑龙江边防，批准黑龙江将军卓尔海的奏请，从布特哈地方选调索伦甲丁1636名、达斡尔甲丁730名、巴尔虎甲丁275名、鄂伦春甲丁359名，加上各部的家属等闲散男性796人，一同迁入呼伦贝尔，

清雍正十年，索伦、达斡尔、巴尔虎等部奉旨迁往呼伦贝尔

组成索伦八旗。其中，左翼四旗驻牧于沿俄罗斯边界一带，右翼四旗驻牧于喀尔喀边界哈拉哈河一带。这3000余名甲丁分编为50个佐，其中正黄、镶黄两旗各辖7佐，正白旗以下6旗各辖6佐。每旗设副总管1员，每佐设佐领、骁骑校各1员管理迁移。索伦左、右翼各设总管1员、笔帖式1员。索伦八旗官兵移驻期间由黑龙江将军衙门统辖，具体事务由索伦左、右翼总管达巴哈、博尔本察二人共同处理，关防印信由博尔本察掌管；另设笔帖式2员，处理文书等事宜。鄂温克、达斡尔、鄂伦春和巴尔虎蒙古等兵丁驻防呼伦贝尔的一切事务，由达巴哈、博尔本察组织领导，分批进驻呼伦贝尔。

自雍正十年（1732年）四月起，他们从布特哈地区的雅鲁河、济沁河、阿伦河和讷莫尔河沿岸出发，先头鄂温克兵丁于农历五月十五日到达济拉嘛太（今海拉尔区市郊扎罗木得附近）。济拉嘛太是黑龙江将军卓尔海原计划的筑城之地，兵丁先集中在此地，再陆续分赴各旗驻防地。清政府给移驻官兵发放马、牛、羊等，共约11万头（只）。另外，因饲养牲畜年景难测，为保障官兵生活，每年给官员半俸，每月给兵丁1两银子，用于采购衣服、修理兵器等。兵部负责下发兵器旗帜，甲丁每人配发弓箭、马刀、铜挡等战具。

首任右翼总管博尔本察，领右翼四旗25个佐，驻牧地为哈拉哈河以东、伊敏河沿岸至呼伦贝尔湖地区。首任左翼总管达巴哈，领左翼四旗25个佐，驻牧地为兴安岭以西，北至额尔古纳河。

雍正十二年(1734年)，喀尔喀蒙古车臣汗部管辖下的巴尔虎部与车臣汗部不和，清政府准予巴尔虎部进入呼伦贝尔驻牧，并从该部2984人中选择2400人编为披甲兵，又设40个佐领，分为两翼八旗，安排在乌尔逊河、达赉湖一带游牧。左、右翼各设总管1员，旗设副总管1员，每旗设5佐，每佐设领催6员，按照索伦各旗的标准发给俸饷。因先期已有巴尔虎部在此驻牧，于是把先来的称作陈巴尔虎，把新来的巴尔虎部称作新巴尔虎。

至此，加上厄鲁特一旗，呼伦贝尔共有五翼十七旗。光绪二十年(1894年)，清军机处下文，将鄂伦春部托河一路的两佐(今鄂伦春自治旗一带)划给呼伦贝尔城管辖。

自雍正十年(1732年)始，清廷一直从京师简派大臣一员加副都统衔来呼伦贝尔任职，三年为一任期。乾隆八年(1743年)，改为副都统衔总管任职。光绪六年(1880年)，黑龙江将军奏报清政府：呼伦贝尔地方涉外事务较多，现任长官品级较低，难以议事。清政府批准，改设副都统实缺为从二品级官员(相当于现在的副省级)。

清末民初的行政体制改革

光绪三十三年(1907年)，按清廷敕令，呼伦贝尔进行行政管理制度改革，衙署内设文案处、调查局、会计所。次年，设边垦总局办理全地区垦务，添设沿边卡伦管理前设的会计所和后设的官货局(负责行政开支、金融流通等)；满洲里设边垦分局，吉拉林设设治委员、巡警局、交涉局(办理外交事务，主要是对俄事务)、税课司、发审处(主持司法审讼)。

清宣统元年(1909年)，呼伦贝尔副都统改称兵备道。1911年，沙俄唆使蒙旗地方上层宣布"独立"。1915年，根据《中俄关于呼伦贝尔之协定》，成立呼伦贝尔特别区域，复设副都统衙门，为直接归中央政府领导的自治地方。

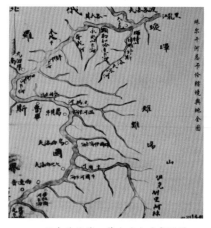

沿中俄边境、蒙古喀尔喀部边界
设立的卡伦(哨所)

1919 年，取消呼伦贝尔特别区域，设立陈巴尔虎旗，设总管及以下各职官。同年，北洋政府批准在呼伦贝尔地方增设呼伦县、胪膑县、室韦县和奇乾设治局；改呼伦贝尔兵备道为呼伦贝尔善后督办（兼管交涉员公署），管理新设的 3 县 1 局及沿边 18 卡伦和外交事务，督办公署驻海拉尔。交涉员公署内设外交科，承办督办呼伦贝尔地方的所有对外事务；总务科，承办边防国界的测绘确定，收发、会计、庶务和不属各科的事务；民治科，承办本署民政、边垦兼核各属司法行政事项；教育兼实业科，承办本地区蒙汉各学校及渔牧工商实业事项。根据中华民国政府颁布的《地方警察厅官制》和《各省整顿警政大纲》，呼伦贝尔地区先后组建了呼伦警察厅和呼伦、胪膑、室韦、奇乾四县（局）警察所。呼伦警察厅受呼伦贝尔善后督办监督节制，各县警察所所长由县知事兼任。嗣后不久，交涉员公署内部整合为外交、行政、财政 3 个科，重划职责。满洲里设交涉员办事处。同年移调镇守使 1 员，统带陆军黑龙江省第二混成旅驻海拉尔；同时，所管 3 县 1 局各增设征收局。1921 年，善后督办兼管清乡会办，奇乾设治局改为县署。

在设立呼伦贝尔特别区域期间实行旗县分治，其中副都统由大总统任命，归黑龙江省督军节制，专管蒙旗事宜。副都统衙门左、右两司改为左、右两厅；裁撤印务处，另立文案处，设处长 1 员及顾问、帮办、办事员等。督办与副都统之间无从属关系，一地两府，均直接隶属于黑龙江省。

雍正十年（1732 年），呼伦贝尔副都统衙门开府；1931 年 12 月，海满抗战失败，日军进入呼伦贝尔，占领东北全境，组建伪满洲国傀儡政权；1932 年，日军占领呼伦贝尔，至此，存在了 200 年的呼伦贝尔副都统衙门不消自灭。这 200 年中，在呼伦贝尔副都统衙门任职的长官先后有 43 人，以相同衔级任职的兵备道员、督办有 8 人。

呼伦贝尔古城

呼伦贝尔始建城后，随着政治、军事作用的增强，商贸和交通中心地位自然形成。晋、冀、鲁等地商人"不远万里接踵而来，在城内购地建房，投资设肆"，呼伦贝尔城相继出现"巨长城""隆太号"等诸多商业肆号。呼伦贝尔城城池形貌也逐渐形成。

呼伦贝尔城与爱辉城是雍正年间清政府在黑龙江设立的仅有的两座边防城，当时很有名望。呼伦贝尔城所在的地理位置居于草原的中心，发挥着巨大的辐射作用，其东南通往齐齐哈尔，南抵古北口、张家口，北到黑山头、吉拉林，西至库伦（今乌兰巴托）等地。驿站的开通，也促成了当时盛极一时的草原盛会——甘珠尔庙会。呼伦贝尔城西建有西屯，城南建有南屯（今巴彦托海镇），是两个卫星屯。清末民初，城内居民不过万余，但大、小商号有340多家，商业贸易额达550万银圆。在呼伦贝尔城的带动下，呼伦贝尔草原空前繁荣。

作为呼伦贝尔市重要文物古迹，呼伦贝尔古城的保护意义重大。2008年，海拉尔开始陆续还原呼伦贝尔古城的面貌。古城的复建不仅可以增加城市历史的厚重感，提升城市品位，成为城市建设的一大亮点，还可成为拉动旅游的一个支点。

复建的古城

复建的古街道位于原址的正阳街。复建后，在原来的土垒木框架的北门处一座仿古的牌楼上书有"呼伦贝尔城"五字。复建的古城以古香古色的楼房代替过去低矮的土房和砖房，漂亮的仿古花格子门窗代替了简单的两扇窗，过去泥土的道路变成了理石板铺装的步行街；每隔几个门面，就有一组铜铸雕塑，有的装货、卸货，有的打算盘计算货值，有的坐在门前洽谈，而小孩子在他们旁边嬉戏……这些雕塑再现了当时商铺生意繁忙的场景。街道中部是由一组大铜钱组成的雕塑，寓意呼伦贝尔城财源滚滚、钱从天降。街道南部辟为"苏炳文广场"，

呼伦贝尔古城南门

复建的古城北门牌坊

以纪念可歌可泣的海满抗战，现在
广场成为市民休闲锻炼的地方。夏
秋季，古城还成为兴旺的夜市，人
来人往，十分热闹。

古衙门

苏炳文广场东边是复建的副都
统衙门。副都统衙门按照民国时期
的原样建在古城南门的东侧（未建

复建的古城街道

在城西原址），增建了十余级台阶，与院内的其他建筑相协调。门前楹联"纵横二万里北国寒地江南雨莫非王土"，下联是"先后五千年胡陌淳风汉中俗皆是中华"。楹联以地理特点、气候特点、风俗特点概括了祖国的北方、南方和北方少数民族地区与中原地区，宣示着，这些都是祖国的国土，各民族都是统一的中华民族。

进院后，映入眼帘的是巍峨的二堂，二堂又名传堂，是副都统办事的地方，匾额大书"承命泽民"，楹联"天高地远帝命亦达荒牧野，位卑责重民生长沐圣泽恩"。楹联宣示着衙门上承帝命，下抚黎民；官员职级虽低，但亦须尽职尽责；百姓虽距帝京遥远，亦应感沐皇帝赐予俸银、牛羊的恩泽。

二堂北面是衙门大堂，是副都统议事的地方。匾额"护疆抚远"，楹联"修恩明法安绥两湖云水民生臻大治，建甲演兵巡警千里疆原帝

衙门二堂

奥固宏图"，宣示着副都统军府衙门的职分是体现中央政府的意志，建立兵民一体的体制，带领各族军民巡守和保护边疆，维护国家的领土完整，建设百姓安定的社会，完成中央政府赋予的使命。

这几副楹联和匾额，由地方史志专家韩锡文先生拟撰，较准确、完整地说明了衙门的性质、使命和承担的任务。楹联从中央和地方的不同角度书写，高远、大气、语言精准，其中，"北国寒地江南雨""胡陌淳风汉中俗"属联中的"自对"，是赋联的技巧。

衙门内有数个陈列厅，用文字、图片、仿制的器物，述说着呼伦古城从建城开始至今的历史。很多照片都是珍贵的历史图片，再现了呼伦贝尔古城284年的历史。此外，这里还展示了地方官吏营建戍边卡伦的业绩，官民各界共同建设边城的努力，旅蒙商辛勤经营在草原中心创造的繁荣经济，地方军民喋血抗战、保家卫国的英雄事迹，同时也有外国势力阴谋分裂国家、占领海拉尔实施残暴统治、戕害地方人民的记录。复建的呼伦贝尔衙门，不仅是一处怀古忆旧的建筑，更是一座小型的历史博物馆，用诸多真实的图片和器物，介绍边城的辉煌，也倾诉它曾经的苦难和屈辱。

如今，历史的一页已经翻过，这里的人们更加意气风发、雄心万丈，全力建设自己的家园，海拉尔将会一年比一年富裕，一年比一年美丽！

呼伦贝尔两河圣山旅游文化景区

呼伦贝尔两河圣山旅游文化景区位于海拉尔正北小龙山至敖包山之间、海拉尔河与伊敏河交汇处，横跨海拉尔区、陈巴尔虎旗两个行政区域，景区规划建设面积36.9平方公里，其中海拉尔区境内20平方公里。敖包山位于海拉尔的西北部，是海拉尔地区的制高点，向东南俯瞰海拉尔城区和滨州铁路线，向西北俯视通往满洲里和三河地区的公路线，军事上极为重要。敖包山在呼伦贝尔建城后成为蒙古族重要的祭祀敖包的地方。敖包山下即是海拉尔河与伊敏河两河相汇处，海拉尔河奔流向西，至扎赉诺尔附近折而向北，称为额尔古纳河，是黑龙江的上源。两河圣山旅游文化景区，包括佛教文化景区和民族文化园区。

佛教文化景区

佛教文化景区现已建成的有藏传佛教寺院达尔吉林寺（汉译为"昌盛寺"）、慈积金刚塔和刚刚落成的汉传佛教寺院新万佛寺。达尔吉林寺的坐殿活佛是内蒙古佛教协会会长、内蒙古佛教学校校长、内蒙古大学教授贾拉森。新万佛寺住持为怀善法师方丈，他是中国佛教协会第七届理事会常务理事、中国佛教协会副秘书长。

达尔吉林寓意"祈福呼伦贝尔草原繁荣昌盛"。达尔吉林寺始建于2007年，是一座藏传佛教格鲁派寺院，寺院由5个主殿、6个配殿和僧房、活佛府、斋堂、居士院、钟鼓楼、佛学院等建筑构成。建筑用地为45861平方米，总建筑面积为13788.89平方米，主体建筑风格为汉藏结合式，建筑结构为钢筋混凝土和木构架结构，外装金黄色琉璃

两河圣山景区远眺

达尔吉林寺

瓦，红白外墙，台阶及栏杆用汉白玉大理石和白色花岗岩建成，路面和广场铺设仿石艺术砖。

藏式慈积金刚塔坐落于敖包山山顶，建筑海拔744.7米，由塔基、塔身、相轮、刹顶组成，共九层，塔高88.888米。塔基由汉白玉大理石砌筑三级多边形莲花座台阶，塔基99米×99米；塔身高51米，32.8米×32.8米，为钢筋混凝土结构；相轮29米高，为钢结构，外喷金黄色氟碳漆。顶端为刹顶，由日、月和宝瓶构成。慈积金刚塔占地1512平方米，总建筑面积5928平方米。慈积金刚塔为藏传佛教建筑，塔内一、二层墙面及梁柱由10万尊佛像和诸多绘画、唐卡组成。

新万佛寺是海拉尔原万佛寺的移址重建。清嘉庆元年（1796年），呼伦贝尔城建关帝庙，1942年改名

寺塔夜眺

为"万佛寺"，1966年"文革"中遭到破坏，1985年建设农贸市场时被彻底拆除。

新万佛寺由精于古寺建筑的怀善法师进行总体设计，怀善法师曾被派往尼泊尔建设"中华寺"并任该寺主持。新万佛寺于2010年动土，历时4年竣工，总用地面积190590平方米，总建筑面积18585平方米，总占地面积152152平方米。2014年，寺院落成开光。新万佛寺坐北朝南，中轴线上殿堂依次为三门、天王殿、大雄宝殿、法堂、八角九层重檐楼阁式万佛宝塔，塔内供奉万尊佛像。宝塔高耸入云，缥缈于烟霞之间，宛若圣境。东、西两侧分别是钟楼、鼓楼、客堂、伽蓝殿、药师殿、祖师殿、地藏殿、观音殿、云水寮、尊客寮、禅堂、上客堂等附属建筑。

大雄宝殿位于寺院中心，殿内三尊主佛，结跏趺坐于莲花台上，正中为释迦牟尼佛，左侧为东方琉璃世界药师佛，右侧为西方极乐世界阿弥陀佛。这三尊汉传佛像雄伟、庄严、慈悲、安详，融合了我国传统造像及藏传、南传佛教造像特点。新万佛寺巍峨壮丽、气势宏伟，镶嵌在碧草蓝天之间。

达尔吉林寺和新万佛寺的西南方，是中华天竺苑和按印度、尼泊尔实景1:1比例复制的佛教八大圣景。中华天竺苑是中国最大的佛教文化主题公园。八大圣景分别为佛教诞生地"蓝毗尼园"，佛陀修行圣地"王舍城"，佛陀初转法轮地"鹿野苑"，佛陀成道圣地"菩提伽耶"，佛陀涅槃地"拘尸那罗"，唐代高僧玄奘西行求法、修行、弘法圣地"那

新万佛寺

景区八吉祥雕塑

烂陀",佛陀为母说法地"僧伽施",佛陀弘法圣地"舍卫城"。

这四大佛教圣域构成了一座占地8000余亩的佛教文化苑。

民族文化园区

民族文化园区中建设了少数民族特色文化体验区、民俗文化展示等旅游项目。以301国道为界,这里分为东、西两大区域。东部区域为民族文化园核心起步区,占地面积约0.5平方公里。西部区域为民族文化园外围扩展区,占地约1.3平方公里,由哈萨尔行宫、民俗风情园、滨水民族美食城等建筑构成,是该园区的综合服务区。

已建成的哈萨尔行宫位于海拉尔区北出口2公里处、风光旖旎的海拉尔河畔。哈萨尔行宫为框架结构,建筑主体7层,副楼裙房为2层,建筑面积34750平方米。它依山脚而建,坐北朝南,背靠敖包山,南向海拉尔河,景象巍峨盛大。哈萨尔是成吉思汗的二弟,受封于海拉尔以西以北的广袤土地,其驻地宫殿遗址在额尔古纳市的黑山头镇,这里是以其名字命名建设的人文景观。

景区祈福坛雕塑

哈萨尔行宫以酒店综合体功能为核心功能，其设计、装饰融合了内蒙古特有的文化艺术精髓，并且在文化上延承了草原民族的骑射文化，技术上实现现代性与传统性的有机结合，在整体建筑当中体现了精细化、人性化和生态化。哈萨尔行宫建筑融入周围环境，在宏观形体规划设计上以山体为背景横向延展，运用现代的设计、材料和手法，将传统的民族帽式的形体、比例和装饰巧妙运用，达到民族传统的现代化。在行宫中观层面，将传统的构件形式抽象应用于立面结构，既

民族文化园区正面远眺

139

景区民族团结雕塑

体现结构的合理性又将传统符号延续。在行宫微观层面，将传统民族纹样直接用新材料应用于立面装饰，增加建筑精度。

哈萨尔行宫建在广阔的草原上，建筑空间设计融入了园林的意境。在哈萨尔行宫的演艺空间，观众可以观赏蒙古舞，聆听马头琴，感受"呼麦"的震撼。

呼伦贝尔两河圣山旅游文化景区是呼伦贝尔、海拉尔两级党委、政府为整合呼伦贝尔旅游文化资源，促进呼伦贝尔区域特色文化产业、旅游资源的开发和地区旅游业的发展而倾力打造的，是呼伦贝尔市迄今为止最大的地方民族特色文化旅游第一景区。

海拉尔值得游赏的其他去处

呼伦贝尔市是中国优秀旅游城市。海拉尔是呼伦贝尔的旅游集散地，以海拉尔为中心辐射周边300公里的半径区域被自治区确定为自治区东部旅游发展的核心区。

海拉尔及周边地区旅游资源富集、风格独特，优美的自然风光同独特的民风民俗、悠久的历史文化相得益彰，形成了以草原、森林、湖泊、冰雪为自然主题和以历史文化为人文主题的特色品牌。市内景区主要有以樟子松林为主体的海拉尔国家森林公园、侵华日军海拉尔要塞北山遗址、东山乐园滑雪场等。海拉尔夏季气候清新凉爽，是避暑的胜地；冬季银装素裹，是开展冰雪活动的极佳场所。每年有100多个全国部级以上会议在这里召开。

呼伦贝尔民族博物院

呼伦贝尔民族博物院是呼伦贝尔市唯一的一所综合性博物院。院舍为庭院式仿古建筑，建筑总面积1.3万平方米，有三层展厅，展览面积4500平方米，现有院藏文物万余件。博物院以东胡、鲜卑、室韦、蒙古等民族考古学研究为重点，并注重对达斡尔、鄂温克、鄂伦春等民族民俗文物的收集与陈列。

一楼展厅的展览内容为《洒落在草原上的珍珠——蒙古族文物精品展》。呼伦贝尔是蒙古民族的发祥地。作为哺育其长大的摇篮和滋养其发展壮大的母亲，蒙古民族在她这里积蓄了无穷的智慧和力量，最终跨越草原大漠，入主中原，为我国统一多民族的形成和发展做出了卓越的历史贡献。

呼伦贝尔民族博物院

蒙古民族勤劳、智慧、勇敢，创造出独树一帜的草原游牧文化。千百年来，蒙古民族把价值观念和审美观念融入日常生活中，雕花的马鞍、金灿灿的佛像、奇丽斑斓的服饰、精美的蒙古族用具，仿佛像一曲曲草原牧歌，从远方传来，在历史的长河中久久回荡。

二楼展厅的展览内容为《中国北方游牧民族摇篮》。呼伦贝尔，自古就是中国北方游牧民族栖居、繁衍的舞台。这里的古代文明，是从狩猎、游牧经济形态萌生和发展的，又因其哺育、壮大了众多的北方游牧民族而成为北方游牧民族的摇篮。

东胡、鲜卑、室韦、契丹、蒙古等民族正是在这个摇篮里长大并度过了他们的青春时代；这些民族如浪潮般一次次兴起，以其金戈铁马、明月天涯的豪迈气概和气吞万里的勇猛精神，跨越大漠，入主中原，给中华民族带来了新鲜活力和蓬勃生机，为我国统一多民族国家的形成和发展做出了卓越的贡献。

三楼展厅的展览内容为《北方狩猎与游牧民族家园》。自古以来生活在大兴安岭和呼伦贝尔草原上的猎人和牧民，创造了森林狩猎和草原游牧文化，它们是人类早期文化的遗存。

成吉思汗广场

成吉思汗广场是呼伦贝尔市境内最大的广场，总占地面积 0.255 平方公里，是海拉尔市民休闲娱乐的场所。

成吉思汗广场共有7个功能区，包括历史文化区、儿童活动区、喷泉广场区、水上活动区等。历史文化区内的成吉思汗战将群雕、箴言碑林、迎亲铜雕、浮雕墙、巴彦额尔敦敖包等景观，再现了成吉思汗荣耀的一生，同时也展示了魅力草原之都海拉尔的蒙元文化内含。

哈萨尔大桥

哈萨尔大桥是以成吉思汗的弟弟哈萨尔的名字命名的。桥长944米，是内蒙古自治区第一座大跨度、双索面独塔斜拉桥。

马头琴造型桥塔高70米，傲然矗立，犹如擎天立柱；60根银色斜拉索似银弦奏乐，演绎天籁之声；还有那与哈萨尔大街与桥塔一致的马头琴造型路灯……它们彰显中国最佳民族风情魅力城市的风采。

断桥及和平公园

断桥及和平公园，是在断桥遗址上新建的。原桥是日军在侵占海拉尔期间修建的。1945年8月，苏军进攻海拉尔要塞，日军为阻止苏军合围，将大桥两端炸毁。2007年，海拉尔区政府修建了断桥广场，并将其命名为和平公园。园内通过展出图片、雕像等，激励后人缅怀历史、珍视和平。

哈克遗址博物馆

哈克遗址是我国北方地区原始社会新石器时代的聚落遗迹，距今7000～5000年。1985年被发现，现已被国家命名为"哈克文化"。

为了保护哈克遗址，2008年9月，海拉尔区委、区政府建立了哈克遗址博物馆。博物馆总建筑面积1500平方米，石镞是博物馆的标志性器物，也是整个博物馆的布展主线，博物馆亦通过场景还原再现了呼伦贝尔草原先民们的生产生活状态。

苏炳文广场

苏炳文广场是海拉尔区在进行旧城区平房改造时，为了纪念抗日民族英雄苏炳文将军而修建的，总面积2万平方米。广场内建有苏炳文将军主题雕塑、欧式塔楼、音乐喷泉及休闲娱乐配套设施。

谢尔塔拉旅游村

谢尔塔拉，是蒙古语，意为金色草原。每年7月，满山的黄花菜竞相开放，金光铺展，蔚然壮观，因此得名。

谢尔塔拉与海拉尔城区和哈克镇隔河相望，是离城区最近的天然草原。谢尔塔拉种牛场是国家重点培育三河牛的基地。此外，谢尔塔拉

镇与十个农牧业队像颗颗珍珠洒落在特尼河到海宝公路的山水之间。

谢尔塔拉旅游村于20世纪90年代初开发建立。它位于美丽的海拉尔河畔，依山傍水，坐北朝南。滨河建有大厅、蒙古包等供游人休憩，各色美食让游人大快朵颐。海拉尔河弯弯曲曲流向这里，是中国风水学中典型的"曲水来朝"景观。河水围绕景点缓缓流淌，在山坡下又转向西边的敖包山下，与伊敏河汇合，蜿蜒向西奔流。

扩展阅读

海拉尔周边的旅游景点

（一）额尔古纳市：海拉尔以北，市府距海拉尔约137公里。

1. 亚洲最大的湿地——根河湿地。

2. 蒙古族之源——室韦镇。

3. 黑山头古城及界河放舟。

4. 全国最美的桦树林廊。

5. 俄罗斯族的狂欢节——巴斯克节。

（二）牙克石市：海拉尔以东，市府距海拉尔约79公里。

1. 凤凰山庄。

2. 乌尔其汗国家森林公园。

（三）扎兰屯市：海拉尔以东，市府距海拉尔约342公里。

1. 吊桥公园。

2. 火山湖—柴河林区。

（四）鄂伦春自治旗：海拉尔东北方向，旗府距海拉尔约490公里。

1. 鲜卑族祖庭——嘎仙洞。

2. 中国最大的军事设施、北疆第一哨——布苏里山庄。

（五）满洲里市：海拉尔以西，市府距海拉尔约220公里。

1. 巍峨的国门。

2. 扎赉诺尔博物馆。

3. 烟波浩渺的达赉湖（呼伦湖）。

4. 套娃广场。

5. 中俄互贸区。

（六）新巴尔虎右旗：海拉尔西南方向，旗府距海拉尔约341公里。

1. 全国唯一的知识青年纪念馆。

（七）新巴尔虎左旗：海拉尔西南方向，旗府距海拉尔约174公里。

1. 世界第一次立体战争地——诺门罕战场。

2. 甘珠尔庙。

（八）鄂温克族自治旗：海拉尔以南，旗府距海拉尔约8公里。

1. 白音呼硕景区。

2. 红花尔基——具有世界最大的樟子松林。

（九）莫力达瓦达斡尔族自治旗：海拉尔以东，旗府距海拉尔约535公里。

1. 中国达斡尔民族园及博物馆。

（十）阿荣旗：海拉尔以东，旗府距海拉尔约391公里。

1. 浩饶山庄。

（十一）陈巴尔虎旗：海拉尔以西，旗府距海拉尔约30公里。

1. 巴尔虎蒙古部落民俗旅游度假景区。

2. 莫尔格勒河畔——金帐汗旅游区。

3. 呼和诺尔旅游区。

民俗风情

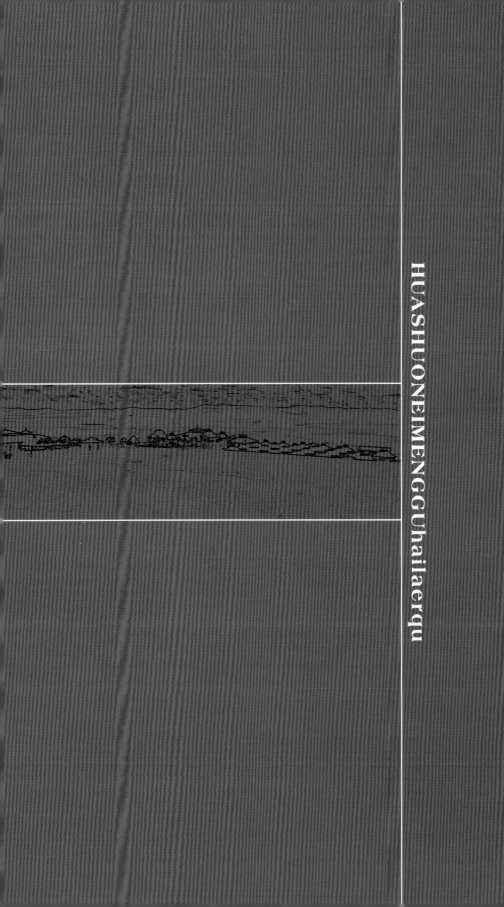

民 俗 风 情
MINSUFENGQING

海拉尔自建城起，就是呼伦贝尔的中心，这里的民族风俗、民间文化多姿多态、异彩纷呈，展现了各民族和谐生活的动人画面。

海拉尔自建城起，就是呼伦贝尔的中心，各民族风俗习惯在此均有流传。虽然海拉尔已然是一个现代化城市，但各民族独特的礼俗仍浓浓地存在在生活中，影响着一代又一代人。每年夏季，成吉思汗广场都有民族民俗会演。驱车来到草原上，体验各民族的风俗，让人们有种跨越时空体验亘古草原文化气息的感觉。

蒙古族风俗

海拉尔地区的蒙古族主要由巴尔虎、厄鲁特、布里亚特等部组成。此外，还有新中国成立以后从通辽市、兴安盟和自治区其他盟市迁入的蒙古族，他们多是扎赉特、科尔沁部的。近年来，改革开放使人口的流动规模加大、速度加快，通辽市、兴安盟的蒙古族人口流入明显增多。

饮 食

蒙古族的饮食在相当长的时间内，以乳、肉、米为主，兼有其他粮豆、蔬菜和野果，而且牧区和农区有明显差别。牧区的巴尔虎、厄鲁特、布里亚特蒙古部落，其饮食习俗大同小异，都以肉食、乳制品为主，以粮为辅，肉食以牛、羊肉为主，早餐必以奶茶为主。而农区迁来的蒙古族则以五谷杂粮、蔬菜为主，乳、肉为辅。蒙古族的乳制食品主要有酸奶、奶豆腐、奶皮子、奶酒等。此外，蒙古族还喜食手把肉、肉粥、肉汤面等。20世纪80年代后，随着牛奶加工业的发展，蒙古族牧民自制的奶食品相对减少，奶酒更少，啤酒、白酒多起来。

服 饰

蒙古族历来以游牧为业，为方便鞍马骑乘，形成男女皆喜穿长袍、靴子的习俗。20世纪70年代以前，男服宽领大袖，腰系彩绸；腰带上左边佩带火镰、烟荷包，右边佩带

蒙古族服饰

银链银壳银把的蒙古刀，刀身掖在腰后。女装多为红、绿等色彩艳丽的长袍，姑娘以丝绸束腰，头扎彩巾。新中国成立后，海拉尔地区经济发展较快，蒙古族服饰变化很大，特别是改革开放以后，中青年男子着西装较多，女子仍多着民族服装。城市里常住的蒙古族居民基本上不穿长袍、长靴，而是以简便、轻快、方便、时尚的短衣为多。巴尔虎、厄鲁特、布里亚特蒙古族服饰既有一般蒙古族的风格，又有各自特点。

巴尔虎服饰　巴尔虎蒙古族主要生活在新巴尔虎左旗、新巴尔虎右旗、陈巴尔虎旗。他们普遍穿着刺有团花图案并以绸缎为面料的紫红、黄、绿、蓝色袍子，头上用白色绸布裹头，脚蹬自制蒙古靴。男子夏季头戴小圆帽（与汉族瓜皮帽相似），冬季戴四耳毡帽，脚蹬苏格里靴。现代巴尔虎服饰，在服饰种类、款式风格、面料色彩和缝制工艺等方面，有了推陈出新的发展变化。现代巴尔虎服饰仍保留着新巴尔虎、陈巴尔虎服饰的传统款式风格。从外观上看，较之过去差别不十分明显，只是在男女长袍的镶边装饰上有所不同，如新巴尔虎长

巴尔虎蒙古族服饰

巴尔虎蒙古族冬装

尼河一带。男子冬季头戴红缨角帽，围有长毛绒线围脖，身着大羊皮长袍，脚蹬厚毡底高腰蒙古靴；春秋季节身着布袍，脚穿皮靴；夏季，头戴呢子角帽，身着布夹袍，脚蹬夹层皮靴，身披厚呢子的朝布袍，以防雨或御寒。女子同男子着同样的帽子和靴子，身着女式袍。姑娘袍上身和袖子贴身，腰部有大折，下摆似裙较肥大，同上身相接处折褶并用彩带盖上。已婚妇女长袍的袖分两段，袖口部与未婚姑娘相似；袖子与上身相接处较肥大，用折褶相接，而且肩上凸起较高的褶；袖子这两段的衔接部位同袖口部大小相同，并用彩带盖住相接以针码。已婚妇女长袍外套坎肩，女长袍也因不同季节有得勒（大毛）、阿迪亚勒（夹的，或没毛板皮的）、单绸等区别。

巴尔虎蒙古族女士礼服

袍的两道窄条镶边装饰，制作精美，均匀标致；陈巴尔虎长袍的一道宽沿边儿加两道水流的镶边装饰，更显华丽多彩。

布里亚特服饰 布里亚特蒙古族主要生活在鄂温克族自治旗的锡

布里亚特蒙古族服饰

厄鲁特服饰 在呼伦贝尔市境内的这一支厄鲁特蒙古族，主要生活在鄂温克族自治旗的伊敏苏木。男子冬季着白板袍子，袍子开衩；冬季戴圆耳毡帽或草原帽，夏季戴尤登帽或用白绸、白毛巾扎头。女子长袍不开衩，衣边有各种图案的绣花边或金银丝缝边。姑娘扎腰带，已婚妇女不扎腰带。女子以彩绸或纱巾缠头，脚蹬自己制作的鞋靴，上绣各种图案。姑娘头发编成一条辫子，系银质花类饰品，外穿长襟坎肩。男子烟荷包、打火石等佩带在左侧腰带上；右侧悬挂银质刀链，将刀掖在后腰带上；右手拇指上戴一种玛瑙或银质扳指儿（射箭时用的戒指）。帽子前多用玛瑙或珊瑚装饰。因游牧区域接近，厄鲁特服饰在许多方面与布里亚特相似。

居 所

各部蒙古族传统住室区别不大，均为蒙古包。它有大小之分，也有四、六、八至十二个哈那之分。它外形美观，结构复杂。包壁为圆形，高四五尺，围壁由几部分交叉连接的细木棍和驼毛绳扎成（蒙古语叫"哈那"）。蒙古包的门高三尺余、宽二尺五寸，大都面向南或东南，包内挂有毡门帘，且有各种摆设。改革开放以来，多数牧民已定居，住上了土木结构、砖木结构房屋或

有装饰的蒙古包

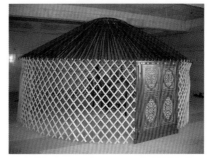

蒙古包的结构

楼房，只有少数牧民在游动放牧时搭设蒙古包等简易屋室居住。

蒙古包内的用品及摆放历来很有讲究，用品摆放井然有序。门的对面放长方形或方形桌子，用来招待客人；北或西北方向置有礼佛箱子，摆供佛像或活佛的相片。家长通常头朝佛位睡在佛箱子前，他的匣箱子摆在礼佛箱子后面；女主人的匣箱子放在东北方向，家庭次要成员的匣箱子放在西边；一般情况下，家庭成员都睡在自己的匣箱子前。绘有图案的竖柜（装粮食、奶品、用具等）摆放在东面，东南面放挤奶用具和炊具，西南面的哈那上挂男人的骑马用具。蒙古包中央安放炉灶。过去的炉灶都是支架式，

现在改用封闭式火炉。巴尔虎人过去在蒙古包里是不设床的，大都是席地而卧。时至今日，新巴尔虎人的蒙古包中大多数仍仅有一张床。

以上是旧时的规矩，随着经济发展和人民生活水平的提高，绣花地毯、钟表、收音机、缝纫机、彩色电视机、牛奶分离机陆续进入了蒙古包，但传承了几百年的物品摆放格局基本上没有太大的变化。

婚　嫁

蒙古族各部的婚姻习俗大同小异，如一夫一妻制、同姓不婚、大都由父母包办成婚等。迁入呼伦贝尔地区以后，随着社会的发展，这种状况已有了改变，如订婚前求神问卜、看对方属相八字的旧习也有了变化，但仍重视传统习俗和礼节。牧区蒙古族的婚俗大致分为求婚、订婚、过彩礼、结婚四步。

结婚前一日，巴尔虎蒙古族男方父兄亲友陪着新郎来女方家。除新郎的父兄带羊和酒外，新郎多半还要带上弓箭。新郎进了包以后，给佛爷点灯，并叩头。继之向女方父兄亲友叩头，为他们装烟，吃酒时还为他们斟酒。男方到女家的第二天，便是结婚日。在女方家坐席后，新娘坐上马车，新郎在她马车顶上、前面各射一箭，意思是把鬼怪射走了。在回男方家的途中，

蒙古族婚礼

距男方家还有十几里的地方，有男方的人在迎接，之后在男方家的蒙古包中坐席。新娘进包后，先向佛爷叩头，再拜见男方父兄亲友，吃酒时也为他们斟酒。结婚以后，新娘到男方亲友家去串门，让这些新的亲友认识她。婚后3天以后或20天以后，回娘家一趟，婚事即告完成。

新中国成立后，海拉尔城区居住的蒙古族婚俗与汉族婚俗逐渐趋同，牧区的婚俗也明显转向城市里的方式。

待　客

巴尔虎蒙古族的待客是在听到马蹄声时，听到声音即出门迎客，不论相识与否，见面总是先问"门德"（问安）、"赛音白诺"（问好）。

主客赠送礼物

盛装迎宾

酒 俗

蒙古族欢迎宾客必以美酒相待，以表达自己好客之心。这是蒙古族传统的待客方式。目前，蒙古族敬酒的仪式主要分两种，一是"下马酒"，二是"宴会酒"。"下马酒"是在机场、车站、旗市交界或下榻处等地迎接宾客时敬酒的一种仪式。"宴会酒"是在主人举行招待宾客的宴会上敬酒的一种仪式。仪式上，多由身着盛装的姑娘们边唱《祝酒歌》边为宾客敬酒，有时还与献花、献哈达等结合在一起进行。

主人热情接待客人到蒙古包里坐，叙谈中以奶茶、奶制品和油炸面食招待。客人如果在蒙古包里就餐或过夜，主人则用手把肉等款待。席间还用哈达托着酒壶，用盘子托着酒盅向客人敬酒，表示欢迎和尊敬。为调节气氛，主人还手捧金杯，唱起敬酒歌劝酒，让客人吃好喝好。客人告别时，主人举家相送，一再说"白雅日太"（再见）。

宾客饮用所敬之酒的方式有两种。其一，宾客接过酒杯用无名指沾一点杯中酒，与大拇指相碰后，向头上之天、脚下之地、身体右侧（火炉处）各点一次，意为敬天、

蒙古族的迎宾礼俗——下马酒

向客人敬送礼品

敬地、敬火，然后将酒饮尽。这种形式来源于蒙古人对天、地、火的崇拜。蒙古人称天为"额其格腾格里"（苍天父亲），称地为"额赫嘎扎尔"（大地母亲）。蒙古人崇敬火，因为火与生活密切相关，具有毁灭一切的威力，因此蒙古人认为火可以驱邪避恶，是清洁之源，万事万物是被火净化的。因此，饮敬酒之前，必先敬天、敬地、敬火。其二，

祝福敬酒

宾客用无名指沾上一点酒，与大拇指相碰后，向上、向下各弹拨一下，并往自己额头上涂抹一下，意为"苍天永安、大地永安、人生永安快乐"之意。向天、地和自己弹拨敬祝后，将酒饮尽。不胜酒力者，可稍抿一口酒，沾唇示意即可。

蒙古人认为五指中无名指是最为洁净的一指。相传，很早很早以前，女真人的祖先经常用毒酒杀害蒙古部首领。有一次，女真头人将斟满毒酒的玉杯敬献给蒙古部首领时，其随从亦达木抢先接过酒杯，将无名指伸进酒杯试验酒里是否有毒，结果他的手指刚伸进酒杯就立即被毒液腐蚀成一根白骨。躲过一死的首领为纪念亦达木的救命之恩，便用他的名字命名了无名指，并由此形成了用无名指沾酒弹拨的敬酒习俗。

目前，为外地宾客敬酒的习俗已有所改变。如根据宾客酒量的不同，为尊重宾客，将以往的大酒碗换成了小酒杯，将高度酒变成了低度酒，有的还将酒换成了熟牛奶。还将敬酒和献哈达、演唱民族歌曲相结合，增强了亲和力，增加了热烈的气氛，使宾客感受到主人的好客和真情。宾客不会喝酒，主人也不勉强，沾唇示意即可，表示接受了主人纯洁的情谊。

著名作家老舍先生1961年在内蒙古写下的一首诗中写道："主人好客手抓羊，乳酒酥油色色香。祝福频频难尽意，举杯切切莫相忘。"这首诗非常生动地描绘出草原上的人们用奶酒、手把肉款待客人的场景，展现了蒙古族热情、真诚、豪爽的性格。

岁时风俗

蒙古族在节庆上非常重视春节。春节一般从年三十过到正月初五，之后还要过十五、二月二等节日。年三十晚辞旧岁，这天晚上全家老少不睡觉，蒙古包内灯火通明。正月初一，牧民们穿上崭新的服装，给双亲、长辈和老年人磕头、请安、献哈达、敬酒，送上良好祝愿。春节相见，男子拿刀下悬在前面，右手摘下帽子，年纪小的向前迈步，摊开双手接在长者手下躬身下拜问"门德"；女子或男女相见不摘帽、不躬身，手握袖口相互碰手问"门德"。

禁　忌

蒙古族把在门外挂条毡子、布条或在蒙古包门右侧绑一把草作为标志，以示家里妇女坐月子，或家里有病人，外人不可进。日出前、日落后禁从家里往外拿东西，忌夜间往来。家人外出夜间回来，要用火在其身上绕几次，以做到净身。骑马坐车接近蒙古包时要轻骑慢行，直冲蒙古包或骑快马而至，意味着报送不吉利之事，是不礼貌的行为。串亲探友进蒙古包时不能手持鞭棍、腰带马绊，入包后坐在右边，离包时走原路，待送行的主人回去后再上车或上马。不能坐蒙古包门槛。在蒙古包内，主人献茶时，客人应欠身双手或用右手去接，不能用左手接。睡觉时脚不能伸向西北方。不宜用烟袋或手指指人头。禁止用刀触火，也不许用刀在锅里取肉，不能在火盆上烤脚。包里若有病人，便在门外右侧缚一条绳子，一头埋在地下，表示主人不能待客，来者也不应入内等。

达斡尔族风俗
礼 俗

达斡尔人多来自农业地区，但仍保留着狩猎、游牧时期的许多习俗。他们热情好客，宾友光临必出门迎接，先以烟敬客，若是远道客人，则备好酒好菜待之。送客时，客人先出，长者前行，晚辈随后，女主人送至房门外，男主人送到院子大门外。家长与客人攀谈时，晚辈不能在一旁说笑或随便插言。请安礼是达斡尔人日常性的礼节：老人出门数日归来时晚辈必须请安，儿女出门7天以上归来先向长辈老人请安问候；儿媳回娘家即使只有两三天，返回后也要先向公婆请安敬烟。

饮 食

达斡尔族主食主要为米食和面食。民国以后，新的粮食品种也不断增多，达斡尔人主食品种也发生了根本性的变化，小米、玉米、白面已成为主食，油饼、面条、馒头、饺子等面食也逐渐多起来，传统的稷子米、荞面、燕麦、苏子等成为稀有食物。副食品有肉类、奶食品、蔬菜和采集食品等种类。

服 饰

狩猎时期的达斡尔人，男女均以皮制服装为主。随着经济的发展和生产方式的变化，纺织物服装在达斡尔族中流行开来，但皮制服装仍为达斡尔人所喜爱。用秋末冬初猎获的狍子做的男子狍皮大衣称为"布坤其·德力"，用隆冬时猎获的狍皮做的称为"往拉日斯·德力"，

达斡尔族服饰（一）

达斡尔族服饰（二）

用春夏和初秋猎获的狍皮做的称为"哈日密"。达斡尔男人还穿用狼、狗、羊、狍皮做的皮裤，外套皮制或布制的套裤，被称作"苏毕"，其特点是耐磨、耐刮；也穿布做的服装，夏季穿单长袍（嘎嘎日），冬季穿棉长袍（库日特）、小棉袄和棉裤。夏、冬穿长袍，扎各色宽腰带，束腰后将腰带两头掖在腰后，露出半尺余，腰带上佩挂烟荷包、烟袋、火镰及猎刀。达斡尔族妇女服装在民国以前以狍皮衣服居多，后以布料为主。温暖季节，她们外穿满式长旗袍、布裤，冬季穿棉袍、棉裤。女袍袖较宽，除衣襟以外不开衩，衣领、开襟、下摆、袖口处镶边。妇女穿

长袍不系腰带，烟荷包和手帕佩带在长袍和坎肩的右衽上。

达斡尔男人多戴用狐、猞猁、水獭、貂、狼、狗皮做的帽子，还戴狍子头皮帽，即"米阿特·玛格勒"，也戴用狼、狐头皮做的兽形帽子。如今也戴市场上出售的各类帽子。达斡尔男人冬季穿用狍腿皮做靴面、用牛脊皮做靴底的皮靴，称为"奇卡密"。其靴面毛朝外，穿时内絮"乌拉草"，可以保暖、吸汗、防潮。这种皮靴轻便、美观，不沾水，防滑，行于雪地轻捷无声。女人温暖季节穿绣花布鞋。达斡尔人的手套称作"博力"，多用狍皮制作，大拇指和其余四指分缝的两叉手套称作"哈

达斡尔族服饰（三）

奇博力"，五个手指分开的手套称作"霍若博力"。手套的腕口、手背、关节等处均缝、绣花纹图案。

20世纪五六十年代，海拉尔的达斡尔族居民还有旧时装束，80年代后，衣着已与汉族没有大的差别。

居 所

新中国成立前后，达斡尔族多以"莫昆"为单位建屯居住。随着人口移动和其他民族的迁入，现在达斡尔族的村屯不仅居住着本民族各"哈拉"（姓氏）、"莫昆"（氏族），很多村落还是多民族杂居。

随着时代的发展，达斡尔族的居住习惯也在不断改变，旧式三面连炕的房屋逐渐减少，老少三辈同室的居住习惯也逐渐改变。城市里的人，20世纪80年代以后大多迁入新盖的砖瓦房，分室而居，有客厅、卧室、厨房等。现在，海拉尔城区的达斡尔族基本都住进了宽敞明亮的楼房。

婚 俗

达斡尔族实行氏族婚外制，同一"哈拉""莫昆"内部不通婚，有的地区同一"哈拉"内的不同"莫昆"之间有个别通婚的事例。达斡尔族的姑娘多在17、19、21奇数年龄时结婚。婚事要经过说媒、定亲、过礼、娶亲等一系列的繁杂过程。

新中国成立后，达斡尔族男女普遍实行婚事新办。历史上，达斡尔族经常与鄂温克族通婚，现在与其他民族通婚的也不少。

禁 忌

达斡尔族人的禁忌生活方面有：不许在火盆上烤脚，不得往火堆里投入脏物；不把自己的东西放在别人家过年；正月初一清晨要自动起床，不能让别人叫醒；正月初一至初五，不得把室内的垃圾倒出去等。

鄂温克族风俗

鄂温克族在呼伦贝尔市境内有农牧兼营的索伦部、以牧业为主的通古斯部和以狩猎为主的雅库特部。由于居住地域、生产条件的不同，形成了不同的习俗。

饮 食

鄂温克猎民的主要食品是面食和肉类。林区雅库特部以狍子、犴、鹿、野猪、熊及飞龙等为常见食物，常见的食用方法有煮、烤、烧，也多做成肉干等，驯鹿奶茶是他们的日常饮品。他们食用的野菜主要有野葱、野韭菜、黄花菜、蘑菇、笃斯、山丁子等，既鲜食，也加工贮存起来供日常食用。他们还常熬笃斯酱，作为面食的佐料。面食一种是油炸类面食，另一种是和好面发酵烙成的不加碱的"格列巴"（烙饼）。

牧区的鄂温克族食物以乳、肉、面为主。他们讲究喝奶茶。奶食很多，有酸奶、稀奶油、奶油、"俄都木"、"阿儒勒"、熟奶皮、奶酒等。牧区鄂温克族的肉食以羊肉和牛肉居多；米食多吃大米肉粥；面食主要有面包、油炸果子、发面饼和面条，也有饺子和馅饼。

海拉尔的鄂温克族大多是索伦部，农牧兼有的习俗一直延续到现在。

服 饰

行猎的鄂温克人冬穿犴皮衣裤，夏季穿去毛的犴皮衣裤。如今鄂温克族妇女的裙子用多种布料做成，衣领为大圆领，领边用不同颜色的

鄂温克族服饰（一）

鄂温克族服饰（二）

布做成，格外美观；裙中间有揣腰，显示出女性的线条美。

鄂温克人的帽子用狍、鹿、狍头皮做成，以灰鼠皮或猞猁皮做里，戴在头上既轻便又暖和，而且出猎时便于伪装，可以迷惑动物。靴子为狍腿靴，分为带毛的和不带毛的；手套也分带毛的、不带毛的，手背上用狍筋绣上花纹，美观大方。被褥用动物皮毛做成，既轻便又暖和。

现在青少年的穿戴和汉族一样，只有在一定场合才穿民族服装。

居 所

鄂温克猎民行猎时住"撮罗子"，鄂温克语为"西格勒柱"，是"用小木杆搭的房子"之意，素有"仙人柱"的美称。它是用25～30根落叶松杆搭起来的，顶尖是一个伞形的窝棚，高约3米，直径4米左右。制作时，每根落叶松都要去皮，一头削尖，形状很像标枪。较小的撮罗子能睡四五人，较大的能睡七八人。定居的猎民住砖瓦房和木刻楞房（用整根木头砌筑，以刻槽连接，林区鄂温克人称堆放木头为上楞，故亦称类似的房屋为木刻楞）。

牧区鄂温克人多住蒙古包。包内设床，架炉子，放有木箱柜、桌子等用具。为便于游牧生活，鄂温克族牧民还有专门存放物品的库车，套上牛马就能拉走。

居住在城区里的鄂温克族居民与其他城市居民一样，住楼房，生活惬意。

节 庆

鄂温克猎民的传统节日是每年6月10日的"斯特若衣查"。节日里猎民以"乌力楞"为单位带上最好的猎品，互相交换，也举行宴会和歌舞，也有进行订婚和结婚的。

春节，鄂温克人同汉族人民一样按照传统习惯欢度佳节。定居节，是鄂温克猎民最隆重的节日，节日定在每年的9月1日。庆祝定居节时，要举行庆祝会、篝火晚会、座谈会，表达定居的喜悦。1994年起，每年的6月18日，是鄂温克族的"瑟宾节"，寓意欢乐祥和。

待 客

男人在撮罗子里可以随便坐，一般坐在右首，从哪边进，从哪边出。妇女坐在左首，但不准越过"勺纳杆"（在撮罗子内中间交叉的两根木杆），主妇即使需要越过，也必须从原来的路线回来。来了尊贵的客人，可以坐在供奉玛鲁神的位置。每当有客人来时，全家出迎，行执手礼，让进撮罗子，大家席地而坐；然后慰问一番，升起篝火，煮肉烧茶做饭。鄂温克人常以鹿、犴的胸脯肉、脊骨肉、肥肠及驯鹿奶等食品招待客人；就餐时，拿出上好的酒具，由老者举杯让酒。

海拉尔的鄂温克族招待汉族亲朋好友时与汉族的习俗大体无异，

但招待本民族人时仍重视传统礼节。

婚 俗

鄂温克猎民的婚姻，实行氏族外通婚的一夫一妻制。

鄂温克族自治旗牧区的鄂温克人结婚时，男方要提前把毡包搬到女方的包旁。结婚当日，新郎须带一只羊、三四十斤酒去女方家做客。女方家长要给新郎换一身新衣服（经济条件好的，给新郎一匹马和全套鞍具），并宰羊，以酒肉招待来宾。之后，新娘坐上篷车，由同姓几位已婚妇女陪送到新郎家。

陈巴尔虎旗的鄂温克人结婚时，男方要派人在半路的野外摆酒肉迎接送亲人们。新郎、新娘在进入新建的蒙古包时，要拜神、拜火，之后新娘换上妇女装束，和新郎一同去包外筵席上为父母和长辈们敬酒。男女双方参加婚礼的青年们还要抢送亲车上带来的枕头，争取自己方面的人把枕头送进包内。

海拉尔区及鄂温克族自治旗巴彦托海镇鄂温克族居民的婚礼，大体上与汉族无异。

鄂伦春族风俗
礼 俗

鄂伦春人的日常礼俗以敬老为中心，主要礼节为屈膝请安和磕头，见到长辈须用请安礼，平辈人见面要互致请安礼问候。鄂伦春人尊敬长辈，出门前和回来后都要向长辈请安。出行时遇到长辈，要提早下马，步行迎上去请安，长辈走后才能上马。鄂伦春人热情好客，招待必尽诚意，天晚则留客人住宿。鄂伦春族男女有别，男客不能坐儿媳妇和姑娘的铺位，女客也不能坐男人的铺位。

饮 食

鄂伦春人的饮食以兽肉为主，以鱼、野菜、米面为辅。鄂伦春人喜欢食用狍子、鹿、犴、野猪、熊等动物的肉，吃法主要有煮肉、烤肉、烧肉、炖肉汤、晒肉干等。主食主要有油面片、烙面饼、肉粥、黏饭等。鄂伦春语称油面片为"图胡烈"，其做法是将擀好的面一片片揪进滚开的白水里，捞出后拌入熟肉片、食盐、野韭菜花等，再倒入加热的野猪油或熊油拌匀即成。稠李子粥是鄂伦春人非常喜爱的一种食物，做法是将稠李子放入粥中煮，爆开呈粉红色时即成。

鄂伦春人喜喝五味子汤和桦树汁。五六月份时，在桦树根部砍一个小口，桦树汁便会涌出，其中有一种被称作"弟尔古色"的乳白色黏稠状桦树液，颇为甘甜清爽。

服 饰

鄂伦春族人的服饰充分显示了狩猎民族的特色。妇女加工制作的

鄂伦春族服饰

狍皮结实、柔软、轻便，其中狍皮衣、狍头帽别具特色。狍皮衣，鄂伦春语叫"苏恩"，用狍筋搓成细线缝制而成。狍皮衣多为右偏襟长袍，装饰着弓剪形、鹿角形、云卷形等图案，既美观又结实。狍头帽的形状像一个狍子头，既生动逼真又很保暖，且精巧别致。鄂伦春人喜欢穿宽肥大袍，服饰多用鹿、狍、犴皮制作，领口、袖口、襟边、大袍开衩处均有刺绣、补花等装饰，常用云纹、鹿角纹等。如今的鄂伦春人出猎时仍多穿皮衣。

住 行

历史上，鄂伦春人居住的房屋主要有"仙人柱"、土窖子、木刻楞房、桦皮棚（林盘）、布棚（麦汗）、

鄂伦春族的森林生活

163

高脚仓库（奥伦）等。"仙人柱"是鄂伦春人狩猎时的住房，用长若干米的木杆、带杈的树干和20多根"仙人"（树干）搭成，呈圆锥状，其覆盖物有狍皮围子、桦树皮围子、芦苇帘和布围子。"仙人柱"正对门的铺位叫"玛路"，是供神的地方，只许男性客人和男主人坐卧，儿子、儿媳住左侧铺位，父母住右侧铺位。"玛路"中间有一个火塘，上面吊一个铁锅，也有用三脚架支锅的。"奥伦"是一种搭盖在森林中的高脚仓房，存放暂时不用的衣服、肉干、干菜、粮食等。现在的鄂伦春人都已住进砖房或楼房，但狩猎时仍住传统的"仙人柱"或帐篷。

鄂伦春人传统的交通工具主要有驯鹿、马、桦皮船、兽皮船、木筏、滑雪板和雪橇等，现在的鄂伦春人则以机动车代步居多。

婚 俗

旧时，鄂伦春人的婚姻由父母包办，实行一夫一妻的氏族外婚制，还实行间接的交错从表婚制，有求婚、认亲、过彩礼和结婚等过程，彩礼以马为主。

男方托媒人向女方求婚，一般要求三次。求成后，双方商定认亲、过彩礼的日期。认亲时，男方要留在女方家，时间在20天至1个月不等。女方要给未来的新郎换上用黑皮子镶边的新衣服和红布坎肩（背面和肩头绣有云纹），未来的新娘要把头发梳成两个辫子缠在头上，这是订婚的标志。结婚当天，新郎和伙伴们以赛马的形式进入女方住地，经过一系列的仪式后，新郎当晚住在新娘家。第二天新娘被接到新郎住地。新郎的帽子上用貂尾和4个绣花飘带装饰，新娘头上戴饰品，男女都佩带猎刀，新娘在拜天地时头上蒙着花布。如今的婚俗与当下的婚俗大致相同。

节 庆

鄂伦春人的传统节日不多，有春节、氏族的"莫昆"大会、宗教活动"奥米纳仁"和篝火节。近现代以来，鄂伦春人的社会组织结构发生了根本性的变化，宗教信仰也淡化了，故而"莫昆"大会和"奥米纳仁"逐渐淡出视野。鄂伦春族人还过中秋节、端午节、新年等传统节日。每年的6月18日是篝火节，这一天，鄂伦春人点燃篝火、载歌载舞，欢庆节日。

鄂伦春族篝火节

禁 忌

鄂伦春人的禁忌习俗主要有生产禁忌、妇女禁忌、生活禁忌、自然禁忌、动物禁忌等。如狩猎前不能说能打到多少猎物（否则什么都打不到），不能用刀或铁器捣火（否则会冲犯火神），女人不许坐在神像前的正座"玛路"上，妇女不能铺熊皮，年轻人不能叫长辈的名字等。

俄罗斯族风俗

清末民初以来，由于沙俄鼓励移民和修筑中东铁路，海拉尔地区的俄罗斯族逐渐增多。据 1923 年《呼伦贝尔志略》统计，呼伦贝尔城有中国人口 4800 人，而在海拉尔定居的俄罗斯族就有 5631 人，他们经济上具有相当优势，大多有技术，且财产很多。俄罗斯族一直保持着具有浓郁本民族风情的传统习惯和生活方式，同时，由于长期和我国汉族等民族生活在一起，与

海拉尔俄罗斯商贸城

汉族等民族保持着亲密的关系，甚至通婚，故而也影响着汉族等民族的习俗。

20 世纪六七十年代，中苏关系恶化，海拉尔的俄罗斯居民不断迁出，举家迁往苏联、澳大利亚、新西兰、以色列、土耳其等国，海拉尔的俄罗斯居民急剧减少。他们人数虽然少了，但在衣着、语言、饮

海拉尔的俄罗斯侨民学校

海拉尔西一道街的斯巴西·普里阿布拉金斯克教堂（现已无存）

食习惯、卫生习惯、文化活动等方面留下的影响仍然巨大。

礼 俗

俄罗斯族见面要握手互致问候，问候的话有"你(您)好""早安""午安""晚安"等，道别时要说"再见""一路平安""万事如意"等，临睡前要向对方说"晚安"。

做客或办事时，要先敲门，待主人应声同意后方可开门入室。客人若要吸烟，要事先征得主人的同意，室内不能乱扔纸屑、磕烟灰或扔烟头。

最隆重的传统礼节是用面包和盐迎接客人，象征着善意和友谊。客人须切下一块面包蘸少许盐吃下后才可进屋，这种礼节过去只用于迎接贵宾和新娘，现在也用于一般

社交场合。女主人在客人面前必须戴头巾，以示尊重。

聚餐时，使用过的刀、叉都要搭放在盘沿上，若放在桌布上就会被视为不讲卫生的失礼行为。

俄罗斯族有尊重妇女的传统，到朋友家赴宴，一定不能忘记向主妇表示敬意和称赞，如席间提议为主妇健康或精湛厨艺干杯等。

按传统习俗，俄罗斯族出门远行时，在收拾好行装动身前，要马

俄罗斯族载歌载舞的日常生活

上沉静下来，沉思三两分钟，而后出门人再向人们辞行启程，一旦上路便轻易不回头。这种习俗在于养成人们"事要三思，免劳后悔"的习惯。

俄罗斯族大多信仰东正教，少数人信仰基督教。

饮 食

俄罗斯族的餐饮习惯与汉族有所不同，在俄式宴席中，汤菜是第一道菜，未吃饭先喝汤，喝汤时可以吃面包。主食一般是用盘子盛装的切成片的面包，从宴席一开始就摆在桌上，酒宴中可随时食用。他们对饮茶较为看重，一般把它作为正餐结尾前的必不可少的组成部分，但它不是简单的清茶一杯，而是伴有糖、果酱、牛奶、甜点心等，有时也上水果、果汁、咖啡或其他甜饮料。家里来客上茶时也必端上糖和面包，一起放在餐厅或饭桌上。他们喝红茶时多喜欢加牛奶。俄式饭菜中的主食以面食为主，各种面

自制面包，配果酱、西米丹（稀奶油）

食制品有20余种，包括主食面包（即黑白咸面包）、甜味茶点和各种糕点。

服 饰

现如今的俄罗斯族日常多以普通中式服装为主，家庭主妇和老年人喜欢穿俄式服装。俄罗斯族注重着装，他们家中的衣橱里起码备有三种不同场合穿的衣服，即家居服、运动服、西服。

俄罗斯族服饰分为传统服饰和现代服饰两种，传统服饰又分为"鲁巴哈""萨拉范""淑巴"三种。"鲁巴哈"是女装，类似长袖连衣裙，穿着时需束腰带。"鲁巴哈"又称"割草裙"，妇女下地锄草时穿这种衣服。"萨拉范"是女士连衣裙，一年四季均可穿，冬、夏季节用料不同，穿起来随意、自然，深受妇女的喜爱。"淑巴"即皮大衣，是冬装，用貂皮、羊皮、兔皮、狗皮等制成，以羊皮为主要材料。

现代服饰上，夏季，男子穿白色绣花套头衫，俄语称为"鲁巴什卡"，面料以丝绸为主，配以深色灯笼裤、长筒皮靴；冬季，穿黑、蓝两色的里、由均扎缝成长条状的棉衣裤，野外作业时穿鞣质的皮大衣或毛朝外的"皮大哈"，脚穿"毡疙瘩"（毡靴）。妇女四季均爱穿裙装，俄语称为"布拉基"；夏季多穿短上衣、短袖及半开胸、卡腰式、

大摆绣花或印花的连衣裙；春秋季节多穿西服上衣或西服裙，头戴色彩鲜艳的小呢帽，上面插着羽毛做装饰；冬季裙子的面料以毛呢为主，内着护膝、护腿、厚袜、毛衣毛裤。家庭妇女出外常年系三角形头巾，即便是方头巾也折成三角形，俄语称之为"嘎欣嘎"。头巾的种类夏天为丝巾、纱巾；春秋是布巾；冬季用连肩部也能盖住的大毛巾，当地人称"披肩"，俄语称作"萨里"。妇女也喜欢穿皮靴，冬季喜欢穿传统的"布尔克"棉靴，靴头用的是亮面牛皮，靴筒用的是毛朝里的黑色或棕色羊皮。

俄罗斯族未婚妇女与已婚妇女的头饰有严格区别，未婚妇女头饰的上端是敞开的，头发露在外面，梳成一条长长的辫子，并在辫子里编上色彩鲜艳的发带和小玻璃珠子。已婚妇女的头饰则必须严密无孔，先将头发梳成两条辫子盘在头上，再将辫子裹在头巾或帽子里面，不能有一根头发露出外面，否则就被认为是不礼貌的行为。她们还喜欢佩戴金耳环、金戒指等饰品。

居　所

过去，俄罗斯族居住的房屋，大多是单门独院的俄式木刻楞房。富裕、讲究人家的木刻楞房的门窗及屋檐上还刻有花纹浮雕，更显典雅别致、富丽堂皇。俄罗斯族爱养花，家家户户均培植各种各样的花卉。木刻楞房内普遍有存放蔬菜、副食的地窖和烤制面包的大烤炉。各户庭院分为前、后院，内有园田、猪圈、牛棚和仓库，多数人家在院内单独建有夏季厨房，以便主房凉爽宜人。

20世纪70年代俄罗斯族的居所和交通工具

一些人家在庭院的一角单独建有一个小巧的木刻楞，是俄罗斯族人民所喜爱的蒸汽浴澡堂，内部用木材、石块搭成，简单但实用。

婚 俗

传统婚俗方面，俄罗斯族禁止近亲结婚。男女青年通过自由恋爱成婚，但媒人说亲和订婚仪式是不可缺少的。媒人提亲时，要带一个撒了盐的面包。如果姑娘和她的父母同意，姑娘就会亲自切开面包请大家品尝。随后，媒人告知男方，姑娘家已同意了这门婚事。一般由男方举行订婚仪式，确定结婚日期。

新式婚俗方面，如今的俄罗斯族婚礼中宗教习俗已经淡化，而且接纳了汉族的婚礼习俗。男女双方确定恋爱关系后，男方父母约上几位德高望重的亲友，携带"四彩礼"去女方家商定婚期。俄罗斯族在婚宴中有个特有的习俗：席间，当有

人提议干杯时，来宾中总有人端起酒杯装作沾唇后难以喝下的姿态，并连连叫喊"果里格！果里格"，意思是"好苦哇"，随即众人也含笑随声附和、叫苦不迭。这时，新郎和新娘便相互拥抱并甜蜜地热吻一番，来宾们才高高兴兴一饮而尽。其本意是来宾祝福新人甜蜜。不及酒足饭饱，悦耳的手风琴声一响，人们便纷纷离桌，踏着悠扬的节奏，翩翩起舞，直到尽欢而散。

节 庆

俄罗斯族的节日主要有圣诞节和复活节（巴斯克节）。圣诞节时，家家都装饰圣诞树，享用丰美的食品，由圣诞老人分发礼物，唱歌跳舞。

复活节在每年的4月份。俄罗斯族的复活节为节中之节，届时家家准备丰盛的食物，男女老少皆着节日盛装，相互登门庆贺，尽情歌舞。过节前一天，各家还要煮很多彩蛋，客人进门祝贺时，主人便分给客人，以象征生命的昌盛。

如今，海拉尔地区俄罗斯族的节日与宗教关系逐渐淡化而成为民族性节日。同时，俄罗斯族也过元旦、春节、国庆等传统节日。

俄罗斯族亲族欢聚巴斯克节（复活节）

华北、东北、晋绥的汉族与地方民族风俗互相影响

海拉尔汉族人口大部分来自山西、河北、山东、辽宁、吉林、黑龙江等省，自行流入者多为"投亲靠友"。因而在农区及城郊区形成了以籍贯命名的村落，如山东屯、河北屯等。这些地方人们的生活习俗，如方言、饮食、居住、人际往来、婚丧嫁娶、岁时活动等，基本保持着原籍的特点。在海拉尔，不同籍贯的汉族与不同民族杂居、通婚已有近百年的历史。因而，海拉尔汉族的生活习俗虽基本属于东北类型，但又有兼具多民族的特色。

饮 食

大部分人还保留着原籍的习惯，如山东、河北人的玉米粥，晋冀鲁豫人的面条，东北人的高粱米饭、玉米大糁子饭、小米捞饭、黏豆包，还有其他地区的辣食、酸食、甜食等。海拉尔地区居民喝奶茶、食牛羊肉的习惯很普遍，这与当地蒙古族、达斡尔族、鄂温克族、俄罗斯族同胞的习惯一样，所不同的是汉族人家都多吃一些蔬菜。20世纪80年代以来，米饭已成为海拉尔地区的主食，而且东北很多有特色的食品也在海拉尔安家落户，如满族的"白肉血肠"、朝鲜族的"冷面"等。另外，炖菜、酸菜、辣白菜、东北大饺子在海拉尔也很盛行。山西人爱吃面食，刀削面、莜面为人熟知，现在海拉尔也有很多山西特色的莜面馆和刀削面馆。

服 饰

1945年以前及20世纪50年代初期，汉族人的服装以棉布、棉花为主，颜色以黑、蓝、灰、白居多。夏季穿单衣、单裤，冬季穿棉衣、棉裤、棉长袍，野外放牧或生产时穿羊皮衣裤或皮袍、毡疙瘩。改革开放以后，根据气候的不同，一般人都备有单、夹、薄、厚服装。年轻女子，喜穿各色花衣、各样裙子，头戴鲜艳纱巾，冬围各式新样毛织围巾。男女西装、长短皮衣、夹克、牛仔装、羽绒服等新式服装屡见不鲜。衣料已不以棉为主，而是以毛绒、呢、裘皮、化纤、毛、混纺等质地好的衣料为主。男戴裘皮帽、礼帽、前进帽、针织毛绒帽，女式新帽更多，近年来更讲究帽子的档次和式样。妇女佩戴金耳环、金项链、金戒指、手镯等首饰。

居 所

早年住窝棚、土坯房，或土木结构房屋。1949年后，居住条件逐年改善，普遍为土木结构和砖瓦结构房屋。改革开放以后，土木结构房减少，大部分为砖瓦结构，有的住进了楼房。郊区农民大多住红砖

瓦房（有的铺铁盖），房屋都是门朝北开，开门处还建有20～30平方米的防风房，称为"风楼"或"门斗"。门斗冬季可防风寒，夏季可为厨房。农区大多烧茅柴、秸秆、薪材，少部分烧煤；牧区燃料以牛羊粪为主，少量为煤。牧区一般用柳条编的篱笆障子或用木板圈成院子，独门独院；野外放牧或生产时，住蒙古包或铁皮板房。

20世纪90代至今，城镇居民的住房大多以楼房为主，极少偏远部分及农村居民仍住平房。

婚　嫁

婚嫁习俗在1949年后有很大变化，由父母之命、媒妁之言的旧式包办婚姻，改为自由恋爱结婚。一般都经过相识、恋爱、结婚三个阶段。结婚仍多沿袭女到男家的习惯，男到女家者也很多见。婚礼一般由男方操办，宴请宾客，接受贺礼，但有各自的礼俗、礼仪。婚礼用车，过去多为畜力车辆，20世纪80年代起，城镇改为轿车，农村改为拖拉机，也有用汽车、摩托车者。婚后第三日为新娘的"回门日"，这一天新郎陪新娘回娘家，女方家长宴请新婚和宾客。

近年来，城镇婚礼中增添了一些习俗，礼仪类似西方婚礼，如婚礼中新娘着婚纱，有轿车车队，男女双方共办婚礼，等等。城乡婚礼习俗基本上大同小异。近10年来，婚礼一般由职业主持人主持，讲究聘请歌手、舞者助兴，邻里亲朋也可即席高歌，有的新郎新娘的长辈、父母也纵情放歌起舞，自娱自乐。也有的年轻人摒弃婚事奢办，采取集体婚礼或旅行结婚的方式。

岁时节令

新中国成立后，除法定的节假日如元旦、春节、五一国际劳动节、国庆节以外，汉族人民普遍过元宵节、端午节、中秋节等，其方式与全国各地大同小异。

20世纪80年代以后，不管城镇，还是农村，普遍增加了3个岁事，而且影响深、活动广。其一是"清明节"，这天家家户户到故人坟上扫墓；骨灰在火葬场的，家属子女亦去扫墓。其二是阴历七月十五，俗称"鬼节"，各家各户也要到坟上、火葬场扫墓；距河近的，晚上放河灯；或在十字路口烧冥纸、冥钞，以纪念亡者。其三是阴历十月初一，这一天要为死者"送棉衣"，晚上在十字街口烧冥品，以寄托对死者的哀思。

随着经济社会的发展，街口烧纸、烧冥品的习俗逐渐减少，扫墓时献花逐渐增多，网上祭奠活动也开始出现。

文娱活动

在春节、元宵节期间和农村的闲暇季节，传统的群众文娱活动形式主要有东北大秧歌、二人转等。秧歌表演的形式有腰鼓、踩高跷、跑驴、划旱船、担花篮、大头娃、耍狮子、扮作戏曲人物等。从20世纪80年代起，每年元旦、春节至元宵节期间，海拉尔出现利用天然冰块进行雕刻造型的艺术展览。冰雕作品有人物、动物、建筑物、风景等。在呼伦贝尔，每年冬季都要举行规模大小不一的冰雕作品比赛。20世纪90年代开始，海拉尔还兴起了焰火晚会。近些年，以草原文化为内涵的雪雕作品吸引了大量游客。此外，电视的普及，冲击了传统的节庆形式，户外活动减少，尤其是春节，

秧歌舞

除放炮外，全家围坐在一起欣赏春节联欢晚会成为最广泛的娱乐活动。

地方各民族的语言、方言
蒙古族语言、方言

共同的蒙古语产生于公元9～10世纪，蒙古语属阿尔泰语系蒙古语族。但国内外的学者对蒙古语的方言研究认识一直不太一致，中国学者认为，现代蒙古语方言划分为三大类型：内蒙古中东部及黑

民族舞蹈

龙江、吉林、辽宁等省区的蒙古族聚居地区的内蒙古方言，内蒙古西部及新疆部分蒙古族聚居地区的卫拉特方言和呼伦贝尔地区的巴尔虎—布里亚特方言。这三类方言在海拉尔都有分布。这些方言在语音、语法、词汇等方面都有各自的特点和差别。厄鲁特蒙古是明清时期西蒙古的分支，讲卫拉特蒙古方言，至今保留着厄鲁特方言的语音、语汇特点。巴尔虎与布里亚特方言本为一个地域的蒙古语，但巴尔虎人受俄语、汉语、东蒙古方言影响很小，却因与喀尔喀部杂居而受其语言影响较大；布里亚特蒙古部于民国时期从苏联布里亚特自治共和国迁入，他们所用蒙古语不但在语音、发音上有其特点，而且在词汇上从俄语借用较多。

新中国成立后，因社会活动和教育的普及，海拉尔地区的蒙古族语言趋向统一，但仍保持着一些各自的特点。当前海拉尔市区大部分年轻一代蒙古族，使用汉语交流较多，但同族人在一起时仍使用母语蒙古语交流。

达斡尔族语言、方言

达斡尔语属阿尔泰语系蒙古语族。达斡尔语同几千年前的契丹语有一定的渊源。虽然对达斡尔方言的研究争议较大，但无论被称为方言还是土语，达斡尔语基本上是可划分为布特哈、齐齐哈尔、海拉尔及新疆四种的。四种方言的语音、词汇、语法没有重大差别，可以互相通话。

海拉尔地区的达斡尔族因为长期与周边的蒙古、鄂温克、鄂伦春、汉等民族接触、交往，有相当一部

各族兄弟其乐融融

分人兼通上述民族的语言。另外，达斡尔语中还有一部分外来语借词，主要是汉语借词和满语借词。达斡尔语是蒙古语族内部与蒙古语最相近的语言。

鄂温克族语言、方言

鄂温克语属阿尔泰语系通古斯语族鄂温克语支。在日常生活中，鄂温克族中使用本民族语言的人有2万多，可分为布特哈方言、莫尔格勒方言和敖鲁古雅方言。

海拉尔地区的鄂温克族居民主要是清中期从布特哈地区迁来的，因此海拉尔地区的鄂温克族持布特哈方言的较多。词汇中，80%以上的词为多音节，表示狩猎、畜牧、地貌、植物等方面的词汇较丰富。20世纪80年代之后，随着改革开放的深入和城镇人口的增加，学用汉语的人数不断增多。

鄂伦春族语言、方言

鄂伦春族语言属阿尔泰语系满—通古斯语族通古斯语支，无方言差别。鄂伦春族没有自己的文字，一般通用汉语、汉字。

俄罗斯族语言、方言

俄罗斯语是我国境内唯一一种印欧语系斯拉夫语族的语言，是一种特殊的跨境语言。俄罗斯语属东斯拉夫语支，分为南、北两支。内蒙古自治区的俄罗斯族主要分布在额尔古纳市、海拉尔区等地，讲南方分支方言。当地的俄罗斯族除了掌握俄语外，还精通汉语。俄语主要在家庭内部和本民族内部使用，在社会上，他们都讲汉语、使用汉文。

1847年，沙俄政府颁布了《移民法》，将大批的俄罗斯人、乌克兰人、鞑靼人、芬兰人、波兰人、高加索人等20几个国家的人口（大都是农奴和战俘），迁移到西伯利亚和远东地区。1855年5月，沙俄再次武装侵入我国黑龙江等地，并迁来大批"移民"，在我国境内强行建立俄国居民点。移民之间的语言交流由当初的比较杂乱，逐渐统一为俄罗斯南部方言。

现在，海拉尔的俄罗斯族主要为俄侨及其与汉族通婚的后代。俄罗斯族与汉族通婚后，建立了新的语言接触关系。一百多年来，由于地理的阻隔、异族的通婚，加之社会的变迁与时代的发展，当地的俄语和原俄语母语接触渐少，同标准俄语相比，在语言的各个层次上都有了一定程度的变化。目前，俄罗斯语的使用范围很小，仅限于70岁左右的第二代俄罗斯老人之间，第三代、第四代、第五代俄罗斯族大多说的是东北方言或祖父辈的原籍方言。如今，海拉尔的中学还在教授俄语，说明俄语在社会上仍有很大影响。

海拉尔：汉语的方言岛

清政府在海拉尔建立呼伦贝尔城以后，海拉尔才有了真正意义上的定居居民，并逐渐形成了多民族杂居、汉民族占多数的草原小城。民国时期，汉语和蒙古语同为海拉尔地区的官方语言。伪满洲国时期，汉语与日语、蒙古语同为海拉尔地区的主要语言。新中国成立后，汉语和蒙古语同为海拉尔地区的官方语言。

汉语属语汉藏语系的汉语语族。由于汉民族的形成较为复杂，全国各地汉语的发音也极为丰富。汉语在全国有八大方言区，海拉尔地区在方言分类区域中属北方方言区，属北方方言区的东北官话区。方言的传播类型主要有小批量居民从本方言区向外移民的穿插型和因各种原因向人烟稀少地区移民的填空型。海拉尔本地人们使用的汉语主要是接近于普通话发音的东北官话。

清中期组织的屯牧戍边和此后不断发生的自发性迁移和迁徙，使一些方言区的居民通过被征戍和自流方式从原居住地进入海拉尔地区，也将本地区方言带入海拉尔。当时，海拉尔在地理位置上，与其他东北官话区相隔很远，而且被草原的蒙古语等语种包围，形成了方言学中典型的"方言岛现象"，也即"海拉尔方言岛"。

海拉尔方言岛内的居民主要来自山西中北部、河北北部、内蒙古中西部的晋语方言区，河北中东部、山东西部的冀鲁官话区和黑龙江、吉林、辽宁、内蒙古东部区的东北官话区。20世纪50年代之前，海拉尔的汉语方言居民聚落大致的分布是：正阳街、东大街、西大街南段等街区，为晋语片区，居住着较早来海拉尔定居的山西旅蒙商及其亲眷、乡邻、伙计和河北张家口地区的手艺人等，大部持五台、大同—包头、张家口—呼和浩特方言；北门外及东、西交界街以北至铁路、建设乡管辖区，是冀鲁官话片区，居住着河北中东部、山东西部迁来的居民，多数是在民国中后期迁来的，其中有一部分是日占时期伪满政权为壮大经济而放开移民政策吸引来的；铁路周边及沿线的居民，主要是黑、吉、辽等东北地区的铁路员工及其家属，以黑龙江省为多，持较标准的东北官话。这是主要的三部分，其他还有少量的来自辽东半岛、胶东半岛的胶辽官话区和京唐地区的北京官话区。

各部方言区语言极具地方特点，区别很大，不经长期接触，有时很难理解对方表述的内容。如，东北官话称家中最小的儿子或弟弟为"老疙瘩"，称半大的猪为"克朗"，称放开吃为"可劲儿造"，称很多很多为"老鼻子了"，称有本事、坚强、有骨气为"真尿性"；冀鲁官话称昨晚、昨天为"夜来"，称擦桌子的抹布为"振布"，称要干点什么为"搋点嘛"，形容人很神气或很出人头地为"可打腰了"，称委屈的、将就着为"掖苦着"；晋语方言称柳条土篮子或筐为"罗头"，称蹲下为"圪就下"。另，海拉尔地区有较多的俄罗斯人长期居住，且在经济上很活跃，因此海拉尔地区会话中常有俄语的谐音词汇出现，语言学中称为借词，如，称小一点的圆桶为"维达罗"，称面包为"列吧"，称大一点的桶为"板克"，捆草机等机器一律称为"马神"，对饲草的计量在20世纪五六十年代之前也沿用俄国计量单位"普特"，称之为"扑子"。

中东铁路的建设和开通，使得大量的东北籍铁路员工及其家属进入海拉尔地区，扩大了东北官话的使用范围，增加了东北官话的使用频次。铁路局驻地长期在哈尔滨、齐齐哈尔，地理位置的相近，也使海拉尔地区和东北官话区的联系更加紧密，这都对海拉尔地区形成东北官话区方言岛有重要影响。新中国成立后，国家提倡、推行普通话。

而且，新中国成立后，政治上，海拉尔地区和北京官话区的联系空前紧密；文化上，普通话的使用率远远超过其他方言，从而使近似普通话的东北官话在交际中的地位得到巩固和加强。20世纪中后期至21世纪初，海拉尔地区除个别年长者外，持汉语交往时绝大多数情况都使用近似普通话的东北官话。

改革开放之后，中国南北方政治经济交流频繁，对语言的影响也明显突出，如过去称商业行为叫作"做买卖"，而今称为"做生意"，过去称小孩子为"小嘎子"，现今称为"小宝宝"。经济发达地区的影响及大量的、无孔不入的传媒及文艺作品的影响，还有越来越大的网络文化的影响，使得海拉尔地区的语言环境更加复杂，如漂亮潇洒叫作"帅呆了"，装可爱叫作"卖萌"，正面影响叫作"正能量"等等，而且使用流行的、外来的社会方言成为年轻人的时尚。

民族文化艺术
蒙古族文化艺术
文 学

蒙古族一向有"音乐民族""诗歌民族"之称。

蒙古族文学光彩夺目，有古老的英雄史诗《江格尔》《勇士古那干》，有传记体长篇英雄史诗《格斯尔》，有史传文学名著《蒙古秘史》(旧译《元朝秘史》)，有民间叙事诗《成吉思汗的两匹骏马》《孤儿传》，有长篇历史小说《青史演义》《一层楼》《泣红亭》，有民间故事叙事诗《嘎达梅林》，有讽刺笑话民间故事《巴拉根仓的故事》，等等。其中《蒙古秘史》成书于1240年，它不仅是研究蒙古族历史和蒙古语的珍贵文献，也是一部卓越的传记文学作品，先后被译为俄、德、日、法、土耳其、捷克等多种文字，各国学者亦给它以高度评价。

蒙古族现代文学代表作品有长篇小说《茫茫的草原》，小说集《花的草原》《遥远的戈壁》，长诗《狂欢之歌》《生命的礼花》等。

蒙古族文学在千百年的历史发展中形成了鲜明的民族风格：歌颂勇敢和坚强，赞美正义的反抗斗争。作品散发着浓郁的草原气息，具有雄浑刚健之美。

舞　蹈

蒙古族舞蹈久负盛名，有传统的马刀舞、鄂尔多斯舞、筷子舞、安代舞、小青马舞、盅碗舞等。由于长期骑马的缘故，蒙古族的舞蹈动作多是以肩部和臂部为主，如硬肩、软肩、圆肩、甩肩、碎抖肩、硬手、软手、压腕、弹腕、翻腕、奔马步等，还有绕圆、拧转、横摆扭、拧倾四种主要动律。这些不同的形体动作形成了蒙古族舞蹈特有的风格。

舞姿特点上，女子温雅、婉约，男子雄健、欢快。

蒙古族舞蹈

音 乐

马头琴和四胡是蒙古族最喜爱的民族乐器，蒙古族的歌舞表演主要以这两种乐器伴奏。蒙古族长调民歌、短调民歌反映着蒙古族长期

四胡演奏

马头琴演奏

以来的生活、感情和向往，成为各类节庆聚会必不可少的欣赏节目。

民 歌

蒙古民歌分长、短调两种体裁，长调流传于牧区，而短调主要分布在阴山和大兴安岭以南的地区，其中以通辽市、兴安盟和鄂尔多斯市最集中、最典型。

长调民歌在蒙古族形成时期就已经存在，它的产生与蒙古族的游牧生活方式息息相关。它承载着蒙古民族的历史，是蒙古民族生产生活和精神性格的标志性展示。它以鲜明的游牧文化特征和独特的演唱形式讲述着蒙古民族对历史文化、人文习俗、道德、哲学和艺术的感悟，被称为草原音乐活化石。在悠久的历史长河中，蒙古族创造了自己辉煌的文化，尤以游牧文化最为灿烂，

蒙古族乐器演奏

而蒙古长调可称为游牧文化的一朵永不凋谢的花。哪里有草原哪里就有长调，哪里有牧人哪里就有长调。长调是草原上的歌，是马背上的歌。

长调是一种具有鲜明的游牧文化和地域文化特征的独特演唱形式，它集中体现了蒙古民族游牧文化的特点，并与蒙古族语言和文学等息息相关。可以说，长调演唱艺术是代表蒙古族歌唱艺术最高成就的艺术形式。千百年来，蒙古族歌唱家代代相传，口传心授，使长调成为具有成熟表现手法的艺术形式，有着与世界上任何民族歌唱艺术有所不同的结构和要素。

在蒙古语中，长调被称作"乌日图道"，意即长歌，是相对短歌而言的，除指曲调悠长外，还有历史久远之意。长调的整个曲调风格非常开阔，节奏非常自由，声音可以传得很远。长调词少腔多，四句话可以唱好几分钟，演唱中声音与草原融为一体。在长调里，除了旋律本身所具有的华彩装饰外，还有一种特殊的发音技巧形成旋律的装饰，蒙古语称为"诺古拉"，可译为"波折音"或"装饰音"，即发声时，配合口与咽腔的复杂动作，发出类似颤音的抖动效果。"诺古拉"对形成长调的独特风格具有重要作用。长调尤其值得称道的是悠扬的旋律、繁复的波折音和只可意会的内在节律。长调演唱时，常有将一个完整乐段从低音区提到高音区，再降到

国家一级演员、音乐教育家、蒙古长调歌唱家宝音德力格尔（左二）

低音区的完整过程，有时一支长调会有几组这样的过程。长调在音乐上的主要特征是歌腔舒展，节奏自如，高亢奔放，字少腔长，不少乐句都有一个长长的拖音，再加上起伏的颤音，唱起来豪放不羁、一泻千里。

长调一般分上、下两行，每行各两句歌词，即四句歌词，分两遍唱完。长调演唱艺术只能根据演唱者的生活积累和对自然的感悟来掌握，而不是像短调歌曲的节拍那样以"强和弱"来固定表达。不同的人演唱的长调，节律各不相同。长调歌词绝大多数内容描写的是草原、骏马、骆驼、牛羊、蓝天、白云、江河、湖泊等。面对这些草原特有的景色，只有悠远的长调才能绝妙地加以表现。长调的唱法以真声为主，它感叹自然、讴歌母爱、赞美生命、诉说爱情，它把蒙古民族的智慧及其心灵深处的感受表现得淋漓尽致。长调旋律悠长舒缓、意境开阔、气息绵长，旋律极富装饰性（如前倚音、后倚音、滑音、回音等），尤以"诺古拉"演唱方式所形成的华彩唱法最具特色。

作为与盛大庆典、节日仪式有关的表达方式，长调在蒙古民族中享有独特和受人推崇的地位。婚礼、乔迁新居、婴儿降生、马驹标记以及其他蒙古族的社交活动和宗教节庆仪式上，尤其是包含摔跤、射箭和马术比赛的狂欢运动会——"那达慕"大会上，都能听到长调的演唱。

长调作为抒情歌曲特点有：大量使用装饰音和假声，流动性旋律悠长持续，节奏变化丰富，音域极为宽广，形式为即兴创作，上行旋律节奏缓慢稳定，下行旋律常常插入活泼的三音重复句式，这些都源自于对草原生活步调的模仿。长调的演唱和创作与牧民的牧歌式生活紧密相连，这种生活方式蒙古族至今仍然广泛留传。

不论什么时候、在什么地方，只要听到悠扬舒缓的蒙古长调，就会令人联想到那茫茫无际的大草原，联想到蓝天、白云、毡包和畜群，体味到草原独有的春天的喜悦、夏天的激情、秋天的深沉和冬天的苍凉。长调是流淌在蒙古人血液里的音乐，是离大自然最近的一种音乐，是人与自然和谐共存的产物，是一种心灵对心灵的直接倾诉。中国、蒙古国联合向联合国教科文组织申报的"蒙古族长调民歌"为"人类口头和非物质遗产代表作"获得批准，并于2005年11月25日向全世界公布。

呼伦贝尔市是长调重点分布区之一，代表性作品有《辽阔的草原》《褐色的鹰》等。呼伦贝尔市的新巴尔虎左旗被国家认定为"中国的长调之乡"。这里产生过著名的长调歌唱家、蒙古族音乐教育家宝音德力格尔。呼伦贝尔的民间歌手很多，现在每年都举行长调歌曲比赛，并向文艺团体输送人才。

短调在蒙古语中被称作"宝格尼道"，是与长调民歌相对而言的，泛指那些曲调短小、具有明确节奏节拍的歌曲。与长调民歌明显不同的是，短调一般是两行，特点是有韵的两句式或四句式，节拍比较固定。歌词简单，但不呆板，其特点是在音韵上广泛运用叠字。短调篇幅较短小，曲调紧凑，节奏整齐、鲜明，音域相对窄一些，往往是即兴歌唱，灵活性很强。爱情歌曲在短调民歌中占有极大的比重，如《森吉德玛》《达古拉》等，深刻地反映了蒙古族青年追求自由、幸福的美好愿望。此外，还有反映蒙古族人民反抗侵略、揭露封建统治阶级的罪恶行径以及反映革命斗争的革命民歌，如《独贵龙》《引狼入室的李鸿章》《反日歌》等。流传较广的短调民歌有《锡巴喇嘛》《成吉思汗的两匹青马》《美酒醇如蜜》《拉骆驼的哥哥十二属相》《嘎达梅林》。著名的《敖包相会》就是以短调民歌《韩秀英》为基本素材进行改编的。

达斡尔族文化艺术

达斡尔族虽没有自己的文字，但民族文化艺术灿烂多姿，多数依靠口头和行为传承。

文 学

达斡尔族的民间文学包括散文体和韵文体两大类。散文体包括神话、传说、故事；韵文体包括民歌、扎恩达勒、歌舞词、祝赞词、英雄史诗、舞春、谚语、谜语、萨满神曲词。达斡尔族民间文学艺术的特点是既反映农业生活，又反映牧猎、渔业生活，还保留了许多萨满教的祷词、歌词。达斡尔族神话多反映远古时期的先民对某种事物或自然现象的幻想性认识，并且表现了他们与大自然进行的艰苦卓绝的斗争，如《关于人类起源的神话》《关于诸神的神话》《天神与莽盖》《尾巴上粘来谷种的狗》等。达斡尔族民歌在民间文学里占重要地位，反映了达斡尔人生活的多个侧面，如劳动歌、生活歌、情歌等。2006年，达斡尔族"乌钦"（又名"舞春"）被列入国家级非物质文化遗产名录。其中反映反军阀斗争的《少郎与岱夫》可连唱17个小时，是长篇乌钦的经典之作，获得我国民间文学优秀作品奖，成为达斡尔族文学中的瑰宝。一部分达斡尔族民间故事还吸取了汉族和蒙古族民间文学的精华，如以达斡尔族语言和诗歌形式改译的《三国演义》《西厢记》等。

当代达斡尔族的作家作品涉及诗词、剧本、小说、散文、文学评论、报告文学、儿童文学等体裁。较出名的有达斡尔族作者阿凤创作的《遥远的月亮》、袁玮冰创作的中篇小说《最后一只黄鼬》、苏华创作的《母牛莫库沁的故事》、萨娜创作的《哈勒山谷》、昳岚创作的《母亲家族》等。

舞 蹈

达斡尔民间舞蹈广为流传，如边唱边舞的"鲁日格勒"等，真实反映了达斡尔人的生产和生活。

音乐与舞春

达斡尔族民歌中的长篇说唱形式"舞春"，以生动活泼、曲调丰富见长。虽类似汉族的三弦或鼓书，但以达斡尔族曲调和民歌为特色。舞春常用四胡伴奏，自拉自唱，题材涉及面很广，有反映生产活动的《田园诗》《放排》《打鱼》《四季》等，有歌颂英雄人物反抗封建势力的《少郎与岱夫》，有讥讽恶习的《戒酒》《戒色》，还有记载清代达斡尔族士兵巡逻边境、守卫祖国边疆的《额尔古纳、格尔必齐巡边》等。

绝大部分舞春为民间创作，有

达斡尔族歌舞

舞春表演

一部分是由文人所作。传统的舞春多用满文记载，在结构上以四行为一段，讲究押头韵。舞春一般以两句为一对组成完整的句式来表达一定的内容。语词讲究对仗，吟诵起来音律和谐，腔调圆润流畅，富有鲜明的节奏感。舞春的篇幅长短不一，短的几段或十余段为一篇；长的数十段乃至数百段为一篇。艺人在述说中唱唱说说，曲调随着故事情节的起伏而变化。舞春是记录达斡尔历史的载体，是传播民族文化的卷章，它是祖国文学艺术百花园中一朵芳香的花。

达斡尔族还有世代相传的民间美术、剪纸、刺绣、玩具等。

鄂温克族文化艺术

文　学

鄂温克族的民间文学有历史传说、神话、故事、谚语、谜语等。虽产生于不同时代，但都反映了他们的现实生活。

在民间文学中，萨满神话有着重要的地位，如《创世萨满》《雷神和雨神》《伊达堪》《尼桑萨满》等都是鄂温克族神话中的著名作品。民间传说有《海兰察的传说》《人类来源的传说》《金鱼姑娘》《鄂温克人的根子在撮罗子里》等，其中《人类来源的传说》在鄂温克民间流传最广。《来莫日根》《鄂温克人的根子在撮罗子里》等是关于民族起源的传说，反映了鄂温克族先民的生存状态和变迁历史。民间故事中展示该民族早期狩猎活动的故事，如《猎人的胜利》《仔鹿之歌》《猎人和猛虎》《黑熊报恩》等，占有很大比重。爱情题材的民间故事《阿尔丹格勒尔和雅西林》与表现民族伦理观念的《羊尾巴堵嘴》等，也都是生动感人的作品。

鄂温克族的叙事歌被列入国家非物质文化遗产名录。鄂温克族在长期的生产生活中创造了具有森林、草原特色的传统文化艺术，其中叙事歌曲调豪放，即景生情，即兴填词，很多歌曲曲调相同，但不同场合填唱不同的歌词，倾吐着不同的情感。叙事歌既是歌，也是诗，通过歌来演唱，短的几行，长的几十行，短的大部分是抒情歌，较长的是故事歌。叙事歌宽广、抒情，结构方整、对称，多为上、下句，或单句不断反复，变化重复；既使用古老的三音音列，又使用五声音阶。叙事歌多押首韵，衬词较多，抒情性长调常喜用鼻音唱法表达细腻的感情。叙事歌是鄂温克人表达精神世界的载体，也是传播人生哲理的教科书。

鄂温克人以敏锐的观察，以大自然为题材，口传心授，保留了珍贵的文化遗产长篇叙事歌——《母鹿之歌》（又名《狍子的歌》《黄羊的歌》）。它是一首具有典型代表性的原生态长篇叙事民歌，充分体现了鄂温克人对生命的理解和尊重，凝聚着古老民族的诚信、善良和智慧，是古老狩猎民族文明遗存的精华，在鄂温克族聚居区及其周边有着重要影响。

鄂温克人能歌善舞，民歌优美动听，风格独特。鄂温克族的民间歌谣内容丰富，形式不一，分为"猎歌""牧歌""情歌""酒歌"和"萨满神歌"等种类，具有欢快、豪放、节奏感强的特点。

舞蹈

鄂温克族喜欢跳舞步简单、生动活泼的集体舞，表现鄂温克族的生产和生活，天鹅舞是其中的一种，

鄂温克族勇士舞

鄂温克族舞蹈

鄂温克语叫作"斡日切"。猎区的舞会多在晚间围绕篝火举行，主要跳"跳虎"和"猎人舞"等舞蹈。

造型艺术

鄂温克族的造型艺术有刺绣、雕刻、绘画、皮画等。鄂温克人喜在器皿上饰以多种花纹图案，并善于以桦树皮为原料做成动物形状的玩具。在鄂温克人的日常生活中，桦皮占有一定的位置，可称之为"桦皮文化"。其打猎、捕鱼、挤奶用的制品很多都是用桦皮制作的，其他的餐具、酿酒具、容器、住房"撮罗子"、篱笆等也用桦皮制作。一般妇女从七八岁时就开始学习世代相传的雕刻、压印、绘画、拼贴等手艺，对器皿用具进行美术创作。其图样多源自生产、生活，有花草、树木、山峰、虫鱼、石崖等，具有独特的民族风格。

鄂伦春族文化艺术

文 学

鄂伦春族是一个说唱文学十分发达的民族，体裁有传说、故事、神话、谚语等。"摩苏昆"是鄂伦春族独特的说唱艺术形式，以说唱结合的形式，讲述莫日根等英雄的故事，一个故事可以说唱数天或数十天。"摩苏昆"的语言流畅、押韵、精练、朴实，曲调起伏变化不大，非常悦耳动听。

音 乐

鄂伦春族的音乐以"赞达温"山歌曲调为主。它高亢清透，伴有延长音和颤音，优美动听。"赞达温"的歌词为即兴添加，语言朴实，感情浓烈。

鄂伦春族的民族乐器主要有"彭努哈""朋奴化""文土文"、鹿哨、狍哨等。"彭努哈"（"卡

鄂温克族荷包饰物

木斯堪")是一种口弦琴，音量虽微弱，但能吹奏出各种曲调。"朋奴化"是一种铁制的口琴，"文土文"是一种手鼓。鹿哨、狍哨既是生产工具，也是早期的乐器。

舞 蹈

鄂伦春族的舞蹈分仪式舞、娱乐舞、宗教舞三大类，共同特点是边歌边舞，代表性舞蹈有"依和讷嫩""依哈嫩"和黑熊搏斗舞。"依和讷嫩"是在三年一次的氏族大会上表演的全族性舞蹈，十几人为一组，一人在中间、其他人手拉手围成圈儿地跳。黑熊搏斗舞多为三人表演，舞蹈内容为模仿黑熊搏斗嬉戏，表演时吼出"哈莫""哈莫"等音节。

工艺美术

鄂伦春族妇女善于刺绣，从头上戴的到脚上穿的，都要绣上花、

鸟、鱼、虫或小动物的图案，显示了她们丰富的想象力和高超的艺术创造力。鄂伦春人特别是妇女还很擅长用白桦树皮制作生活用品和工艺品，这些物品不但轻巧耐用，而且雕刻的花纹图案形象逼真、美观大方。

剪皮是鄂伦春族妇女创造的一种十分独特的艺术形式。它既可以做成玩具，用桦树皮和兽皮剪制成人物、动物等形象，也可以剪制一些图案用狍筋、鹿筋线缝在皮袍、帽子、口袋、手套的口沿、四角上，成为一种艺术装饰品。剪皮艺术的内容有神话故事，也有人物形象、动物形象、装饰图案等。剪皮艺术反映了鄂伦春族在游猎生活中形成的审美观和对美的追求。

鄂伦春族的雕刻分浮雕和圆雕两种。浮雕主要用在桦树皮器皿上，也用在刀鞘、马鞍、鹿哨、木盒上。圆雕是用猎刀对木料、松树皮、兽骨等进行立体雕刻的雕刻形式。雕刻的纹样主要有几何纹、植物纹、动物纹三种。几何纹数量最多，主要有圆点纹、

鄂伦春族舞蹈

制作桦树皮用品

三角纹、水波纹、浪花纹、半圆纹、单回纹、双回纹、丁字纹、方形纹、涡纹等，依个人需要进行组合使用，以创造新的艺术形式。植物纹数量居次，以叶子纹、树形纹、花草纹、花蕾纹等为主，其中南绰罗花纹样运用甚广。鄂伦春语"南绰罗花"意为"最美的花"，象征纯洁的爱情，多用在姑娘嫁妆上，以示爱情纯真幸福。动物纹数量最少，主要有云卷蝴蝶纹、鹿形纹、鹿头云卷纹及马纹。

彩虹般绚丽的地方民族文化活动

那达慕大会等是地方民族的传统节日，海拉尔因是呼伦贝尔市政府所在地，自新中国成立之初就一直在西山广场举办此类活动，后来才移到周边各旗举办。20世纪90年代初，在距海拉尔10公里左右的陈巴尔虎草原上建了一座固定的会场，此后，每年全市的那达慕大会就在这里举行。各旗县市区的商人、牧民长途奔来，海拉尔的居民则自驾车或乘临时的公交车赶来，欢度这个盛会。

鄂温克族的"瑟宾节"每年也吸引大批海拉尔的鄂温克族居民及其他民族的居民前往，共同欢度这个民族节日。

蒙古、鄂温克等民族的其他节日也在这里一并介绍。

那达慕大会

那达慕大会是蒙古族历史悠久的传统节日，在蒙古族人民的生活中占有重要地位。"那达慕"是蒙古语的译音，不但译为"娱乐、游戏"，还可以表示丰收的喜悦之情。每年七八月牲畜肥壮的季节，草原上就会举行那达慕大会，是为了庆祝丰收而举行的文体娱乐大会。那达慕大会具有鲜明的蒙古族特色，深受蒙古族人民的喜爱。那达慕大会一般持续几天，是草原上一年一度的传统盛会。

那达慕大会上有惊险动人的赛马、摔跤，有令人赞赏的射箭，有争强斗胜的棋艺，有引人入胜的歌舞。大会召开前，男女老少乘车骑马，穿着节日的盛装，不顾路途遥远，来参加和观赏比赛。大会第一项，一般是摔跤比赛，摔跤手脚登高筒马靴，下身穿宽大的绸缎摔跤裤，上身穿"昭得格"（一种皮革制的坎肩），在脖颈上围有五彩缤纷的彩条饰物"江戈"，模仿古代

187

骑士跨着大步绕场一周，不分级别，便开始激斗。赛马也是大会上重要的活动之一。骑手们一字排开，个个扎着彩色腰带，头缠彩巾，洋溢着青春的活力。赛马的起点和终点插着各种鲜艳的彩旗，只等号角长鸣，骑手们便纷纷飞身上鞍，扬鞭策马，一时彩巾飞舞，如箭矢齐发。先到达终点者，成为草原上最受人赞誉的健儿。射箭比赛也吸引着众多观众，其技艺高超者可百发百中，赢得观众的阵阵喝彩。

那达慕大会又是农牧物资交易会。除了工业和农副产品外，还有具民族特色的饮食，如牛羊肉及其熏干制品、奶酪、奶干、奶油、奶疙瘩、奶豆腐、酸奶等。大会期间，各地农牧民带着皮毛、药材等产品汇集于大会的广场，并在会场周围的草地上搭起白色蒙古包。

那达慕大会在蒙古族人民生活中占有重要的地位，是适应蒙古族人民生活的需要而产生的，有着悠久的历史。那达慕大会的内容除了摔跤、赛马、射箭、套马、下蒙古棋等传统民族项目外，有的地方还有田径、拔河、篮球等体育项目及武术、马球、摩托车等精彩表演。夜幕降临时，草原上还会飘荡起悠扬激昂的马头琴声，男女青年围着篝火载歌载舞，到处洋溢着节日的欢快气氛。

那达慕大会以嘎查（村屯）、苏木（区乡）为单位，或以旗县为单位举行。根据级别的大小确定参加比赛选手的人数和日程的长短。会期3～10天，无论何种民族与宗教信仰的人，都可以报名参加。

那达慕大会

盛大的那达慕大会会场

　　那达慕大会在蒙古族人民的心中，古老而又神圣。最早记载"那达慕"活动的是 1225 年用畏兀儿蒙文（古蒙古文）铭刻在石崖上的《成吉思汗石文》。据记载，那达慕大会起源于蒙古汗国建立初期。1206年，成吉思汗被推举为蒙古大汗后，他为了检阅自己的部队，维护和分

那达慕大会广场舞开幕式

那达慕大会上的歌舞与服饰表演

配草场,定于每年7～8月间举行"大忽力勒台"(大聚会),将各个部落的首领召集在一起;为表示团结友谊和祈庆丰收,还要举行那达慕。起初只举行射箭、赛马或摔跤的某一项比赛,到元、明时,射箭、赛马、摔跤比赛结合一起成为固定形式。后来蒙古族亦简称此三项运动为那达慕。元朝时,那达慕已经在蒙古草原地区广泛开展起来,并逐渐成为军事体育项目。元朝统治者还规定,蒙古族男子必须具备摔跤、骑马、射箭这三项基本技能。清代,那达慕逐步变成了由官方定期召集的、有组织、有目的的游艺活动,其规模、形式和内容较前均有发展。当时的蒙古族王公以苏木(相当一个乡)、

旗、盟为单位,半年、一年或三年举行一次那达慕大会,并对比赛胜利者分等级给予奖赏和称号。

摔跤是蒙古族特别喜爱的一种体育活动,也是那达慕大会上必不可少的比赛项目。蒙古语称摔跤为"搏克·巴依勒德呼",称摔跤手为"搏克庆"。蒙古族的摔跤有其独特的服装、规则和方法,因此也叫蒙古式摔跤。摔跤手要身着摔跤服"昭德格"。其坎肩多用香牛皮或鹿皮、驼皮制作。皮坎肩上有镶包,亦称泡钉,以铜或银制作,便于对方抓紧。最引人注目的是,皮坎肩的中央部分饰有精美的图案,图案呈龙形、鸟形、花蔓形、怪兽形,给人以古朴庄重之感。摔跤手

蒙古族摔跤

身穿的套裤用十五六尺长的白绸子或各色绸料做成，宽大多褶，裤套前面双膝部位绣有别致的图案，呈孔雀羽形、火形、吉祥图形，底色鲜艳，图呈五彩。摔跤手足蹬马靴，腰缠一宽皮带或绸腰带。著名的摔跤手的脖子上还缀有各色彩条——"江戈"，这是摔跤手获奖的标志。蒙古族的摔跤有其特点：按蒙古族传统习俗，摔跤手不受地区、体重的限制，采取淘汰制，一跤定胜负。参加比赛的摔跤手的数量必须是2的某次乘方数，如8、16、32、64、128、256、512、1024等。比赛前先推一位族中的长者对参赛选手进行编排和配对；蒙古长调《摔跤手歌》唱过3遍之后，摔跤手挥舞双臂、

跳着鹰舞入场，向主席台行礼，顺时针旋转一圈，然后由裁判员发令，比赛双方握手致意后比赛开始。

蒙古高原盛产著名的蒙古马，它能跑善战、耐力极强。自古以来，蒙古人对马就有特殊的感情，蒙古人从小就在马背上长大，都以有一匹善跑的快马而感到自豪！驯服烈马、精骑善射是蒙古族牧民的绝技，通常把是否善于驯马、赛马、射箭、摔跤作为鉴别一个优秀牧民的标准。赛马参加者有时全是少年，有时也不分年龄，具有广泛的群众性。赛马项目包括：快马赛，主要比马的速度，一般为直线赛跑，赛程一般为20、30、40公里，先达终点者为胜；走马赛，主要是比马的步伐的稳健

191

赛马

与轻快；颠马赛，是蒙古族特有的马上竞技表演项目。

射箭也是那达慕大会早期活动内容之一。在800多年以前，蒙古族分为许多部落，他们的经济生活大体可分为游牧经济和狩猎经济两种。在成吉思汗统一蒙古各部以后，虽然狩猎经济的部落逐渐转向了游牧经济，但狩猎时期长年积累下的拉弓射箭的本领却保留了下来，以防外敌侵略和野兽袭击畜群，没有

牲畜的贫苦牧民则依赖弓箭捕杀动物维持生活。蒙古族射箭比赛分近射、骑射、远射三种，有25步、50步、100步之分。近射时，射手立地，待裁判发令后，放箭射向箭靶，优者为胜；骑射时，射手骑在马上，在运动中发箭，优者为胜。此比赛不分男女老少，凡参加者都自备马匹和弓箭，弓箭的样式、弓的拉力以及箭的长度和重量均不限。比赛的规则是三轮九箭，即每人每轮只许射三支箭，以中靶箭数的多少定前三名。

蒙古人把摔跤、骑马、射箭这三项比赛叫作"好汉三技艺"。

那达慕历来不是简单的体育竞技，而是草原文化、经济和信息的盛大交会。那多姿多彩的民族杂技、服装、蒙古族舞蹈和蒙古族歌剧把

射箭比赛

蒙古民族的风土人情集于一台，展示了草原人民勤劳勇敢、豪爽热情的性格；范围广泛的经贸洽谈和产品展示，也将当地的资源优势和发展前景展示给宾客。节日期间，会场上，彩旗飘扬，人闹马嘶，平日里宁静的草原顿时变成繁华的彩城。方圆一二百里的牧民，都穿上节日盛装，扶老携幼，带着蒙古包和日常用品，乘车骑马，从四面八方赶来赴会。远近的商贸小贩也赶来摆上店铺，出售日用品，收购畜产品。新中国成立后，城里的那达慕大会虽较过去草原那达慕显得韵味不足，但现代文化元素的加入，却使那达慕更壮观、更红火、更丰富多彩。

那达慕大会成为蒙古族文化传统的重要载体。那达慕大会上的各项活动是力与美的显现、体能和智慧的较量、速度和耐力的比拼，比较全面地展示了在草原上生活的人们的综合素质。那达慕大会又是具有广泛群众性和娱乐性的传统民俗文化活动，具有广泛、深刻的文化内涵，反映了蒙古民族的价值观和审美观。发掘、抢救和保护那达慕大会，对中国体育史，乃至世界体育史的丰富和完善都有着重要价值。

2006 年 5 月 20 日，那达慕民俗活动经国务院批准列入第一批国家级非物质文化遗产名录。

鄂温克族瑟宾节

据史料记载，以游猎为生的鄂温克人祖先，在每次猎到熊这种猛兽后，都要唱歌跳舞庆贺三天，这是瑟宾节的雏形。但熊这种猛兽并不能被轻易捕到，因此早期的瑟宾节并没有固定的时间，内容也因"熊祭祀"而显得比较单一。除了熊以外，鄂温克人也捕猎貂、鹿等动物，瑟宾节也由熊祭祀慢慢过渡到了对山神的祭祀。瑟宾节的祭祀、狂欢内容也不断丰富，逐渐增加了如模仿动物的歌舞表演，狩猎、采集生产的劳动竞技游戏以及源自取暖狂欢的篝火舞等内容。随着时代的发展，如今的瑟宾节，其宗教色彩日渐淡化，逐渐演变为一年一度的盛大狂欢。

瑟宾节的活动从祭祀开始。祭祀一般由家族、部落头领或部落的萨满主持，在山神牌位或敖包前供奉鹿、牛、羊、马奶酒等祭品，以祈求风调雨顺、人畜兴旺、四季平安。祭祀仪式后，反映鄂温克族民族风貌的歌舞与竞技活动相继展开。在此期间，传统舞蹈、即兴填词的民歌表演、赛马、射箭、摔跤等一系列传统节目一一上演，直到"风情野餐"开始才宣告结束。在"风情野餐"上，晚辈要向长辈敬献马奶酒，老人则会给孩子们分发寓意吉祥的礼物。野餐酒宴将持续到篝火晚会开始，篝火晚会是瑟宾节的最后一项内容，也是节日的高潮。家族或部落里的男女老少，乘着酒兴，围着篝火跳起篝火舞（又叫圈舞），极尽狂欢，直到次日黎明。

鄂温克是一个古老的民族，他们生活在大森林里。历史上，生活在森林中以打猎为生的鄂温克人，其生活条件极其严酷，但是他们总是努力创造欢乐祥和、安居乐业的生活环境，他们在民族的集会中互相鼓励，他们围着篝火欢歌起舞，也造就了"瑟宾节"这样的狂欢节。

16世纪时，鄂温克族兴起了"萨满教"，还认为"萨满"是"通神者"，可以驱逐病人的邪恶鬼魂。萨满教后来普及各氏族，每个氏族都有自己的萨满，从此，萨满教兴起，以图腾为特征的"瑟宾节"也一度失传。

新中国成立后，由于鄂温克族族称的恢复与统一，自治旗和民族乡（苏木）的相继成立，特别是改革开放以来，经济和社会的发展，鄂温克族的民族文化呈现出百花争

瑟宾节篝火晚会

艳的景象。内蒙古鄂温克族研究会根据鄂温克族干部和群众的要求，打算恢复失传多年的古老而传统的节日——瑟宾节。在1993年11月召开的内蒙古鄂温克族研究会第三届会员代表大会上一致通过重新确立瑟宾节为鄂温克节日名称的决议，并将节日时间定为每年的6月18日，还暂定"彩虹"歌舞为节日歌舞，使传统的民族节日得以回归。

瑟宾节之所以定在每年的6月18日，主要是考虑到当地的气候因素。首先，每年的6月，青草刚长出来，气候较温和，蚊子和飞虫少。其次，选择18日，是考虑到人们对此数字的喜爱。瑟宾节从传统文化中吸取的营养，成为当今社会的光辉。

近年来，随着节庆活动开展得日趋成熟，瑟宾节上除了传统竞技项目男女搏克、速度赛马、颠马、米日干车、抢枢、抢银碗、抢布龙等外，还新增了驯马赛和绕桶赛。其中优质奶牛比赛有万元奖金，此举意在鼓励牧民多养牛、养好牛，同时也体现新型牧区从传统的牧养习惯向现代化牧养的过渡。节日活动期间，还举行经贸洽谈会、项目推介会等。

瑟宾节是个民族节日，但并不仅限于鄂温克人参加，在共同地域内的其他民族也可参加活动，分享快乐。在这别具风格、丰富多彩的节日里开展形式多样的文娱、体育活动，人们载歌载舞，增添了许多温情与热烈的气氛，并结合地区特点展示了具有狩猎文化特色的传统文化以及草原游牧文化和农耕文化，使其在当今社会得到进一步传承和弘扬，活跃了鄂温克族人民的文化生活，增进了民族友谊和团结，激励人们振奋民族精神和振兴民族经济。草原上的生活呈现着自由、奔放与祥和。

承载了人们祈愿和纪念的祭敖包

蒙古族的传统祭祀活动很多，如祭天、祭火、祭祖、祭敖包等。其中祭敖包是最重要的祭祀活动，是草原民族崇尚自然思想的表现形式之一。"敖包"是蒙古语音译，也作"鄂博""脑包""堆子""石堆""鼓包"等，汉语的意思为堆子。

海拉尔成吉思汗广场的敖包

《中华全国风俗志卷九》云：鄂博随在皆有……其形圆，其顶尖，颠立方角蒙经旗，其上下则埋哈达一方、粮食五种、银数钱，每年必一祭。

敖包一般建于地势较高的山丘之上，多用石块堆积而成，也有的用柳条围筑，中填沙土。一般呈圆包状，或为圆顶方形基座，上插若干幡杆或树枝，上挂各色经旗或绸布条。包内有的放置五谷，有的放置弓箭，有的埋入佛像。敖包的大小、数量不一。一般为单个体，也有7个或13个并列构成敖包群的，中间的主体敖包比两侧（或周围）的要大。敖包修建以后，附近的居民每年都要到这里祭拜，祈祷人畜兴旺。

最初，敖包被用作草原上的路标或地界标志，久而久之，被牧民视为出门行路的安全之神，成为一个地方的保护神。据传，成吉思汗每次出征之前，第一件大事便是去祭敖包，以祈作战凯旋，还把有功勋或英勇牺牲的将士列入祭祀内容。

祭敖包，有个人祭祀，也有地方政府组织的公祭。蒙古族牧民沿袭祖先的原始宗教信仰，认为山高大雄伟，有通往天堂的道路，高山则是神灵居住的地方，因而便以祭敖包的形式来表达对高山的崇拜、对神灵的祈祷。行人路经敖包，都要下马步行，或拾几块土石添放在敖包上，或献上供品、财物，然后，跪拜敖包，求赐福、保平安。鄂温克族和达斡尔族亦有这种祭祀习俗。

祭敖包是蒙古等民族盛大的祭

祀活动之一。古代祭祀时，由萨满击鼓念咒，膜拜祈祷；在近代，由喇嘛焚香点火，颂词念经。牧民们围绕敖包，从左向右转三遭，求神降福。祭敖包的时间不固定，多在农历七月十三日。仪式大致有四种：血祭、酒祭、火祭、玉祭。血祭是把宰杀的牛、羊，供在敖包之前祭祀，因为牛、羊是天地所赐，只有用牛、羊祭祀才能报答天地之恩；酒祭是把鲜奶、奶油、奶酒洒在敖包上祭祀；火祭是在敖包前笼一堆火，将煮熟的牛、羊肉丸子、肉块投入其中，人们向火叩拜；玉祭是将最心爱的玉器当作供品祭祀。这些祭祀方式，都是表示对天地的敬畏和感恩，祈求天地给人们以平安和幸福。

敖包在蒙古族心目中象征神在

祭敖包

其位，故须世袭传颂。过去内蒙古各盟、旗、苏木和寺庙等都有自己公用的敖包，富裕的人家还建有家敖包，每座敖包还有各自的名称。阮葵生的《蒙古吉林风土记》中云：垒石象山冢，悬帛以致祷，报赛则植木表，谓之鄂博，过者无敢犯。

祭祀敖包的历史很悠久。据《汉书·匈奴传》记载："岁正月，诸长小会单于庭祠。五月，大会龙城，祭其先、天地、鬼神。"蒙古族祭敖包就是延续这种古俗而来。清朝，随着喇嘛教在蒙古地区传播开来，有了以部落为单位，每年举行一次"祭敖包会"的习俗。祭祀一般都是在农历五月中旬举行。届时，还要请来众多的喇嘛诵经。祭祀会一般要持续三四天，如同过节一样，

远近的牧民，无论男女老少，都前往参加。

由于各地区蒙古族的风俗习惯不同，祭敖包的形式也各异，但一般都选在农历五月下旬至七八月，因为这时是一个水草丰美、牛羊肥壮的季节。敖包祭祀有一个旗、一个苏木独祭的，也有几个苏木、几个旗联合祭祀的。祭典仪式结束后，举行传统的赛马、射箭、投布鲁、摔跤、唱歌、跳舞等文体活动。有的青年男女则偷偷从人群中溜出，登山游玩，倾诉衷肠，谈情说爱，相约再见的时日，这就是所谓的"敖包相会"了。

蒙古等民族的萨满教崇拜蓝天。在蒙古族的心目中，确有一个至高无上的神灵，就是"长生天"，蒙古族赋予它以极大的神力。《元史》卷七十二有关于祭天习俗的记载：元兴朔漠，代有拜天之礼。衣冠尚质，祭器尚纯，帝后亲之，宗戚助祭，其意幽深古远，报本反始，出于自然，而非强为之也。在古代蒙古族的观念里，万物都被看作神灵来崇拜，从而也崇拜山川及土地的其他各部分或掌握这部分的神灵，这种圣地可以分成共同的和个别的两类。这个个别的圣地就是敖包。所以祭敖包不是单一的祭天或祭地，祭敖包是祭各种神灵，是一个综合概念。

祭敖包是蒙古族传统文化的缩影，与此有关的一系列活动和礼仪体现了蒙古民族的创造力。祭敖包作为一种文化空间，包含了许多蒙古族的传统文化和习俗，对研究游牧文化、蒙古民族发展史具有重要价值。发掘、抢救、保护祭敖包，对促进中华民族文化的认同，增强社会凝聚力，增进民族团结和社会稳定也有重要意义。

国家非常重视非物质文化遗产的保护，2006年5月20日，该民俗经国务院批准列入第一批国家级非物质文化遗产名录。

敖包作为蒙古民族文化的代表形式之一，在媒体的传播下已达到家喻户晓、妇孺皆知的程度。一首《敖包相会》的蒙古民族民歌，更使敖包文化达到登峰造极的宣传热度，红透大江南北。

俄罗斯族巴斯克节

从海拉尔到额尔古纳河沿岸，生活着大量的俄罗斯人，主要是19世纪末修筑、管理中东铁路时留下的职员、商人、维修人员、淘金人员及其家属。这些人长期在中国境内居留，对本地的经济、文化有巨大影响，民俗上的影响一直持续到今天。海拉尔及额尔古纳河沿岸的吉拉林、奇乾、三河等地的俄罗斯人，逐渐与当地的中国人结成姻亲，形成了一大批华俄后裔。他们的生活习惯在当地产生相当大的影响。其中巴斯克节，即耶稣复活节，是俄罗斯族、华俄后裔最为盛大的节日。

华俄后裔继承了俄罗斯人热爱生活的特性。他们大都能歌善舞，一个简单的扣子琴就能拉出欢快的俄罗斯族民间舞曲，不分时间地点，无论年龄大小，只要几个人聚在一起，就能欢快地跳上几曲。而在巴斯克节更能体验到浓郁的俄罗斯民族风情。

巴斯克节，是东正教徒们为纪念耶稣复活设立的节日。巴斯克节从每年春分后第一个月圆的第一个星期天开始，大约在每年的4月末，节期为一星期。华俄后裔特别爱干净，过巴斯克节时更要将房屋打扫得干干净净。

每年在4月下旬至5月上旬，即节前这段日子里，人们便开始忙碌。首先将房屋粉刷一新，做到一尘不染；然后将圣龛及室内精心布

俄罗斯族的街头表演

置装饰一番；再采一些带"毛毛狗"（杨柳的花苞）的嫩柳枝，用彩线或彩色布条扎成把，放在圣龛两边，同时做几束绢花或彩色纸花、塑料花点缀在圣龛周围，圣龛托板上铺一条三角形的、写有俄语"耶稣复活了"的饰帘；在圣像前点燃小蜡烛，供上彩蛋；还要烤制出大量不同风味、不同造型的面包糕点、大蛋糕，上面用奶油和蛋清写着"ХВ"（即"基督复活了"的俄文缩写），作为敬奉圣母和招待宾客的上等食品。巴斯克节一般要过一周，男女老少都要精心打扮一番，穿上最艳丽的服饰，佩戴各种首饰，走访问候，按俄罗斯族的礼节拥抱接吻；年轻人和孩童们兜里都装有几枚煮熟的彩蛋，见面要互相碰撞彩蛋，看谁的彩蛋更硬，输者要将自己的彩蛋送给对方，主人也要以彩蛋款待，宾主间有时也要各选一个彩蛋碰一下，以示友好和节日祝福。

节日的高潮表现在几个家庭相约聚会的酒宴上，大家唱歌跳舞，边吃边玩，气氛热烈，非常快乐。歌舞有现代的，也有传统的俄罗斯族民间歌舞，音乐也优美动听。俄罗斯族非常重视节日饮食的制作，他们独特的饮食文化也在节日里得到充分的体现。俄式特色美食在这时也能让你集中地品尝，其中不同

伊敏河畔的俄式彼得餐厅

口味的面包、糕点就有十几种，还有满口生津的酸黄瓜、酸蘑菇、苏波汤等菜肴让令人味无穷。节日里，大部分人家还为少男少女们架起秋千架举行民族体育活动，一男一女或数对男女边荡秋千边唱民歌，气氛欢快活跃。每家都制作彩蛋，互相赠送，给小孩子做吃食，或在坡上滚动游戏，决出胜负。节日的后两天，人们要带着彩蛋等祭品来到死去亲人的墓地，在坟前与亲戚朋友一起吃、喝、唱、跳舞等。他们讲究不要冷落死去的人，要与他们一起欢度节日。海拉尔地区的俄罗斯族和华俄后裔先人的埋葬地在北松山的松林东面，每到巴斯克节，西式华丽的墓前会埋下成桶的彩蛋。市内教堂（民间俗称喇嘛台）会敲起钟声。

节日给俄罗斯族带来无限的快乐，消除过去一年的疲劳和烦恼，迎接新的一年和新的希望。节日的宗教意义无足轻重，娱乐成为人们的主要目的和行为，甚至不分民族和教别，突显现了民族融合、民族团结的祥和氛围。

20世纪六七十年代，华俄后裔纷纷外迁到苏联、澳大利亚、以色列等国家，在春天来临的时候，散见于东头道街陵园附近的俄罗斯族居民的节庆活动渐次不见了，一些打秋千、歌舞的平台、架子也陆续拆除。现在额尔古纳地区是华俄后裔最大的聚居区，巴斯克节等俄罗斯族的一些传统节日与民俗，主要呈现在那里。

具有独特风格的俄罗斯族节日文化，有着强大的生命力和吸引力，近年来受到国内外广大旅游者的青睐和欣赏，也受到当地政府的高度重视。这是一笔宝贵的文化遗产，重视和发展这种独特的文化，对发展当地的文化事业和旅游事业有着深远的意义。

地方美食

HUASHUONEIMENGGUhailaerqu

地 方 美 食

DIFANGMEISHI

> 海拉尔虽富有各地菜系，但都比不过蒙餐的香醇与亲切，那里面盛满的是阿妈的慈爱，乡土的淳厚，熟悉的草原深情。

近年来，随着改革开放的深入，祖国各地的美食流传到了海拉尔各处，人们不出乡土，就能品尝到各地的美食。如今，海拉尔又兴起蒙餐，这源于当地的蒙古族人口众多以及对家乡传统食物的记忆和留恋。各地的菜系虽然各具特色，美味异常，但都比不过蒙餐的香醇与亲切，那里面盛满的是阿妈的慈爱，乡土的淳厚，熟悉的草原深情。这里介绍的都是近年来流行在海拉尔地区的主要的蒙餐美食。

烤全羊

当你踏上草原，走进蒙古包后，热情好客的蒙古人便会将草原美酒斟在银碗或金杯中，托在长长的哈达上，唱起动人的祝酒歌，款待远方的贵客。"金杯、银杯斟满酒，双手举过头；炒米、奶茶、手扒肉，请你吃个够。"这首祝酒歌，对蒙古族饮食文化作了精确的概括。

烤全羊，是蒙古族传统名菜，为招待贵宾或重大庆典时盛宴的特制佳肴。一般选用草原上膘肥、体重在40斤左右的绵羊，将其宰杀后，腹内加葱、姜、椒、盐等佐料整体烤制而成。

《元史》记载，12世纪时期的蒙古人"掘地为坎以燎肉"。到了13世纪，即元朝时期，食肉方法和饮膳有了极大改进。《朴通事·柳蒸羊》，对烤羊肉作了较详细的记载："元代有柳蒸羊，于地作炉三尺，周围以火烧，令全通赤，用铁算盛羊，上用柳子盖覆土封，以熟为度。"这时的蒙古烤羊有专门的烤炉，而且烹饪方法较前更为复杂、讲究。至清代，各地蒙古族王府几乎都以烤全羊待上宾，以其名贵列入礼节。新中国成立以前，烤全羊是达官贵人、富人等上层人士在逢年过节、庆祝寿辰、喜事等用来招待尊贵客

烤全羊

人的珍馐佳肴。新中国成立后，烤全羊已为各民族人民所食用。烤全羊既可整只出售，又可切分零售，深受各族消费者的青睐。

烤全羊的特点是，外表金黄油亮，外部肉焦黄发脆，内部肉绵软鲜嫩，颇为适口，别具一格。羊肉有温补脾胃、温补肝肾、补血温经、保护胃黏膜、补肝明目、增加抗病能力、健脑益智、保护肝脏、预防

动脉硬化、延缓衰老、美容护肤的营养功效。人们食后，香气满颊，面生红光，精神越加矍铄。

有烤全羊的酒席是最上等的酒席，除这道菜品之外，还有手把肉、血肠、肉肠、米肠、荞面肠等其他菜品，组成一席丰富的蒙古族特色盛宴。

手把肉

手把肉是蒙古族日常生活最喜欢的待客佳肴，也是最为普遍的食肉方法之一。

手把肉是把带骨的羊肉按骨节拆开、煮熟。食用时，一手抓羊骨，一手拿蒙古刀剔着吃。一开始，主人会视客人的不同，割取不同部位的羊肉敬献给老人或尊贵的客人（或

烤全羊席

在座的老人），然后，客人就可以自由取食了。

蒙古族的手把肉，在烹制上有许多独特技艺，在食用上也有许多特有的礼仪。羊肉，多选用草场上生长的小口绵羊。手把肉的一般烹制，是把羊解成小块放在白水里煮，不加调味佐料，不加盐，水一滚沸就起锅，蘸盐或韭菜花酱食用。如今城里待客，多再进行第二道工序，即把肉切成适宜的小块，配加多种佐料，上盘后再食用。

有的地方还有更讲究的烹制方法。其一是吃"乌查"，也叫吃"羊

手把肉（一）

背子"，就是专吃羊的"后背"。做法是将羊背脊上第七肋骨至尾部割为一段，带尾下锅，水滚开后取出，盛于大盘中。吃时用蒙古刀割、刮、卡、挖、剔着吃。蒙古族牧民，无论贫富，均做手把肉吃。牧民们几乎日日不离肉，消费数量较大。

手把肉（二）

近代民俗资料《蒙旗概观》中云："蒙古人之通常之食量颇巨，每日饮茶十数碗，餐肉十数斤，饥甚颇有食全羊之事，然偶值三五日不食，亦无关也。"

手把肉这种传统食物可以追溯到古代。据明《夷俗记·食用》中云："其肉类皆半熟，以半熟者耐饥且养人也。"从营养学角度来讲，将肉煮至半熟，可以尽可能保存动物从青草中吸收的维生素及其他营养成分，人在食用后就可能吸收到。手把肉通常以在平原草场上放牧的、经常吃野韭菜和野葱的羊的肉味最为鲜美。需要注意的一点是，煮羊肉时，须掌握好火候，防止过老，因为肉煮到发紫就不嫩了，吃着也不香。

现在，在很多人眼里，手把肉还是蒙古人豪爽的象征。当你置身蒙古包内，身穿盛装的蒙古族姑娘唱起敬酒歌，用蒙古刀割一块鲜嫩味美的手把肉放进嘴里，鲜肉加美酒，轻舞伴歌声，使人不由自主和歌者一起唱起来："金杯银杯斟满酒，双手举过头，炒米奶酒手把肉哦，今天一次喝个够……"

涮羊肉

涮羊肉的由来有几个颇有兴味的传说。其中一个说法是，成吉思汗南下时，突然思念家乡的手把肉，便叫军厨去煮。但敌兵忽至，羊刚杀好而赶不及下锅，军厨就把羊肉切成薄片，放到滚水中涮，成吉思汗吃完后便急忙迎战。战胜回营后，成吉思汗叫军厨再做一次，将领们吃后都赞不绝口，于是成吉思汗把这种做法赐名"涮羊肉"。

涮羊肉

涮羊肉，又称"羊肉火锅"，满族入关后在北方兴起。早在18世纪，康熙、乾隆二帝所举办的几次规模宏大的"千叟宴"中就有羊肉火锅。后流传至市肆，由清真馆经营。《旧都百话》云："羊肉锅子，为岁寒时最普通之美味，须于羊肉馆食之。此等吃法，乃北方游牧遗风加以研究进化，而成为特别风味。"

冬天，涮羊肉是大众喜爱食物之一。从考古资料看，内蒙古敖汉旗出土的辽代早期壁画中描述了1100年前契丹人吃涮羊肉的情景：3个人围火锅而坐，有的用筷子在锅中涮羊肉，火锅前的方桌上有盛着羊肉的铁桶和盛着配料的盘子。这是目前所知描绘涮羊肉的最早资料。

比辽代壁画时间稍晚一些的南宋林洪的《山家清供》中也说到了涮羊肉。文中对涮兔肉极为赞美，详细记载了兔肉的涮法、调料的种类，还写诗加以形容："浪涌晴江雪，风翻照彩霞。"诗中兔肉片在热汤中的色泽宛如晚霞一般，林洪也因此将涮兔肉命名为"拨霞供"。他在讲完涮兔肉后又说"猪、羊皆可"，这便成为涮羊肉的最早文字记载了。按照林洪的记载，时人把肉切成薄片后，先用酒、酱、辣椒浸泡，使肉入味，然后才在沸水中烫熟，这同今天的涮法不太一样。

涮羊肉的做法是将羊肉洗净去骨去皮，剔除板筋，切成12厘米长、2厘米宽的大薄片，放在盆里待用。把酱油、卤虾油、芝麻酱、辣椒油等分别放在小碗内，腐乳汁、韭菜花放在小碟内备食者选用。在火锅内添上鸡汤或水，待锅内汤烧开时用筷子夹着羊肉在锅内烫涮（约需一二分钟），见肉片呈灰白色时，即夹出，蘸着各种调味料吃。肉片要随涮随吃。现在火锅的食材较多，除羊肉片外，还有牛肉片、海鲜、豆腐、薯类、蔬菜、粉丝等备选食物。

《本草纲目》记载，羊肉有益精气、疗虚劳、补肺肾气、养心肺、解热毒、润皮肤之效。唐代虚诜的《本草食疗》中记载："凡味与羊肉同煮，皆可补也。"中国古代医学认为，羊肉是助元阳、补精血、疗肺虚、益劳损、暖中胃之佳品。

当代火锅加热方法很多，火锅用料范围极其广泛，火锅底汤丰富多彩，各种蘸料琳琅满目，如麻油味碟、蒜泥味碟、红油味碟、辣酱味碟、酱汁味碟、韭菜花味碟等。

过去传说涮羊肉是一种具有北京特色的饮食，实际不然。首先北京不是羊肉主产地。其次，北京人嗜食羊肉，大约是受元朝的影响，此后才代代不辍。涮羊肉起源于元朝，而成吉思汗的骑兵用头盔烧水煮羊肉，大概是涮羊肉的一种原始做法。元朝定都北京后把这种方法带过来，逐步发展成北京涮羊肉。

改革开放以来，人们走南闯北，到处游览，但只有到过呼伦贝尔，到过海拉尔的人才知道，真正的涮羊肉、真正的美味是在呼伦贝尔，在海拉尔。在这里吃过火锅的人，再去吃别的火锅，就会有"三月不知肉味"的感觉。

布里亚特包子

说到呼伦贝尔大草原的地方特色美食，必然要说到布里亚特包子。无论是款待远方的客人还是亲人小聚，只要吃蒙餐，除了必不可少的手把肉、血肠、锅茶外，鲜美、多汁、别具风味的布里亚特包子，亦是最佳选择之一。

布里亚特包子，顾名思义，是生活在这里的布里亚特蒙古人所做的美食。它是布里亚特人在吸收汉族食品制作方法后，融入自己民族饮食特点而发明的特色食物。

民间有传说称，成吉思汗长子术赤从哈拉和林出发，沿呼布苏尔湖收复了周围的森林百姓后，便来到了贝加尔湖边的布里亚特领地。术赤对贝加尔湖周围秀丽的山川和美丽的景色赞赏不已。布里亚特部落首领还携带重礼，提前一天迎接术赤。中午，术赤在河边的绿草地上建立营帐，举行盛大的宴会。布里亚特部首领沃如·西古士为术赤敬献大量的稀世珍宝和貂皮，还命人制作了美味的肉包子款待术赤。术赤首次品尝到如此美味的佳肴，不住地赞扬布里亚特人的聪明才智。术赤命令士兵学会肉包子的制作方

布里亚特包子

法，班师归来后制作了美味的肉包子给父汗吃，成吉思汗高兴异常，定其为接待上宾的饮食。后来布里亚特肉包子成为宫廷食品。

佛教传入蒙古后，布里亚特肉包子又成为宴请名师智者的上品。在漫长的历史长河中，布里亚特肉包子的制作方式逐步演变，直至今日，名称也回归了本源，直接被称为"布里亚特包子"。

布里亚特包子主要用碎羊肉、羊下水、牛肉或马肉切丁做馅，再放些大葱、洋葱或草原上生长的野韭菜，以烫面做皮。过去做包子时，把和好的面切成块，不用擀面杖擀皮，而是用手撕成面皮包馅。现在制作布里亚特包子的制作工序有：和面、醒面、压面、做剂子、擀皮、包馅、烹蒸。这种包子用料实惠，汤浓、馅鲜、皮薄、不膻不腻、非常可口，有着"面团里的手扒肉"的美誉。许多外地游客都慕名来这里品尝，他们闻香下马，吃过后更是赞不绝口。

布里亚特包子的特点在于包子馅的制作；其次，捏褶子收口时，不将其收紧捏紧，而是留个小口。布里亚特包子按形状分成羊包子、山羊包子、骆驼包子和碗包子。还有比较考究的做法是把香叶插在包子上一起蒸，其味道别致又鲜美。

羊包子，即用温和勒其格（羊的心外膜）做皮，用羊腰附近的两条细长肉、"高列米和"（蒙古语，意为羊背上的好肉）做馅的一种包子。一只羊只能做一个羊包子，也只有最尊贵的客人才能吃到如此珍贵的包子。山羊包子，馅没有什么特别之处，只是包包子时一点点的朝上捏褶再封口，外形好似山羊角一样，因此得名。碗包子，即杀羊后将羊的脑浆放入碗里，再放入一些调料蒸熟。这种包子常常给家里的老人和孩子吃。此外，还有马肉和骆驼肉做馅的布里亚特包子，但因马肉热量大，一般冬季三九天才食用。驼肉一般在上冬前或春化之前食用。馅料要新鲜的，最好带些肥肉的，布里亚特包子馅不放植物油，靠肉本身出油，要的是原汁原味，肉要用刀切，不用绞肉机绞。

蒙古肉饼

在海拉尔，还有一个受人们喜欢的蒙餐主食是蒙古肉饼。

蒙古肉饼直径10～12厘米，厚约1厘米。饼内填裹牛肉馅，下平锅油煎。出锅后，饼面明亮，色泽金黄，肉香扑鼻。可以选蒜末、酱油、香醋等辅食。食后，香气满颊，满口留香，令人回味无穷。

蒙古肉饼的做法：牛肉馅用油、盐、十三香、味精、酱油腌制30分钟，

蒙古肉饼

把切好的圆葱和腌制好的肉馅搅拌均匀；面粉用温开水和，必须和到用筷子可以费力的挑起为止；包好后，锅里放少许油，小火煎至两面金黄色就可以了。

蒙古锅茶、蒙古奶茶

奶茶，蒙古语称"苏台茄"，是蒙古族的一种饮品，由砖茶与奶子煮成。喝奶茶是蒙古族的传统饮食习俗，除了解渴外，也是补充人体营养的一种主要方法。在牧区，人们习惯于"一日三餐茶，一顿饭"。每日清晨，主妇的第一件事就是煮一锅奶茶，供全家一天饮用。

蒙古族喜欢喝热茶。早上，他们一边喝茶，一边吃炒米，将剩余的茶放在微火上暖着，以便随时取饮。通常一家人只在晚上放牧回家才正式用餐一次，但早、中、晚的三次奶茶，一般不可缺少。

若有客人至家中，热情好客的主人首先斟上香喷喷的奶茶，表示对客人的真诚欢迎，若客人光临家中而不斟茶将被视为草原上最不礼貌的行为。

蒙古族的喝茶习惯可以追溯到唐代，那时候茶叶才从中原传入蒙古地区。蒙古人在熬茶时发现茶叶有苦涩的味道，偶然间在煮茶的时候加入牛奶，却发现牛奶没有了原本的腥味、茶叶也没有原本的苦涩，从此蒙古族老少都喜欢在煮茶时加入牛奶。

蒙古锅茶是蒙古族传统奶茶中的一种，蒙古语叫"图乐格台切"。蒙古锅茶现在流行于海拉尔，其熬煮方法与当地牧区奶茶的熬法有所不同，有种仪式感。首先是把盛着

锅茶

白糖、盐、蒙古果子和各色小菜的木盘摆在透雕铜锅筒的四周。然后点燃火炉进行炒茶，再依次放入奶油、奶干、奶豆腐、奶皮子、炒米、肉干，手拿木勺反复搅动热炒，没多一会儿就热气腾腾、浓香扑鼻了，再把已经熬熟的奶茶倒进铜锅里，待再次烧两个开后，就可以盛进木碗饮用了。这种奶茶叫蒙古锅茶。蒙古锅茶的做法很原始，热茶滚烫，稀稠相宜，奶香醇厚。其味丰富、淳厚、浓香，口感滑润柔和，不膻不涩不腻，既可口又爽神。人们很快就会喝得满头汗水，倍感痛快。饮用中，间或吃点青菜、糕点以及铜锅里刚煮熟的牛肉块，别有一番味道。

品尝奶茶的好坏，以茶色、香气、形态和味道四个方面来评价，

奶茶及配套食品

更需要细细品尝，才能够体会到其味道之美。要熬出一壶醇香沁人的奶茶，除茶叶本身的质量外，水质、火候也很重要。一般说来，可口的奶茶并不是奶子越多越好，应当是茶乳比例相当，既有茶的清香，又有奶的甘酥，既能温暖肚腹、抵御寒冷的侵袭，又能够帮助消化肉食，还能补充因吃不到蔬菜而缺少的维生素。

蒙古族有一句俗话："宁可一日无食，不可一日无茶。"的确，蒙古族的一天就是从喝奶茶开始的。这种嗜好作为蒙古族的一种历史文化表现延续至今。

牛肉干

牛肉是中国人的第二大肉类食品，仅次于猪肉。牛肉蛋白质含量高，脂肪含量低，味道鲜美，受人喜爱，享有"肉中骄子"的美称。牛肉干含有人体所需的多种矿物质和氨基酸，既保持了牛肉耐咀嚼的风味，又久存不变质。牛肉干原是蒙古铁骑的战粮，因携带方便且富有营养，

牛肉干

被誉为"成吉思汗的行军粮"。

追溯牛肉干的历史，早在成吉思汗建立蒙古帝国时，蒙古骑兵便与牛肉干结下不解之缘，"出入只饮马乳，或宰羊为粮"。只要有供马匹和畜群食用的水草，蒙古人就可以自给。一头牛被宰杀后，百十公斤重的牛肉晾干、捻成沫后只有十几斤，装袋背在身上，只要有水便可冲饮。即使一时缺乏，还可以射猎作为补充。在作战中，蒙古骑兵就是靠马匹和畜群来补给的，这也大大减少了军队行进的辎重。故而牛肉干在远征作战中发挥着很重要的作用。

蒙古族自古就有晾晒牛肉干的习俗。牛肉干是招待贵客的食品，只有尊贵的客人到来时主人才肯拿出来烹制。

牛肉富含肌氨酸，牛肉中的肌氨酸含量比任何其他食品都高，对增长肌肉、增强力量特别有效。牛肉还有补中益气、滋养脾胃、强健筋骨、化痰息风、止渴止涎之功效。

牛肉干有很多品种，麻辣牛肉、风干牛肉、晾拌牛肉丝等等，每种做法都有其独特的口味。市场上有多种包装精致的牛肉干出售，成为旅游纪念、馈赠亲友、佐食、佐酒的上好佳品。

奶制品

奶皮子，蒙古语称"乌如木"，厚约一厘米的饼状奶制品，色微黄，表面有麻点，味鲜香甜，营养极高。其做法是先将新鲜牛奶置锅内加热，一直搅拌使起泡，避免焦煳，牛奶大量起泡后，改小火保温，不使其沸腾，奶液表面便逐渐起膜、增厚；到一定时间停火，自然冷却，奶皮子膜继续增厚；最后用小刀沿锅边刮开，取出奶皮子，脂肪层朝里对折，晾干。奶皮子不仅含有大量脂肪、磷脂，还有丰富的蛋白质。奶皮子味道纯香，营养极佳，配上奶茶、奶果子、炒米食用，为招待贵宾的佳品。奶皮子曾被称为"百食之长"，无论居家餐饮、宴宾待客，还是敬奉祖先神灵，都是不可缺少的。因地区不同，其品种和制作方法也不尽相同。

奶豆腐也是牧民经常制作和喜爱的奶制品。其做法是先将生牛奶自然发酵，乳清与乳酪分离后，再煮沸；凝固乳冷却后，用纱布滤除

现代奶制品

奶皮子

水分，稍挤压，有硬度后，切割成小块，晾干，即成。奶豆腐含大量蛋白质，脂肪少，主要为酪蛋白，氨基酸含量平衡，消化率极高，是优质蛋白质补充的来源。

如今，草原上的人们把传统的奶制品用现代化的工艺技术加工成奶皮子、奶豆腐、奶油、奶茶粉、奶片、奶豆等商品。这些食品包装考究，易于保存、易于携带，当地人买回来或当零食，或当辅食；外地人则大量采买，不仅自己食用，而且还当作馈赠亲友的礼物，让大家一同享受来自天堂草原的异样美食、美味！

传说故事

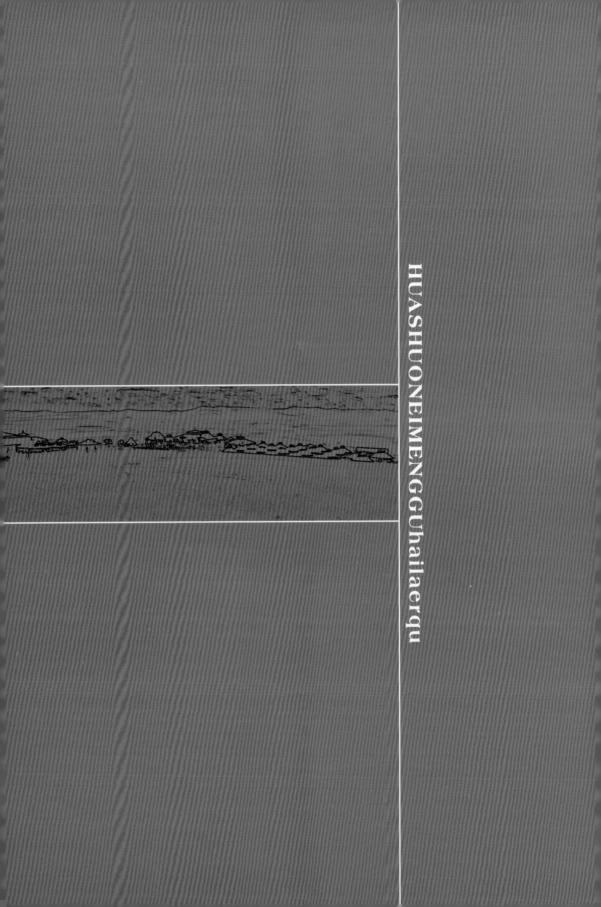

HUASHUONEIMENGGUhailaerqu

传　说　故　事
CHUANSHUOGUSHI

呼伦与贝尔的传说充满了神奇与浪漫，马头琴的琴弦上流淌着古老的蒙古民族心底的歌声，樟子松的雄浑、遒劲象征着北方人民的性格，海拉尔没有蛇显然是个有趣的现象——

海拉尔没有蛇的传说

在海拉尔的远郊扎罗木得村，村的西北侧后面，有一座较高的大山，山上只有青青的草随风摇动，没有树木。山的西侧，海拉尔河曲曲弯弯地流过，广阔的河滩长满了柳树、榆树、杨树和杂草。人们在河边嬉水的时候，经常会惊动水边的蛇，这里的蛇一般有一尺半长。

但海拉尔的周围却没有见到过蛇。一位老人说，这里边有个传说。

很早很早以前，统领天上和地下的天帝要来巡视自己的领地。天帝巡狩非同小可，除了朝中的文武百官随行之外，还有大大小小的神灵精怪一同伴行护驾。车驾启行，一路上前呼后拥，浩浩荡荡，风起云涌，迤逦行来。天帝走到哪里，

流经扎罗木得的海拉尔河

都要招来当地的山神土地问话，了解当地的山川形势、物产民情。这天，天帝的车驾越过大兴安岭一直向西行来，驻扎在一座山边，山下有一条河曲曲折折的流过。大兴安岭以西的坦荡草原，绿草如茵，天高地阔，令人神清气爽，精神振奋。天帝兴致勃勃，领着随行众神及百官来到河边，观风望景。他发现这里真是一个好地方，有山有水，可以依山筑城，可以依河御险，还可以种菽种麦，生活军事都很相宜。于是天帝招来山神土地，询问这是什么地方、天时地理情况如何。小土地爷终生厮守着一隅之地，消受着一星半点的残羹冷炙，哪里有缘得见天帝？他俯首在地，战战兢兢，说这

个地方叫作"扎罗木得"。土地爷刚刚回完上边的问话，就听见一个清亮的长声"不吱——"，还带着颤音从人群里传出来，接着一股软软的夜香味道从人群缝里飘然而出。就见众神百官有的掩鼻、有的蹙眉、有的捧腹、有的转过身去吃吃低笑，井然的秩序和天帝的威严如风扫地，全然不成体统。猝然间见此情景，天帝恼羞成怒，龙颜变色，高声喝问："什么人竟敢如此胆大、放肆！"

推推搡搡之间，就见一个身形瘦长的人从人群里走出来，向天帝匍匐叩首："小仙是蛇仙，从天庭一直护驾到此，刚才腹中已鼓噪多时，实在是一时情急，强忍不住，故此才夺门而出，以致如此响亮，

扎罗木得火车站

亵渎天帝，罪该万死！"

天帝喝问众神百官："此事该当何罪？"于是众神议论纷纷，有说该死罪的，有说该拿办的，有说该削夺仙箓的，有说该痛责的，不一而足。

众说纷纭莫衷一是，就见一向热心厚道的太白金星上前奏道："蛇仙潜修千万年，方修成正果，实属不易。此次护驾巡狩不辞劳苦，可堪佳慰。刚才虽然虚恭不敬，但终属小事，不当问罪，请天帝明察。"

天帝听了太白老翁一番入情入理的奏请，一时间说不出别的话来，可是，刚才的一阵大乱也确实不成样子，大扫了自己的快意和兴致，关于在扎罗木得建城的想法也消失殆尽。

天帝怫然道："行了，什么也别说了，走吧，不在这里待了，往前走走，看看还有没有更好的地方。不过，蛇仙没有规矩，也不许再伴驾了，就停在这里，不许再往前走一步！"

天帝发完话，蛇仙免了罪，大家也无话可说，于是就伴着天帝车驾继续前行，最终来到了海拉尔这个地方。天帝一看，这个地方三山围峙、二水夹流，地势也很不错，比扎罗木得更有胜处，就下令在海拉尔筑城建郭。从那时起海拉尔就

有了城池、百姓，而蛇仙也永远留在了扎罗木得的河畔。

传说十分有趣，现实中扎罗木得以西地方确实没有蛇类的活动也是实际情况。扎罗木得西距海拉尔不过五六十里左右，为什么那里有蛇而海拉尔却没有，这着实令人费解。不过，这样一个优美的故事也可为这片草原增添奇异的色彩！

马头琴的传说

阿拉腾敖拉山下，有一片水草丰美的草原，草原上有一个弯弯的月亮一样的湖。清晨的阳光照在阿拉腾敖拉山头，山头便披上了金色的阳光。晚上，月亮映在湖里，满湖闪着银子般的光华。

勤劳勇敢又善良的小巴特和妈妈就住在美丽的湖畔。他们的日子清贫，但是宁静而祥和。 有一天，

马头琴

小巴特放牧时突然困倦，躺在草地上沉沉睡去。他看到天上的彩云间，飘飘地飞来一个漂亮的姑娘。姑娘说："你天天放牧，应当有一匹可

心的骏马，山的那边就有一匹白骏马，善良的年轻人哟，你去把它牵回家吧！"说完，小巴特一下醒了，揉揉眼睛，丽日当头，梦里听到的话还很清楚。他爬上山一看，果然山下有一匹小白马，巴特开心死了。从那以后，小巴特就有了一个形影不离的伙伴。巴特把小白马当作自己小兄弟，精心照顾、喂养，教它走、跑。不久，小白马膘肥体壮、跑起来四蹄生风，成了一匹骏马。 小巴特在湖边放牧时，有时会踩进沼泽地，越陷越深；白骏马便咬住主人的衣服，巴特就抱着白马的脖子挣扎出来。有时，饥饿的野狼会冲进羊群，小白马会跑到羊儿的身边，扬起铁蹄刨向野狼，帮助巴特保护仅有的十几只羊儿，小巴特更喜爱他的伙伴小白马了。

一天，巴特在湖边放牧时，远处来了几个骑马的人。他们气喘吁吁地跟巴特说："王爷派我们活捉一只梅花鹿，如果捉不到，回去就

要挨鞭子，请你帮帮忙，帮我们捉一只梅花鹿吧！" 巴特认识他们，都是附近的牧民，很同情他们，便答应了他们。他跨上小白马，大家跟随他一起向山里飞驰而去。一会儿就追上了一只梅花鹿，巴特用套马杆套住那头鹿。巴特说："各位大哥，我把梅花鹿帮你们捉来，你们去献给王爷。但是，千万别说这只鹿是我给捉到的呀！" 但是，王爷还是听说了小白马神奇的故事，他想把小白马占为己有。开春的时候，接完了羊羔子，王府要开"那达幕"大会，赛马、摔跤、射箭的优胜者都会有赏赐。巴特在伙伴的鼓动下，也去参加比赛了。 他的小白马，风驰电掣，一下子得了第一。王爷更喜欢这匹小白马了，他对领赏的这个贫穷的牧羊娃说："赏给你一只羊吧，把你的白骏马给府里留下。"巴特不同意，王爷的府兵就捉住他，并把巴特的小白马牵进了王府。王爷的府兵赏给了巴特一

马头琴演奏

阵拳打脚踢和鞭子。官吏、富人和牧主们知道王爷得到了一匹白骏马，都来喝酒庆贺、道喜。王爷得意洋洋，让家丁把小白马牵来，想在众人面前炫耀。王爷刚一跨上马背，白骏马突然一跳，尥了一蹶子，王爷尖叫一声倒栽葱跌了下来，摔了个满脸花。小白马挣脱缰绳飞奔跑走。王爷气急败坏，命令王府卫兵倾巢出动，奋力追赶。可小白马如飞箭离弦，王爷的府兵丁根本追不上。于是他们拉弓搭箭，"飕飕"地向白骏马射去。王府兵丁追不上，无精打采地返回，向王爷禀告："白骏马中了数枚毒箭跑了，活不了了。"

小巴特失去了心爱的伙伴小白马，十分伤心，日夜思念。有天夜里，一声熟悉的马的嘶鸣声，响在寂静的夜空里。巴特跑出去一看，小白马跑回来了。巴特惊喜极了，他借着月光仔细察看自己的伙伴，他看到小白马身中数箭，已经支持不住了。巴特心痛如绞，抚摸着小白马的身躯，泪水像奔涌的小河一样流了下来。小白马因箭伤过重死了，巴特趴在马身上放声大哭。小白马死了以后，小巴特茶饭不思，每天都在思念和小白马在一起的快乐日子。终于，他在梦中又见到了自己昼夜想念的伙伴，小白马说："我的亲爱主人哟，你不要老是伤心落泪了，你用我的皮、骨、鬃、尾做一把琴吧，让我永远陪在你身边……"

于是小巴特就按着小白马说的话，做了一把琴，在琴杆上端按照小白马的模样雕刻了一个马头，用马的骨做琴的杆，用马皮蒙成琴面，用马尾做琴的丝弦，并起名叫"马头琴"，永远带在身边。巴特每当想起自己的伙伴小白马，就不由自主地拉起马头琴：琴声浑厚，犹如小白马的性格；琴声明亮，就像小白马那缎子般的皮毛；琴声悠扬，就好像在草原上信马由缰行走的小白马。有时，巴特会拉出急骤、激越的声响，又好像万马奔腾，让巴特浑身都充满巨大的力量！从那以后，草原人民有了马头琴，时刻和心爱的马儿在一起，奏鸣出心中的欢乐，也倾诉着心里的思念和忧伤。

呼伦与贝尔的传说

呼伦贝尔这片草原上有很多传说和故事，其中呼伦湖与贝尔湖的传说就有好几个版本，现在说的，只是其中的两个。

很早很早以前，美丽富饶的草原上住着一对非常恩爱的夫妻，丈夫叫贝尔，妻子叫呼伦，夫妻俩放牧着数以千计的牛羊和马匹。他们富了，没有忘记草原上的牧民，不仅经常把牛羊等分给牧民，还教给牧民饲养牲畜、料理家务的方法。在他们的帮助下，这片草原上的牧民也过上了富裕的生活。一个恶魔听到了这个消息，非常嫉妒，就派魔鬼抢了他们的牲畜和食物，还把他们夫妻拆散，扔到草甸子上，一南一北。恶魔使用魔法，把草原变得一片荒凉。南边的丈夫贝尔想见到妻子，但毫无办法；北边的妻子呼伦，聪明灵秀，她想，如果我们夫妻在各自的地方都能挖出泉水，顺流而下，不就是永不分开了吗？她想到了，就马上开始做。贝尔和呼伦是恩爱的夫妻，人们都说，最亲爱的人之间，他们心灵会不约而相通。他们在各自的地方，不约而

同地开始挖掘泉水。挖啊，挖啊，挖过了很长的岁月，终于挖出了两眼清泉。草原上有了水，就有了绿色，牧民又过上幸福安康的生活了。但是呼伦和贝尔还是相见不了，这可怎么办？他们为了能爱到永远，就毅然决然，几乎是同时，跳进了各自挖掘的清泉中，化作滚滚泉水，相对而流，永远不分开了。于是，草原上就有了两个湖：北面的是妻子呼伦挖的，就叫呼伦湖；南面的是丈夫贝尔挖的，就叫贝尔湖。

还有一个传说。曾经有一位美丽的姑娘，叫呼伦，她走在草原上，各种鲜花都会羞涩地低下头；而英俊的小伙子贝尔是草原英雄，他骑

呼伦湖

贝尔湖畔

上高头大马，所有的马匹都自愿伴着他一起飞奔。后来，他们相爱了，百灵鸟为他们歌唱，牛羊也为他们起舞。可是，好景不长。一天，恶魔莽古斯狞笑着吸干了草原的水，从洁白的毡房里抢走了贝尔的妻子呼伦。草原枯黄了，成群的牛羊倒地而亡。贝尔抄起弓箭长刀，跨上枣红马，冲进草原，去寻找呼伦，同恶魔拼命。一天，疲惫的贝尔跌下了马，倒在一个敖包的旁边。朦朦胧胧中，他看见呼伦被妖魔莽古斯变成了一朵瘦小的阿日楞花，在风沙中发出微弱的哭声。贝尔急忙用皮囊里仅有的一点水浇灌阿日楞花。于是，呼伦复活了，他们紧紧拥抱着。就在这时，恶魔莽古斯又来了。他打倒贝尔，重新夺走了呼伦。贝尔想起了阿爸传给他的神弓，向天空连放了三箭。顿时，大雨倾盆，草原复苏，牛马羊群又重新站立起来。恶魔莽古斯不甘失败，他带着绑在身后的呼伦，重又杀来。就在这时，聪明的呼伦趁机挣脱绑绳，飞快地夺下莽古斯头上的绿宝珠，一口吞下。顷刻，山崩地裂，狂风大作，呼伦倒地，化作浩荡的大湖。贝尔找不到呼伦，悲痛欲绝，他愤怒地折断神弓。只听一声巨响，草原顿时塌陷，贝尔也化作了一池清湖。恶魔淹死了，草原上的人们开始过上宁静、自由的生活。

樟子松的传说

很久很久以前，海拉尔西山还是一片丰美的牧场，那时候还没有现在的西山。牧人们在草原上过着平静的生活，每天，他们仰望着蓝蓝的天空，感谢长生天赐给他们辽阔的草原和茂盛的草木，让他们的羊儿、牛儿茁壮成长。一对年轻的新婚夫妇，他们的蒙古包就搭在蜿蜒曲折、日夜流淌的伊敏河畔。他们相亲相爱，生活过得比新酿的马奶酒还要味美香甜。

一天，远方的大恶魔"沙龙"从这里经过，他看上了这片肥沃的土地，想要占为己有。他命令他的部下，那些风兵沙将，包围新婚夫妇的毡包，威吓这对年轻人：要么离开，要么服服帖帖地侍奉大魔头沙龙。年轻的牧人夫妇不愿屈服这远来的恶魔，坚决不从。大魔头沙

樟子松林

龙恼羞成怒，就下令让风兵掀起了他们的毡包，命令沙将狠狠抽打他俩。一时间，狂风怒号，黄沙漫天，太阳的光辉被他们掀起的黄沙遮蔽了，闪亮的月亮和星星也没有了往日的光彩。但是，淳厚善良的年轻牧人，向往自由平静的日子，不愿侍奉大魔头。沙兵沙将肆虐淫威，用黄沙抽打他们。年轻的夫妇两个人，紧紧搂在一起，忍受着魔头的折磨，就是不肯屈服沙龙的淫威。沙龙用黄沙埋住了这对夫妇的双脚，

樟子松

并在这里安营扎寨。夫妻俩双脚深埋在地下，不能动弹，但他们吸着地下的水分，吸着地下的养料，顽强地生存。一年又一年过去了，身子就慢慢变成了树干，他们伸开臂膀，伸开手指，臂膀变成了树杈，手指变成了松针。长期的风吹雨打以及沙子的抽击，让他们的皮肤变得粗厚，起了褶皱，成为护卫身躯的树皮。由于长年累月的拥抱，他们的身子再也分不开了。后来，沙龙降服不了这两个年轻人，只好用沙子埋住他们，以示惩罚。年轻的夫妇就在沙山中生活繁衍，他们的子女也像他们一样，紧紧地贴在一起抗拒风沙的侵袭。至今，在西山上还能看到很多处夫妻松生长在一起，这就是樟子松至今还都是雌雄同株的原因。

沙龙没有能让年轻夫妇屈服，却被年轻夫妇缠住走动不开。从那以后，海拉尔周围的黄沙都堆积在樟子松的脚下，再也不能去别的地方肆虐了，海拉尔周边也没有了风沙的侵害。这都是那对年轻夫妇不屈的意志，给海拉尔人带来的福祉。

当代风采

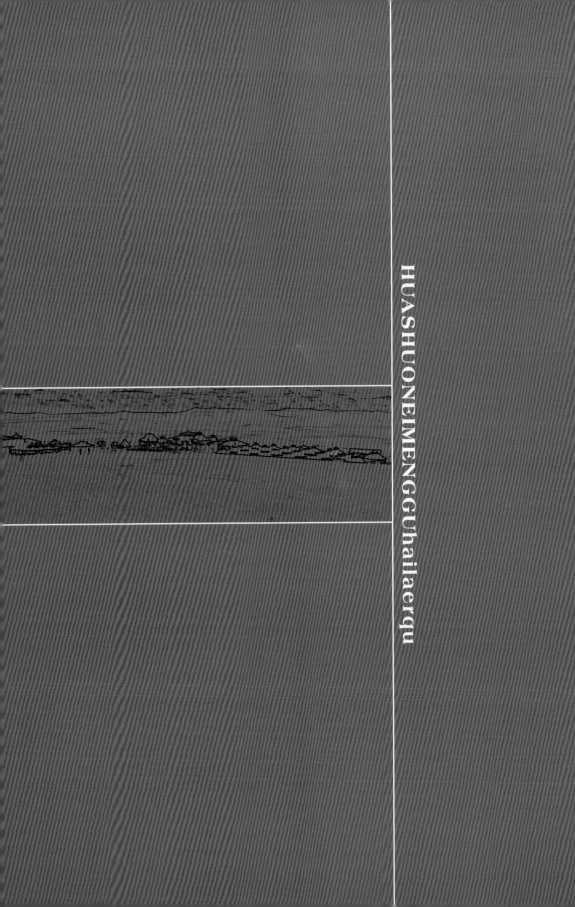

HUASHUONEIMENGGUhailaerqu

当 代 风 采
DANGDAIFENGCAI

改革开放前的海拉尔是内蒙古东部的工业中心。如今，海拉尔的工业、农牧业、商贸、旅游业发展朝气蓬勃，飞机、火车等通达全国，居民基本都住楼房，一半的居民拥有汽车……

日新月异的城市建设
翻天覆地的市民住房变化

　　住宅是人民生存的最基本的条件之一，一个国家或地区居住水平的高低，充分反映了这里经济发展水平和社会的文明程度。改革开放以来，海拉尔从改善市民居住条件入手，坚持年年加快住宅发展方针，尤其是

2015年的"棚户区改造"成为集中攻坚的战役，14000户住平房的居民一次性全部迁入新楼；2016年，8000多户迁入新居；预计2020年前，市区内平房住户将全部迁进楼房。

　　1987年，海拉尔区住宅面积共计208.08万平方米，人均住宅面积13.09平方米，90%以上的住房都是

今日海拉尔

美丽乡村

砖瓦或泥土的平房。在政府、企业等社会各界的共同努力下，经过近30年的建设，截至2015年，海拉尔区人均居住面积达到了39.28平方米，住宅面积总计1101.34万平方米，分别是1987年的3倍和5倍。绝大部分的居民住进了宽敞明亮的新楼房，20%左右的居民住进了配备电梯的高层楼房或单门独户的别墅房，市民的居住条件得到了根本的改善，海拉尔的城市面貌有了翻天覆地的变化。

宽阔畅通的市内交通

海拉尔的市政道路建设成效显著，城市交通条件明显改善。自20世纪80年代末以来，海拉尔的机动车保有量迅猛增加，给旧城区主次干路通行造成很大压力。旧城区属于城市核心区，多数道路建设年代久远，道路狭窄，造成行车拥堵，不利于百姓安全出行。随着海拉尔区经济社会的发展，人民生活水平不断提高，道路通行条件却制约着城市进一步发展。

为提高城市市政基础设施水平，进一步缓解交通压力，改善出行环境，近年来海拉尔区政府不断加大资金投入，围绕道路框架的规划，结合城区道路进行扩容提质，不断提升道路建设标准，完善路网布局。

社区休闲广场

"十一五""十二五"期间，老城区共计建设及改造城市道路140余条，总长度80余公里，人均城市道路面积显著增加，由2010年的10.20平方米增加到"十二五"期末的19.8平方米，提高了近一倍，极大地改善了道路出行条件，提高了出行效率。

市内交通面貌变化巨大。随着城市发展、城区扩容，城市道路覆盖面积增加，人均城市道路面积显著增加，道路状况明显改善。城市道路的档次有了根本的改善。过去城市主要道路以水泥道路为主，背街巷道全部是砂石路或土路，经过近几年的修筑建设，城市主次干道路面由水泥路变成了沥青路，僻街巷道路面由土路变成了水泥路，城市道路等级得到了提升。按照《城市道路总体规划》，通过新建和改扩建胜利大街、胜利三路、呼伦大街、建设大街等城市主干道路，贯通伊敏河沿河路，打通根河路、明国路等断头路，更加优化了老城区道路交通路网布局。主次干道路由过去的双向2车道、4车道发展到今天的双向6车道、8车道，极大地提高了道路通行能力，缓解了交通拥堵的情况，对推动和促进城市经济社会发展和市民生活繁荣起到了重要作用。

完善了城市功能。在道路建设的同时配套建设了排水管道、路灯、绿化等设施，城市基础设施功能更加完善，承载力得到了提高。

加强了道路建设和管理。市政、交通部门科学组织道路施工建设，实施"城市僻街巷道改造工程""旧城道路提升改造畅通工程""新城区道路规划建设"等重点道路项目。

市区街景

成立了专门维修维护市政道路的市政工程管理处，确保道路及时养护、功能完好，赢得了社会的称赞。

如今的海拉尔，市内的道路均予以拓宽，主要大街宽敞、洁净，道路两旁绿树婆娑，夏季鲜花盛开，冬季冰雪雕塑多种多样、情趣盎然。小街小巷都达到了可以两车并行，城市道路四通八达。呼伦桥、伊敏桥、中央桥、哈萨尔桥、海拉尔桥、贝尔桥、天骄大桥等七座大桥横跨在伊敏河上，连接河东、河西两个自然城区。哈萨尔桥是一座马头琴形象的铁索斜拉桥，两座马头琴巍然矗立；天骄大桥的桥头堡装饰有彩云舒卷，色彩绚丽；其他各桥也都造型各异，优美多姿，成为城区别具风情的风景。沿伊敏河两岸新建的两条滨河带状公园、马路及人行休闲道路，成为海拉尔区新的观赏点。

随着城市人口扩容和道路通行条件的改善，海拉尔的公共交通也迅速改善。2000年，市内公交车只有1、3、4三条路线，现在已发展到1～9、15～18等14条路线，近期又开通了4条海拉尔区到鄂温克族自治旗南屯的公交车。近郊有多条个体经营的客运线路，海拉尔市民个人小汽车的保有量约达到总户数的50%，根本上改变了市民的出行情况。

璀璨亮丽的市区夜景

为美化城市环境，提高城市的整体形象，从2007年开始，海拉尔区开展了城市亮化光彩工程，对标志性建筑、商场、旅游景区、人流量多的街道实施灯光彩饰和亮化，

城市夜景（一）

城市夜景（二）

让城市亮起来、美起来。自 2007 年起，共新安装了路灯 18603 盏、沿河亮化灯 4540 盏、亮化楼体 459 栋、亮化桥梁 8 座、亮化机场路及多片绿地各式各样的彩色灯光，形成了崭新的城市景观。

每到晚上，街道上华灯齐放，树形灯、横跨道路的流星雨灯、楼房的彩色楼形灯、墙面的纹样装饰灯、楼顶的蒙古包顶的彩饰灯、河岸两边的装饰照明灯、桥梁上的彩饰灯等，把海拉尔市区照射得灯火辉煌、流光溢彩，带给游客和市民一种特别的享受，大家一致给予好评。有人评论说，海拉尔城区的灯光彩饰，可以和上海黄浦江外滩专供观赏的灯光带相媲美，而比外滩灯火有更多的民族装饰特色，成为海拉尔独具魅力的城市景观。

海拉尔的亮化工程，从城市自身特色出发，夜景照明效果美观而亮丽，蒙元民族特色总体风格统一，根据建筑物等亮化对象的特点精心设计，特色和功能定位契合，突出展现了草原地区风格、地方民族民俗风情在城市照明和景观欣赏的创意。多处夜景照明精品工程，实现了由照明向塑造夜间形象和照明的艺术化方向过渡，成为国内夜景照明的佳作。

舒适宜人的伊敏河文化休闲景观区带

有河流穿城而过,这座城市往往更具灵动,更秀气。城市往往因水而建,因水而兴。海拉尔区有一条穿城而过的河,伊敏河。伊敏河水清澈,映着湛蓝的天空,使海拉尔自然彰显了巨大的生命活力。在伊敏河沿河建设景观,可将自然特色、地方民族文化融为一体,让碧水、绿树、河两岸的城市建筑交相辉映。开放的伊敏河沿河休闲公园成了城市居民重要的文化活动场所,吸引越来越多的市民来此运动、休闲、观光、游乐,感受伊敏河的自然和谐之美。这条由南向北纵穿市区的伊敏河,昔日碧波荡漾,今天更加妩媚多姿。

沿伊敏河两侧的绿化休闲景观带和大型滨水公园,全长15.69公里,总绿化面积367.16万平方米,广场建设面积39.97万平方米,为市民提供了一个亲水、休闲的空间,构建了一个"水畅、河清、岸绿、景美"的水系景观。

伊敏河景区从南至北,结合湖泊草原主题园、牧场草原主题园、河滩草原主题园、三少民族文化主题园、滨河休闲区、草原风貌区、生态湿地区、蒙古之源主题广场和鲜卑之源主题广场,相互呼应,形成生态绿化景观廊道。绿地、公园等大大小小的绿色生态斑块,镶嵌在河两岸,将城市和河边山水景观巧妙连接,形成生机盎然的绿化带,为市民提供了一个极具生态价值的

沿河公园

沿河公园景观带

休闲空间。以伊敏河生态绿化景观廊道为中轴线，景观生态廊道为骨架，景观生态斑块为节点，相互串接，形成景观区内部的生态景观体系，蜿蜒曲折的林荫小道，让人走进自然、融入自然。伊敏河景观带中，增加了大量的新栽植的绿色植物，与原生树木一起保持了沿河两岸原有的自然生态景观。新的观赏花木，把伊敏河装扮得更加美丽。

伊敏河喷泉景观

滨河沿线绿地连通了整个伊敏河沿线，北从坝后伊敏河大桥，南至天骄大桥，打通滨河桥涵7座，贯通伊敏河桥涵11座。伊敏河两岸的行车道改扩建，有效改善了交通环境，滨河道路简捷、通畅，分流了市区内拥挤的汽车交通，部分缓解了市区交通的压力，方便了汽车一族的出行。同时配套建设了步行道路、慢行系统，实现"连通、疏通、畅通"，达到水通、景通、路通，塑造了优美的伊敏河水岸环境，成为海拉尔富有特色的生态景观标志区。

夏秋季节，夜幕降临，伊敏河犹如一条墨绿色的飘带荡漾在市区，两岸灯光绚丽、游人如织。伊敏河沿岸修建了许多座椅、汀步、木栈道、树池、篮球场、足球场、酒吧广场、小径、亲水平台，市民在这里漫步、休憩，还有小沙池等供儿童嬉戏。伊敏河上波光粼粼，凉风习习，十分惬意。如今的伊敏河景观带还建有多处主题雕塑，更富文化气息。这条休闲娱乐岸线，是市民娱乐休憩、健身活动的重要场所，更是国内各城市中少见的沿河文化、休闲的景观区带。

碧波荡漾的"六二六"小河

"六二六"小河全长6.626公里，宽7~14米，是伊敏河一条内河支流，自南向北，流经海拉尔区的河

"六二六"小河河畔

东区。因小河的长度尾数为"626"，被命名为"六二六"小河。今海拉尔标志性景观成吉思汗广场，有一条富有灵气的小河穿流而过，这条小河就是"六二六"小河。

20世纪90年代以来，呼伦贝尔市与海拉尔区多次对"六二六"小河环境进行综合整治，修筑堤坝、疏浚河道、添建路灯。2015年，海拉尔区实施了"'六二六'小河环境综合整治项目"，改善"六二六"小河沿线周边环境，为周边居民提供舒适的户外休闲娱乐及体育锻炼场所，提升城市整体形象。

现如今，"六二六"小河上建设了大小桥梁14座，多处桥梁小巧玲珑，实用、美观，有园林风格。小河堤岸建设了多处滨水平台、广场、健身场地和休闲长廊，还对沿河人行道进行了普遍绿化，并装设了漂亮的景观照明灯，小河现已成为游览、休闲的好去处。现全河段有跨河小桥19座，河道内设有雨水管线排水口、防汛泵站、进出水闸门，既是城区一道靓丽的风景线，也具有河东城区防汛功能。古老呼伦贝尔的风采神韵与现代呼伦贝尔的园林美景在这里交相辉映，成为一处人文景观和自然景观相得益彰的佳景。

流经成吉思汗广场的"六二六"小河

伊敏河临近城区时分出的一道支流，经城区后流转又回到伊敏河的怀抱，这一段小河长 6.626 公里，恰是海拉尔城区南北的长度，是一个可传为佳话的巧合。海拉尔城区内有两条大的河流通过，再加上"六二六"小河，便有三条大小河流，使这座城市的灵动和美丽倍增。

十几米宽的小河提升了成吉思汗广场的灵秀，也提升了整个河东区的品位。更可贵的是，她对海拉尔起到了泄洪的作用。伊敏河的两条堤坝，限制了河水的泛滥，但河西如果骤降的雨水过大，地下管道往往宣泄不及，而河东因有"六二六"小河却很少积水，居民得以受益。

三条河流使海拉尔有了通灵之气，加上三面环山，与周边广阔、雄浑的草原，形成鲜明的对比，集中而又精致的城市景观，让海拉尔美艳四射、光彩夺目。

冰雪晶莹、活力四射的
冬季海拉尔

在海拉尔的伊敏河河畔徜徉浏览，享受清凉舒适而浪漫的夏夜；在海拉尔度过多雪的冬季，观赏和体验冰雪的乐趣……这些已经成为这片土地上的人们最为平常的生活，而外地来的游客，则有惊奇、赞叹、相见恨晚等难以言说的感受。

冬季的海拉尔，11 月份便飘起瑞雪，在近 7 个月的雪期里，海拉尔人用智慧的双手创造出了独具特色的冰雪世界。海拉尔的冰雪活动由来已久。起初，人们只在自己的小院里堆起雪人，用最简单的生活用具把雪人装成可爱的形象。春节，海拉尔人用带颜色的水浇塑冰灯，里面点上蜡烛，摆在家门口。改革开放以后，文化生活日趋丰富多彩，街头塑起了一座座雪雕，人们用冰雪活跃自己的冬季生活。2005 年冬季，海拉尔首次在西山公园建设冰雪乐园，此后，海拉尔的冬季冰雪活动不断创出新意，从最初的街头路口单体观赏性雪雕，发展到如今的"冰河世纪""欢乐动物城"等一系列大型主题冰雪嘉年华活动。各种故事性的冰雪雕塑，在寒冷的

雪中樟子松

季节里营造出晶莹剔透、美轮美奂的童话般的世界，人们纷纷前来游览观赏，大人孩子有了冬季游乐、休闲的好去处。

海拉尔的冰雪体育运动曾经扬名全国，20世纪五六十年代，海拉尔的体育健儿代表内蒙古自治区参加全国的冰雪赛事，与黑龙江、吉林等省争夺桂冠，付慧敏、高金英等屡次夺得少年全国冠军，陈瑞昕、王润梅、孟和等在国家滑雪锦标赛上取得滑雪的前三名。几十年中，海拉尔向国家冰雪运动队输送了大量的优秀运动员、教练员。著名的冰上速滑金牌教练袭艳芳等就是走向全国的海拉尔人。海拉尔注意挖掘地区冰雪运动传统，将群众体育活动和竞技体育赛事融入其中，连续16年举办"万名青少年上冰雪活动"，连续举办6届"中国·海拉尔国际冬泳邀请赛"，成功举办了"中俄蒙国际雪雕大赛""全国汽车场地（冰雪）越野锦标赛""全国雪地摩托车越野挑战赛"等多类型品牌赛事活动，在冰雪活动中表现出多种多样、异彩纷呈的景象，使城市品位和地区影响力显著提升。"万名青少年冰雪活动"，将冰雪活动普及到幼小的孩子，使他们的体质得到锻炼和发展。"中俄蒙雪雕大赛"使海拉尔走出狭窄的地域，走向国际。全国的汽车、雪地摩托车高手在银装素裹的雪野上，风驰电掣，马达轰鸣、雪粉翻飞，场面宏大而且惊险，令人激动，令人惊叹。

有好多地方，也建造冬季雪塑、冰雕，装点城市，盎然成趣，但都没有海拉尔的冰雪雕塑如此地集中，

冰雪嘉年华

中国·海拉尔国际冬泳邀请赛

又如此地散落在各处街头，随处可见。更可贵的是，这里的冰雪运动、冰雪季的街头文化表演和城市的冰雪雕塑结合在一起，许多运动和表演的场地就是冰雪雕塑的陈设地，许多运动或表演的背景就是这些活灵活现、异彩缤纷的冰雕雪塑，它们相映成画，相映成诗，这成了海拉尔小城又一个与别处迥然不同的特色！

海拉尔冰球邀请赛

突飞猛进的经济建设
改革开放前内蒙古自治区的东部工业中心

内蒙古自治区东部地区呼伦贝尔、锡林郭勒、通辽、赤峰、兴安五盟市，是我国蒙古族人口聚居的主要地区，蒙古族人口占自治区蒙古族人口的85%以上。计划经济时期，自治区把呼伦贝尔盟作为自治区的东部经济中心开发建设，许多项目落户在海拉尔。海拉尔周边大兴安岭林业资源和扎赉诺尔、大雁等地煤炭资源的开发，使海拉尔经济繁荣，人民富足。

呼伦贝尔作为国家重要的煤炭、木材、肉类、皮革、乳制品基地，在全国都占有举足轻重的位置，在国家经济建设中有重要影响。全国最大的皮革厂、肉联合加工厂、乳品厂、牧业机械厂都建在海拉尔，

1971年又建起当时设备先进的毛纺织厂。畜产品加工业配套完善，规模巨大而雄居国家前列。作为出口加工地，蒙东地区的牛羊成规模地运到这里屠宰加工。呼伦贝尔生产的奶油、奶粉、干酪素、毛斯维革等许多产品都被评为国家金牌产品，代表中国参与国际市场竞争，成为国家创汇的大户。那时，许多国人以享用呼伦贝尔的乳制品、肉制品和皮革制品、毛织品为荣。美国前总统尼克松访华时，国家礼宾部门还指定海拉尔乳品厂为他特制奶油。更有不少呼伦贝尔人到北京、上海等大城市出差，从大商场买回来的竟是呼伦贝尔的产品。海拉尔一度成为自治区经济、文化发展最为快速的地方。

1979年，呼伦贝尔盟从黑龙江省重新划归内蒙古自治区管辖。此

海拉尔的电力建设

后的10年里，这个计划经济氛围浓重的地区，仍然依靠森工企业、煤炭企业、国营农牧场和大、中型国营加工企业占据着在自治区的优势地位，经济总量一度居于自治区之首，赢得了"呼老大"的别称。海拉尔则集中着其中众多的大中型工业企业，为自治区、全国的经济发展做出自己独特的贡献。

进入20世纪90年代，经济改革进程加速，社会主义市场经济快速发育，计划经济的弊端和观念的滞后，迟滞了呼伦贝尔地方经济快速发展的脚步。

"九五"时期，由于产业转型、体制转轨、"天然林资源保护工程"政策实施以及地方经济发展政策滞后、信息不通畅等因素影响，呼伦贝尔陷入了发展缓慢、低速徘徊的被动局面。在蒙西地区工业经济快速崛起时，呼伦贝尔正经历一个艰难、痛苦的转型时期。

如今，全新的经济建设形势、地方政策的日趋合理、资金的整合流动、资源的科学开发利用，呼伦贝尔市、海拉尔区重新走上快速、平稳发展的轨道。

经济结构：从农畜产品加工到能源、煤化工的崛起

努力调整工业结构，促进经济发展

改革开放以来，海拉尔区的工业经济结构发生了巨大变化。产业结构调整改善明显，经济快速增长，国民经济发展进入一个新的阶段，改革促进了经济的合理发展。在工业化进程中，海拉尔工业经济结构发展过程大致经历了五个发展阶段。

改革开放前是计划经济体制下

海拉尔煤炭开发

的工业发展模式。1978年改革开放后，全社会的工作重点转到社会主义现代化建设上来，海拉尔按照产业政策的布局要求，采用优先扶持轻工业发展的方针，优先发展轻工业。这期间以毛纺织、乳制品、肉类加工、皮革、造纸为代表的一批国有大中型企业发展迅速，提升了产能，带动了经济的发展和人员的就业，轻工业快速增长，成为海拉尔工业经济的支柱产业。

1985年，即"七五"规划开局之年，在轻工业发展政策的促进下，海拉尔的轻、重工业保持了均衡的发展态势，进入大力发展民族轻工业阶段。毛纺织、皮革、乳制品、肉食加工行业继续保持强势发展的势头，成为地区的特色工业，这一时期，厂办集体企业大批量涌现，

生活日用品产量增加，民族类日用产品丰富，其中特色民族用品是以奶桶、蒙古袍、马鞍、马靴、蒙古刀、蒙古毛毡、蒙古包架为代表的本地民族特需产品，成规模的乳制品、肉食制品、毛线、毛毯、农牧机具等产品的产量、产值增加，到1990年，民族工业品占全部工业产值绝对的大比例，畜产品加工业带动了全社会经济的繁荣。

1990年，即"八五"规划开局之年，海拉尔市进入工业改革、调整阶段。这个时期，海拉尔市重工业企业有335户，轻工业企业有292户，到1991年工业总产值达59289万元。"九五"期末，即2000年，海拉尔的机械、建材、食品加工、造纸、制药、纺织行业占主导地位，工业总产值达到91402万元。由于

煤炭企业生产指挥间

信息不畅、地方经济政策不够开放、观念落后、市场竞争剧烈、应对措施不力等原因，工业生产徘徊于低速增长趋势，工业企业全面进入转换企业经营机制阶段。

这个时期具有行业代表性的企业：乳品工业有3家，日加工鲜牛奶能力350吨，主要产品为乳制品、冷饮品、药品三大系列；肉类加工企业有4家，以海拉尔肉联厂为主，

机械制造

主要产品有牛羊分割肉、畜副产品、熟食品、生化制药、化工油脂、饲料等八个种类；制酒业有18家，生产的主要产品为啤酒和白酒，制酒工业年生产能力上，啤酒3万吨、白酒5000吨。由于企业深化改革，诸多深层次矛盾显露，工业发展速度起伏大，处于低速攀升态势。

从2000年开始，即"十五"规划开局之年，海拉尔工业实施"三大战略"，培育六大支柱产业，继续深化企业改革，迈入产业结构调整和深化改革阶段。海拉尔区不断深化企业产权制度改革，2003年国有企业的改制、改组、改造艰难进行。企业全部进行了股份制改造，实施了改制、重组、招商过程，全面完成了国有企业的改制工作。深化改革后的海拉尔区，以电力、煤炭、煤化工为主的能源工业明显加强，轻工、纺织、建材等传统的原材料和加工工业比重相对降低，打破了传统的行业生产格局，牧草收获机械、工业硅等产品大量出口。这个时期内，工业经济总量增加，增速加快，经济效益提高。

2006年，即"十一五"的开局之年，重工业呈现快速增长，形成了以电力、煤炭、煤化工为主的能源工业体系，工业增长再次形成以重工业为主导的格局。海拉尔区响

海拉尔重化工业

海拉尔机械制造工业

应呼伦贝尔市政府的号召，贯彻落实"美丽和发展共赢"的工业建设方针，压缩了工业硅等高耗能、有污染的企业。到"十二五"期末，即2015年，食品加工业等行业的比重显著增加，农畜产品加工再度发展，能源、煤化工等资源深度开发，并科学、合理利用，形成了电力、煤炭、重化工产业和地区特色农畜产品加工业并存发展的格局。

特色工业和新的格局

海拉尔区的特色工业具有浓厚的地区民族特色，食品工业中的乳、肉、酒、油菜和马铃薯加工业，能源业中的电力，建材业中的水泥是海拉尔地区的特色工业。改革促进了工业经济的发展，一批优势企业迅速崛起。特色工业规模大、效益好、市场竞争力强、具有自主创新能力。蒙西水泥公司、华润雪花啤酒（海拉尔）公司、三元乳业公司、麦福劳薯业公司、华能东海拉尔发电厂、大唐煤业、大唐化工等一批特色工业，已经成为海拉尔区行业的龙头企业、工业经济的支柱产业。

食品工业作为优势产业快速发展。海拉尔区已形成以当地资源乳、肉、粮、油加工的食品工业、以风能和煤炭为资源的发电及建材业的支柱产业。食品工业是海拉尔区的特色工业，也是海拉尔区的支柱产业，具体分为乳制品类肉食加工类、农产品加工类、酒类等。现有制酒、乳品、肉食、粮油、马铃薯加工等15户食品加工企业，年产值为24亿元。其中，啤酒年产量6万千升，乳制品综合产量5万吨，液态乳年产量4000吨。在"十二五"期间，肉类加工业达到牛20万头、羊400万只的满负荷生产能力，肉类加工综合产量 12015吨，年产值

啤酒厂的自动化生产线

等待外运的牧业机械

达 5 亿元以上，利税达 1 亿元以上。"十二五"期间，海拉尔区乳品工业形成年加工处理鲜奶量 80～100 万吨，产品品种达 10 个以上，年产值达 10 亿元以上，利税达 2 亿元，还实施了以龙头企业为主导的牛奶源基地建设。马铃薯加工工业方面，"十二五"期间，马铃薯产品年产

量达 2 万吨，产值达 4 亿元以上，利税 1 万元以上。油脂加工业方面，"十二五"期间，重点扶持 20 万吨油菜籽产业化项目达产达效，到 2015 年产值达 15 亿元，利税 3 亿元。制酒工业方面，到"十二五"末期产值达 8 亿元以上，利税达 2 亿元，啤酒年产量达到 20 万吨，白酒达到

海拉尔热电厂二期联产工程

5万吨。改革使轻工、食品行业重新获得了生机，企业经营机制更为灵活，解决了生产经营困难、经济效益下降的难题。存量资产盘活，工业企业数量减少，但产品产量骤增，产值骤增，经济效益呈现出良好的发展势头。

到"十二五"时期，以谢尔塔拉产业基地为载体，海拉尔加快发展能源、重化工业发展，"十二五"末期建设成全国知名大型煤、电、化基地，年产值达到80亿元，利税16亿元；煤炭开采能力达1000万吨，电力装机达440万千瓦，煤化工产品产量达300万吨。电力方面，海拉尔有热电企业2家，年产值8亿元；年电力装机为57万千瓦，年发电量达19亿千瓦/小时，占全市发电量的13%。

2016年，海拉尔区继续推进老城区工业企业"退二产业进三产业"和"退城入园"工作，工业发展向中俄蒙物流园区和呼伦贝尔工业园区两个园区集中。海拉尔区工业经济的发展，主要依托这两个园区的项目发展，推动城区内企业向园区转移，推动实施企业"退二进三"规划，按着促改革、调结构、防风险的工作目标，推进企业转型升级向循环经济、低能耗的方向发展。

改革开放40年来，海拉尔区工业经济发展围绕着企业改革和调整结构展开，大力推进转变发展方式。工业形成了食品、电力、煤炭能源、建材等支柱产业，改革发展成效显著。工业发展进入一个新阶段，工业整体规模和实力显著增强，改革发展走出了一条具有地区民族特色的工业发展之路，成为呼伦贝尔市工业经济的重要组成部分。

商贸产业持续壮大
聚集能力不断增强

海拉尔作为呼伦贝尔市的中心城区，商贸流通业是服务全市、辐射俄蒙的支柱产业。近年来，面对世界范围内经济发展速度滞缓的大环境，海拉尔区高度重视商贸服务业工作，促进商贸流通业不断取得新的发展。

近年来，海拉尔区社会消费品零售总额持续增长，总量占呼伦贝尔市的四分之一。2016年1～8月，海拉尔社会消费品零售总额完成101.08亿元，总量在呼伦贝尔市排第一位。目前，海拉尔区共有限额以上法人企业201家，其中批发业21家、零售业45家、住宿业18家、餐饮业18家；限额以上个体商贸企业共62家，其中零售业14家、住宿业15家、餐饮业33家。

重点商业项目建设取得了新的成就，海拉尔区的商贸服务业的整体实力显著提升。"十二五"期间，海拉尔区不断加大商业基础设施建设力度，加快市场体系建设步伐，积极推进商业流通基础设施建设和大型商业综合体的建设，并对传统商贸业实施改造升级。五年来，平均每年新增商业营业面积10万平方米，到2015年末，海拉尔商业总面积达130万平方米，比"十一五"末期增长62.5%；商业从业人员增加1.5万人，达到6万人；完成了尚品国际家居建材城、广厦数码大厦、世纪天伦酒店、发达购物广场、炎黄世纪国贸家居博览中心、伊仕丹购物广场、华汇地下商业街、众和地壹街地下商城、时利果蔬批发市场、万家惠农贸批发零售市场项目等一大批大型商业项目建设，并投

繁忙的农贸市场

入使用。目前，海拉尔区营业面积在5000平方米以上的商业网点有24家。其中年销售额超过亿元的有7家。建设中的中俄蒙国际物流园区起步区道路全线通车，对外整体招商工作正在深入推进。中俄蒙文化创意产业园项目中的天成彼得国际酒店、中俄蒙国际皮草城、中俄蒙国际夏季冰雪乐园已投入运营，保税仓库建设进入验收阶段。"2.2平方公里文化区"区域商业综合体项目可行

商业街景

性研究已经完成；东出口生活型物流园区谋划工作正在加快推进。

2015年，海拉尔区百府悦大酒店、友谊生活广场等一批新的商业项目投入运营，实现了营业面积新增10万平方米、新增就业人员3000人的目标。2016年上半年，开发区露天市场、古城夜市、铁北农贸市场得到了整治和规范，迈出了引导马路市场向规范化和标准化发展的一大步伐。2016年重点推进的"四个一批"（加速启动一批带动发展的重大项目，推出一批改革创新的重大举措，解决一批制约发展的重大问题，谋划启动一批特色产业、城市建设、基础设施等领域重大项目，以有效加快地区经济社会的发展）商贸流通重点项目，有呼伦贝尔万家惠农贸批发

零售市场二期建设项目、海拉尔区三角地时代广场"海悦城"购物中心项目、尼尔基路发达广场建设项目、盛源城市广场商业综合体项目、全季商务酒店（原锦江酒店）项目顺利推进，其中，万家惠农贸批发零售市场、全季商务酒店（原锦江酒店）项目即将投入使用。

商贸服务业的惠民工程卓有成效，农村连锁超市建设和平价菜供应工作不断得到加强和提高，此外还较好地完善了农村牧区现代流通体系。新农村建设中，便民连锁超市工程建设为全呼伦贝尔市树立了典型。平抑冬季、春节期间海拉尔地区冬季菜价格及供应工作，取得良好的成果。如共建设运营平价蔬菜超市（销售点、柜台）31家，其中社区平价蔬菜销

海拉尔三角地街景

售点21家、大型超市设立平价蔬菜柜台10家，较好地完成了冬季春节期间蔬菜市场的保供稳价工作。

加快发展电子商务，重点企业实现了率先垂范。目前，海拉尔地区已经开展电子商务业务企业25家，仅2016年1～6月网上交易额已达到3亿元，实现同城配送的已有2家。电子商务作为网络化的新型经济活动，正在逐步渗透到社会经济的各个层面。这种业态改变了传统商业模式，促进了流通方式的现代化变革和创新，加快了经济增长方式向专业定制化迈进，以独特优势成为经济增长的新动力。

努力搭建对外开放平台，积极打造"一带一路"亮点。2016年6月26日～28日，海拉尔区成功举办"中国（海拉尔）第十二届中俄蒙经贸展览会暨2016中国国际机械建材展览会"（国家级）。展览会有来自俄罗斯、蒙古国等9个地方政府代表团、16个国家和地区的110余家企业以及国内12个省市自治区300余家企业参展，把"中国·海拉尔中俄蒙经贸洽谈暨商品展销会"（地区级）升格为国家级展会，突显了展会在国家的商贸活动中的重要地位，实现了历史性的新跨越。

企业"走出去"工作稳步推进，境外发展取得新进展。呼伦贝尔市澜宝商贸有限公司在俄罗斯乌兰乌

新农村的景象俯瞰

德市投资设立了"张计公司",经营汽车运输设备服务及维修,汽车货物专门化运输、非专门化运输,木材采运、木材批发、代理批发木材业务等,准备继续投资建设木材综合加工厂、木材烘干窑。呼伦贝尔市鑫垚经贸有限公司在俄罗斯伊尔库茨克市投资设立了"维列斯有限责任公司"。呼伦贝尔市海宏商贸有限公司在俄罗斯乌兰乌德市注册成立了境外独资公司——蓝色贝加尔有限责任公司。呼伦贝尔市龙兴达商贸有限公司在国外扩大了经营范围,增加了农业开发部分。这些涉外的商贸项目顺利开展,拓展了内蒙古东部区对外经贸的路径,

为国内一批工贸企业开发了俄罗斯、蒙古国的市场。

海拉尔区的商贸工作正沿着惠民、务实、快速、上规模的思路不断发展。

以菜薯为主的农业经营

自1972年引进第一栋塑料覆盖大棚以来,海拉尔区的蔬菜种植发生了革命性变化——高寒地区冬季也可以实现蔬菜生产。

20世纪90年代以来,海拉尔区逐步建立了城市蔬菜基地建设、保护和管理制度。每年根据城市发展需要,安排蔬菜专项资金,增加基地面积,完善蔬菜基地道路、水渠、泵房、电力、大棚等基础设施,改良

海拉尔区奋斗镇农业园区景观

土壤，提高蔬菜基地丰产能力和抵御旱涝等自然灾害的能力。近年来，相继建成2个无公害蔬菜生产基地和标准化生产基地，开发了一批名、特、优、新蔬菜产品，建设改造3个农产品市场，使蔬菜生产和流通设施得到改善。2015年，海拉尔区蔬菜种植面积1.5万亩，产量8.9万吨，其中投入生产温室大棚6641亩。

2013年至2015年，海拉尔区抓"菜篮子"建设，加大基础设施投入，建成大棚2350亩、温室500栋、仓储库6.5万平方米，其中奋斗镇蔬菜基地建成蔬菜钢架大棚1200亩、温室350栋、仓储库60000平方米；建设办事处北山高寒地区"菜篮子"

塑料大棚蔬菜基地

马铃薯种植基地

示范基地建成温室 50 栋，并开始育苗，还建有蔬菜大棚 200 栋、仓储库 5000 平方米。形成了以光明村和合作村为主的大白菜、大葱等秋菜生产基地，互助村阳光小区西瓜、蘑菇生产基地，天保基地的番茄、西瓜生产基地，友联村、友好村黄瓜、番茄生产基地、胜利村和红星村叶菜种植基地等 6 个区域特色蔬菜种植基地，现形成以"阳光农业科技示范园区""天保绿色食品产业基地""光明农业发展园区""合作有机蔬菜园区""海拉尔友联农业高科技示范基地""海拉尔区北山高寒地区菜篮子工程示范基地"六大基地和批发市场带动的绿色无公害蔬菜产业链。海拉尔通过大力推广实用新技术，大胆引进名优新特蔬菜品种，不断优化种植结构，提高了菜农的种植技术水平，示范推广了遮阳网生产叶菜、地膜覆盖早春马铃薯等 15 项适用新技术，主要引进推广了彩椒、丝瓜、苦瓜、冬瓜、绿菜花、紫甘蓝、微型番茄、荷兰豆、荷兰黄瓜、吉祥 1 号南瓜、西葫芦、小天使西瓜、苦菊等 20 余种近 30 多个名优新特蔬菜品种，极大地丰富了海拉尔地区市民的菜篮子。

海拉尔区实施蔬菜品牌战略，推行农业"三品一标"等质量安全认证，提升品牌内质。现有蔬菜专业合作社 7 个，已经认证无公害蔬菜产地 19.2 万亩；海拉尔区北山高寒地区菜篮子工程示范基地的芹菜、黄瓜和西红柿取得绿色食品认证；主要品牌有"伊敏河"牌马铃薯，"绿康"牌无公害蔬菜，"光建"牌西瓜及"小天使"牌西瓜等"绿色碧土"系列蔬菜，均通过了国家无公害蔬菜认证。

以哈克镇为中心的奶牛饲养业

海拉尔区畜牧业主要为奶牛业的饲养和生产，是海拉尔区牧业的突出特色。海拉尔区畜牧业基础设施建设发展势头强劲，实现了"由生产型畜牧业到产业型畜牧业"的质的跨越、由"分散饲养到规模饲养、由粗放经营到集约经营"的根本性转变,目前已进入"由传统畜牧业向现代畜牧跨越"的历史新阶段。海拉尔新建了一批家庭合作牧场、规模化养殖场,其中哈克镇到2016年已建成奶牛规模化养殖场12处,已投入使用10处,已有1.1万头奶牛实现规模化养殖,2015年鲜奶总产量为189460吨。

科学养殖

哈克镇位于海拉尔区东郊,距市区30公里,辖6个行政村,是远近闻名的奶牛镇。哈克生态奶源基地规划占地面积2140亩,已建设的12个现代化奶牛养殖牧场,合理分布在哈克镇5个行政村、1个种牛场。截至2016年建筑面积达到16万平方米,可饲养奶牛1.5万头。

团结村牧场。2008年,哈克镇团结村采取村民自筹方式购买了原呼伦贝尔市元亨牧业有限公司部分厂房。经过几年的发展,通过利用国家扩大内需项目、农业综合开发项目等资金改建、扩建牧场,牧场建筑面积达10673平方米,有标准化牛舍13栋。2014年,团结村牧场继续扩大养殖规模,新建牛舍10个,共计40000平方米,新建挤奶厅3750平方米。目前,团结村牧场共有奶牛3500头、挤奶厅6座,年产鲜奶9000吨。

一五窑牧场。牧场总占地面积60亩,建筑面积8576平方米,储草棚3600平方米,于2010年建设并投入使用,目前饲养奶牛320头、日产鲜奶5.6吨。场区内分为标准化牛舍、挤奶厅、饲草存放区、轮牧区、污水处理及沼气工程区等多个区域。现代化设施、设备齐全,拥有TMR饲料搅拌机、山猫牌滑移式装载机、鱼骨式按摩挤奶器等多种现代化机械设备,是国家级奶牛标准化示范基地。

扎罗木得村牧场。规

奶牛养殖基地

划总建筑面积为 38540 平方米, 建设可容纳 370 头黑白花奶牛的标准成牛舍 8 栋及生产配套工程, 饲养基础奶牛为 3000 头, 实现年产鲜牛奶 15000 吨。

哈克村牧场。项目占地面积 450 亩, 总建筑面积 42210 平方米, 建设标准化牛舍 6 栋、建设挤奶厅 3 座及相关配套工程, 项目建成后可饲养奶牛 3000 头。

颖利牧场。项目由呼伦贝尔市颖利畜牧养殖有限公司建设, 规划用地面积 300 亩, 总建筑面积 35868 平方米, 建设牛舍 8 栋、仔牛舍 1 栋、挤奶厅 2 栋、储奶厅 2 栋及相关生产配套设施。

孙家屯村牧场。规划占地面积 300 亩, 总建筑面积 16600 平方米, 建设标准化牛舍 10 栋、挤奶厅 1 座及相关配套设施, 项目建成后可饲养奶牛 1000 头。

谢尔塔拉牧场。该项目占地 300 亩, 建设泌乳牛舍 22320 平方米、后备牛舍 9000 平方米、青贮窖 10200 平方米及相关生产配套工程, 饲养奶牛 5000 头。

十六号村牧场。规划占地面积 300 亩, 总建筑面积 18328 平方米, 建设标准化牛舍 8 栋、挤奶厅 4 座及相关生产配套设施, 项目建成后可饲养奶牛 1120 头。

四通八达的航空、铁路、公路

交通运输在国计民生中发挥着基础性、先导性和公益性作用。"十二五"规划实施以来, 海拉尔已累计完成多项交通基础设施建设, 区域内公路通车总里程达 516 公里, 初步形成以国道、省道为主干线, 以县道和绕城线为干线, 以乡道和村道为支线的外通周边、内连城乡及各景观区的公路交通网络, 展现出海拉尔区生机勃发的新面貌。

海拉尔作为呼伦贝尔市的首府, 依托区位、环境、政策、人才、信息等综合优势, 全力打造成为蒙东地区的国际物流中心、现代商贸中心、旅游集散中心以及向北开放的中心城市和中俄蒙国际合作先导区核心城市。

海拉尔区域现已完成"村村通公路"工程。

海拉尔外环路, 由东环、西环、南环和北环组成, 全长 88 公里。外环路的修建进一步完善了城市快速道路网络, 加大了中心城向周边地区的交通辐射, 疏导了进入市中心区的车辆, 明显缓解了市中心区的交通压力。此外, 这个交通网络加强了与周边区域之间的联系, 显著地改善了投资环境, 为带动蒙东经济跨越式发展起着积极的作用。

海拉尔哈萨尔大街西出口公路,

全长 5.199 公里，是海拉尔与呼伦贝尔新区、鄂温克族自治旗、新巴尔虎左旗的重要连接线，并与在建的省道 S201 海拉尔—哈达图一级公路相连。这条道路沿西山国家森林公园向草原深处延伸，不仅给海拉尔增加了一条别具特色的景观大道，而且打开了北上的经济通道，让海拉尔与其他旗市的经贸人文交流更为密切。S40 海拉尔机场一级路，全长 11.11 公里，是连接海拉尔机场公路与绥满国道主干线高速公路牙克石—海拉尔段的一条重要通道。这条道路将海拉尔机场、东山组团（海拉尔区新政府大楼及附近企业、居民区）、牙克石路物流带连接为一个有机的整体，既为物流的快速发展架设起桥梁，也为未来的城市拓展、经济扩容打下桩基。

哈萨尔大街

海拉尔公路客运总站是全国 179 个公路枢纽之一，于 2013 年 8 月 30 日投入使用，是呼伦贝尔市十大民生工程之一。客运总站为一级汽车站标准建设，占地面积 5.2 万平方米。车站设计日均发送旅客 1 万人次，承担海拉尔通往全市 12 个旗市的公路旅客运输任务，覆盖人口达 100 万人。除通达全市 12 个旗市外，还通达自治区的呼和浩特、乌兰浩特、通辽等多个盟市，通达自治区外的北京、齐齐哈尔、哈尔滨

国道达乡镇

公路客运总站

等城市。现已开通 41 条客运线路，日开行班次 233 班，年度日均发送旅客 1 万人次，与北京、呼和浩特、赤峰、通辽、锡林郭勒、哈尔滨、齐齐哈尔实现了班车互通。海拉尔客运总站作为蒙东地区交通枢纽，对实施连接俄蒙、辐射东北的经济方略，发展地区旅游，开发本地区历史、自然资源，缓解交通压力方便出行，都有着巨大的现实意义。

　　内蒙古是国家重要的资源和能源储备基地，也是国家向北开放的前沿阵地，地理位置十分重要。呼伦贝尔对外公路通道的建成，是主动实现与全国骨架公路网融合的重要举措，也是呼伦贝尔更好地融入

京津冀、环渤海和东北等经济区的基础保障，有效完善了国家区域路网功能，连接了华北和东北公路网络，打通了省际断头路，有利于交通网络整体功能和效益的充分发挥，对内蒙古实现资源转换、产业承接和全面建成小康社会、巩固民族团结进步具有重要的意义。

　　海拉尔是大兴安岭岭西地区重要的交通枢纽，是 301 国道、201 省道和滨洲铁路的交汇点。2015 年，海拉尔铁路货运量达到 5487 万吨以上，日均 2308 货车、客车日 19 对。

　　海拉尔拥有呼伦贝尔市唯一的国际航空口岸，周边 200 公里左右，毗邻 8 个国家级一、二类通商口岸。国际、国内航线布局的不断优化，使海拉尔区形成铁路、公路、航空的立体交通网络。

　　呼伦贝尔东山国际机场（以下简称"东山机场"）为内蒙古自治区主要机场，国家一级 4C 级机场。东山机场位于呼伦贝尔市海拉尔区，距市区 3 公里，距呼伦贝尔牙克石市区 70 公里。机场始建于 1932 年，前身为海拉尔东山国际机场，2011 年正式更名为"呼伦贝尔东山国际机场"。1988 年以来东山机场先后进行了 4 次扩建，建设国际候机楼

东山机场停机坪

2430平方米，建设停机坪、防吹坪11400平方米，新建跑道2600延长米。同时，民航也对东山机场加大投入，盲降、夜航、全向信标台、近台、远台陆续投入使用，使东山机场达到了飞行区等级4C标准。1993年7月6日，国务院批准海拉尔航空口岸对外开放。东山机场陆续开通俄罗斯赤塔、伊尔库斯科，蒙古国乌兰巴托、乔巴山，日本，香港等航线。2015年，东山机场完成运输起降1.7万架次，旅客吞吐量184万人次，居全国第50位；货邮吞吐量0.7万吨，居全国第55位。东山机场共有北京、天津、呼和浩特、济南、广州、大连、哈尔滨、杭州、青岛、上海等60条航线。

交通是经济社会发展的血脉。交通畅通，则经济社会发展所需的各种条件才能充分涌动，才能激发出蓬勃的活力。海拉尔的交通建设，改变着城区旧有的面貌，让人们感受到方便、通畅、快捷与日渐兴盛的繁荣。为使交通运输成为更强劲的经济社会发展的推进器，海拉尔区委、区政府对交通运输"十三五"规划进行安排部署，继续发展综合交通、智慧交通、绿色交通、平安交通，把海拉尔建设得更加美丽、更加现代化！

海拉尔火车站夜景

历代题咏

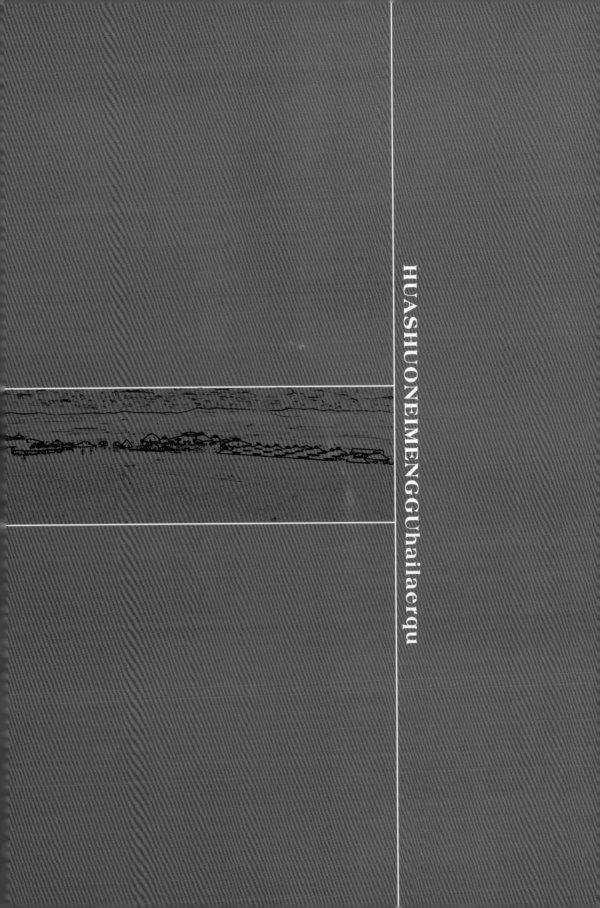

HUASHUONEIMENGGUhailaerqu

历代题咏

LIDAITIYONG

从清康熙、宝鋆、纳兰性德到宋小濂、张家璠等历代文人都曾留下对北方草原深深的感叹。新中国成立以来，文人墨客更是不吝笔墨，泼洒下对这里的无尽的热爱。

古代名人诗文选录

从清康熙、宝鋆、纳兰性德到宋小濂、张家璠等历代文人都曾留下对北方草原深深的感叹。

齐己（863～937年），本姓胡，字德生，湖南人，唐末著名诗僧。有《白莲集》。有诗《边上》，写边塞安宁、民族和睦景象：

> 汉地从休马，胡家自牧羊。
>
> 都来销帝道，浑不用兵防。
>
> 草上孤城白，沙翻大漠黄。
>
> 秋风起边雁，一一向潇湘。

谈允谦（1596～1666年），明末诗人，字长益，丹徒人。有《树萱草堂集》。曾咏诗《边关春晚曲》，写塞外民族妇女以音乐和美酒宴客敬酒的欢乐气氛：

> 胡姬队队弄胡琴，酒滴酮酥取次斟。
>
> 花柳既无莺燕少，总然春去不关心。

高士奇（1645～1703年），字澹人，号江村，钱塘人，官詹事府詹事、礼部侍郎。清代著名学者，有《清吟堂集》。现录《塞外杂咏》之二：

> 望中宫阙隔云霞，叹息今年负物华。
>
> 六月驼毛飘满地，浑疑春尽洛阳花。

玄烨（1654～1722年），爱新觉罗氏，即清圣祖康熙帝。有《圣祖仁皇帝御制集》。他率军平定噶尔丹后，赋诗《克鲁伦河上游雨后草生》，写克鲁伦河畔雨后草原的秀美风光：

> 晚从曲岸驻前旌，雨歇行营草怒生。
>
> 一望青青河上色，平芜共听马嘶声。

纳兰性德（1655～1685年），原名成德，字容若，号楞伽山人，满洲正黄旗人，康熙年进士，官一等侍卫。有《通志堂集》《纳兰词》。曾赴索伦探俄人敌情，有诗《唆龙与经岊叔夜话》，极言北地之苦寒：

> 绝域当长宵，欲言冰在齿。
>
> 生不赴边庭，苦寒宁识此。
>
> 草白霜气空，沙黄月色死。
>
> 哀鸿失其群，冻翮飞不起。

钱良择（1645年～？）字玉友，一字木庵。清康熙年间曾随大吏出使俄罗斯。有《抚云集》《出塞纪略》。《竹枝词》七首选五，写塞外民俗风情：

> 马通供爨酪供餐，革带羊裘貂制冠。
>
> 应傲中原生计绌，苦辛耕织备饥寒。

> 番语侏离译不明，相看都用手传情。
>
> 却思博望操何术？口作华言万国行。

> 塞北红颜亦自研，宝环珠串锦妆鲜。
>
> 怪来羞脱蒙茸帽，顶上浓云在两肩。

> 驱驼市马语哗然，乞布求茶列帐前。
>
> 但得御寒兼止渴，生涯初不赖金钱。

> 马上帏中等絮袍，腰横襞绩领缘羔。
>
> 卸来便寄征夫去，不待秋风费剪刀。

敖拉·昌兴（1809～1885年），字芝田，达斡尔族，出生于今海拉尔南的南屯，曾任呼伦贝尔佐领。1851年奉旨巡查额尔古纳河、黑龙江，著有《敖拉·昌兴巡边记》，其《巡边诗》如下：

> 离家未久秋风临，前行时光幻如云。
>
> 昔有张骞巡西域，桦舟万里有谁人。

宝鋆（1807～1891年），字锐卿，号佩蘅，满洲镶白旗人。道光十八年进士，官武英殿大学士兼军机大臣。有《佩蘅诗钞》。录《塞上吟·竹枝词》三首，写草原人民好客、幼儿豪爽、少女娇柔等风情：

> 山前山后蒙古包，行人尽日走山坳。
>
> 喜闻到处皆堪住，不数当年杵臼交。
>
> 北地雄风振古豪，小儿衣上亦容刀。
>
> 虎头燕颔封侯像，食肉原来尽老饕。
>
> 丰貂压鬓髻盘鸦，扑鼻酥香解唤茶。
>
> 听得小名尤旖旎，云端霖沁更丹巴。

宋小濂（1860~1926年），字铁梅，一字友梅，晚号止园。今吉林市人。中国近代杰出的爱国主义者。先在黑龙江将军程德全幕下主管文书与对俄交涉事宜，后为黑龙江铁路交涉局总办、呼伦贝尔副都统、黑龙江民政使、署理黑龙江巡抚。在抗击沙俄、捍卫领土方面多有建树。民国时期，任黑龙江都督兼民政长、中东铁路督办。后辞职归隐。著有《晚学斋诗集》《边声》《东道集》等，诗作多表达忧国、抗俄之情，感情沉郁，气势雄浑。录《呼伦贝尔纪事》如下：

兴安岭西北斗北，胪朐河外邈无极。黄沙满地雪满天，胡儿三万服威德。忆昔国家全盛时，约束异类随鞭箠。河上誓碑界已定，山头鄂博石南移。此疆彼域各相守，谁敢试越鸿沟走？一草一木戴兵威，碧眼赤髯皆缩手。牛羊遍野驼马鸣，千庐万落腾欢声。沐日浴月二百载，四境从无烽燧惊。世界风云变倏忽，约书一纸来罗刹。毁垣入户建飞辕，穴山跨江通修辙。藩篱自撤隳国防，黄巾兆祸虏骑猖。凭陵蹴踏等蝼蚁，八年俯首饱豺狼。即今乱定脱刀匕，电蛇笑看飚轮驶。部落星居自晓昏，山川瓯脱谁疆理？我武生愧李将军，我才远逊赵翁孙。岩疆权镇作都护，筹防拮据营边屯。千五百里渺人迹，山高溪深岩如壁。陆无道路水无舟，到此仰天长太息。仰天长息空疑犹，何如且为尺寸谋。裹粮分道据天险，开榛辟莽勤绸缪。营巢渐见初基植，河干遍树黄龙帜。邻族惊呼"吉代"来，官民相诫无妄肆。回头切切语我蒙，尚武无忘先代风。有马可骑羊可食，同仇共愤图边功。鲁阳挥戈日为反，补牢莫恨亡羊晚。吁嗟乎，亡羊补牢虽已晚，余羊尚在庶几免。

郭曾煜，曾任呼伦县知事。录《呼伦县》于下：

呼伦县治幅员长，滋愧轻才宰一方。
游牧殖民蒙古地，刊碑立界讹河疆。
五都物产甘珠寺，三国公司采木场。
风鹤俄邻频寇警，围棋赌墅靖边防。

张家璠，字鲁箴，辽宁省复县人，曾任呼伦贝尔善后督办，协助程廷恒编纂《呼伦贝尔志略》，之后又参与编纂《黑龙江志稿》。录《呼伦贝尔怀古》于下：

民国十年岁辛酉，我抛青毡漠北走。到此库伦布雨儿，旷怀兴废幻云狗。远眺峻岭内兴安，索岳尔济亦不朽。额尔古纳一水环，山河表里信恬然。更严俄疆与喀界，数十堡垒相勾连。胡为罗刹竟深入，干净土遍染腥膻。黄发碧瞳狰狞异，鞠鞘格桀语难诠。忆昔黄帝封域广，大鲜卑山辟榛莽。传至拓跋徙而南，乌洛侯来据此壤。视为室韦八部跨乌江，契丹角逐称雄长。兀术长城断若连，而今凭吊意惘惘。蒙兀灭俄汤沃雪，暂种犹言黄祸烈。帖尼河畔阵云深，札木合帝终扑灭。根河阔泊考遗踪，烈祖诸子封土裂。明定塞北准扰清，饮马捕鱼几流血。曼珠崛起土宇宽，泥扑处处茂明安。奈何一旦甘割让，额儿古涅界汍澜。瑷珲北京两续约，读之令人心倍寒。金瓯自是痛残缺，斯拉夫族任盘桓。加以汽毂贯西东，抉藩破篱大交通。黄巾无端兴妖孽，扼亢拊背招外戎。入我堂奥利我土，野心未已诱我蒙。渔林矿垦缔密约，脂膏吮吸患无穷。天幸悔祸厌邻邦，红白蔷薇乱同长。纠我貔与虎，驱彼豺与狼，黄种势力未可量。成吉思汗旭烈兀，土人勿忘祖业强。况复索伦耐苦战，骑兵勇悍称独擅。使犬使鹿民族雄，雪窖冰天经锻炼。从此奋斗振精神，整顿河山清荒甸。吁嗟乎，整顿河山清荒甸，尘沙揭起风云变。

新中国成立以来的题咏选录

新中国成立以来，文人墨客不吝笔墨，泼洒下对呼伦贝尔和海拉尔的无尽的热爱。

访海拉尔

朱德

三大草原两失败，我国草原依然在。

夏草如茵望千里，马牛羊驼肥壮快。

暑去秋来天气爽，牧民飞腾相比赛。

长得青草盖沙漠，收获年年出意外。

竟有世界经济家，开辟草原为民害。

沙尘飞扬数万里，顺风飞出无国界。

保护东北大草原，富及子孙唯所赖。

海拉尔五绝句

董必武

东北情形久不安，沙俄帝日䁖其间。

喧宾夺主谁能耐，收复黑河与白山。

行近极边海拉尔，我车来自岭之东。

呼伦贝尔盟自治，花映草原一片红。

良苗蔽野树参天，牛马猪样色色全。

农林牧区分的好，岭南岭北接平川。

负山阻水市各常，西岭苍松应表彰。

盟有中心人作主，蒜葱名出四方扬。

十四旗多蒙汉鄂，诸族同盟皆弟兄。

访问牧区好力堡，旧新生活判分明。

草原纪游

叶剑英

（一）

机过兴安渐渐低，空中遥望海拉尔。
草原城市兴工业，烟突凌霄显异姿。

（二）

铁道西驰向国门，连天芳草见羊群。
牧民自古能歌唱，一曲民歌妙入云。

留别海拉尔

陈铭枢

（一）

右连大漠左兴安，中拓平原控要关。
伊古战场难籍数，能忘倭虏肆凶残。

（二）

广原遍地插红旗，水草而今半定居。
岂仅寇氛从此息，牧农工学共争辉。

（三）

闻风休夏海拉尔，主客相亲若弟兄。
一大家庭应尔尔，欢然合唱党英明。

海拉尔即景

翁文灏

草原西展岭兴安，野阔天晴气度宽。
云色青空浮晓日，波光清碧泛轻澜。
纬高昼永边疆壮，地广人勤发展欢。
幸值新凉避炎暑，到来临赏且盘桓。

新兴工厂

翁文灏

牧地犹凭工业加，欣睹烟突起如霞。
邻邦规格精堪展，华国工夫美可夸。
生产欣观增大力，声光焕起发奇葩。
果然草地新兴气，如日方升未有涯。

伊敏河畔

翁文灏

清波匹练映晴空，美景宜人似画中。
车辙飞驰通友国，工商分配列西东。
成双堤壁护双岸，十一洞桥横一虹。
匝月侨居临此土，徘徊欣赏味无穷。

斜阳野眺

翁文灏

日长时永地形宽，夕照光芒倍可观。
辽阔平阳雄满目，参差建筑美千墙。
玻窗反射辉煌映，河水澄清曲折盘。
徐步新堤林木畔，纵眸间眺意欣欢。

访牧区

叶圣陶

天似穹庐始信然，草原一碧望中圆。
临风呼侣笑相语，到此真知负载宽。

访呼伦贝尔草原

翦伯赞

浓云低压雨蒙蒙，塞外人家毡作篷。

此是今生未曾见，草原万顷牧歌中。

访海拉尔

老舍

主人好客手抓羊，乳酒酥油色色香。

祝福频频难尽意，举杯切切莫相忘。

老翁犹唱当年曲，少女新添时代装。

蒙汉情深何忍别，天涯碧草话斜阳。

赛 马

布赫

塞上姑娘好胆量，骁骑烈马入赛场。

挥手一鞭三千米，含笑喜佩金奖章。

念呼伦贝尔

陈奎元

云烟过眼逝韶华，伊敏河畔久为家。

岁月峥嵘随去日，边关风雪落飞沙。

情怜马背少年影，渴饮穹庐乳香茶。

望断草原三千里，明朝锦上更添花。

春 雪

连辑

如花瑞雪落春初，万树千株入画图。

鬼斧天工人自愧，寻诗彻夜笔如枯。

呼伦贝尔夜景

杨金亭

伊敏河开宝石林，银花火树玉缤纷。

采风踏碎瑶池月，不尽诗情入梦深。

参观北山要塞遗址

杨金亭

弹洞残碉迹已陈，红旗曾此清妖氛。

厉兵须亮倚天剑，待扫东条未死魂。

西山樟子松公园

周笃文

沙松万顷绿鸡冠，啼破层冰六月寒。

细雨香花开绣幕，醉人芳景胜江南。

北山地堡

周笃文

残垒依然杀气森，弹痕白骨倍惊心。

从戎也过三韩水，愧对先驱闯阵云。

到海拉尔

赵京战

茫茫碧野绿茵平，点点牛羊散远星。

山上樟松原上草，采风先采海东青。

后 记

　　接到编写《话说内蒙古·海拉尔区》一书任务后，中共海拉尔区委员会、海拉尔区人民政府高度重视，特成立了以呼伦贝尔市委常委、海拉尔区委书记为主任的编纂委员会。编委会成员包括海拉尔区委宣传部、海拉尔区档案史志局、海拉尔区文联、海拉尔区新闻中心等部门的领导。

　　本书由高级政工师韩锡文执笔编写。他参与过10部地方志书的编写工作，担任其中的4部的主编。编写过程中，海拉尔区委常委、宣传部部长崔秀英非常重视，多次主持召开编审会议，听取编写情况，并对编写过程中的相关事宜提出了要求。海拉尔区委宣传部、区档案史志局领导审阅了篇目的设计，听取了关于篇目结构的设想，并提出了参考意见。文字初稿编写完成后，海拉尔区委宣传部崔秀英部长、梁宝栋副部长，区档案史志局白福君局长、区文联苏海鹰主席、区文体旅游局孟迎利副局长、区新闻中心姜相梅副主任等对初稿内容予以肯定，并对增加和完善书稿内容提出了十分中肯的意见。此外，呼伦贝尔市公安局政治部，海拉尔区文联、区新闻中心、区摄影家协会、区宾馆王爷府等部门、单位为本书提供了图片。海拉尔区档案史志局白福君局长、区文联苏海鹰主席三次审校书稿，从观点到文字做了多处调整与修改。海拉尔区档案史志局副局长乌丽雅苏、史志办主任张芳审校了部分章节。海拉尔区委宣传部文化办主任王海霞统一修订文字及格式。呼伦贝尔市公安局杨万平、许卫国，呼伦贝尔市天顺森林草原文化研究所副所长徐占江，海拉尔区新闻中心报纸专刊部主任徐俊峰等单位和个人给予了支持和帮助。

　　在此，向各位提供支持和帮助的人士致以诚挚的感谢！

　　在编撰过程中，参看了大量的史籍资料，有波斯·拉施特《史集》、《蒙古秘史》、多桑《多桑蒙古史》、尹湛纳希《青史演义》、萨囊彻辰《钦定蒙古源流》、罗姆扎布等《蒙古族古代战争史》、苏日巴达拉哈《蒙古族源新考》、程廷恒等《呼伦贝尔志略》、赵越等《古代呼伦贝尔》、徐占江等《日军侵华要塞》、老舍、翦伯赞等《远域新天》、朱德、叶剑英等《碧野春风》、

《内蒙古自治区方言志·汉语卷》《内蒙古自治区方言志·蒙古语卷》《内蒙古自治区方言志·三少民族语言卷》《呼伦贝尔盟志》《海拉尔市志》《海拉尔区志》《海拉尔区军事志》《呼伦贝尔人物志》《呼伦贝尔市军事志》《呼伦贝尔盟（市）年鉴》《呼伦贝尔盟（市）统计年鉴》，《呼伦贝尔市志》（评审稿）、《中共呼伦贝尔市党史》（评审稿）、《呼伦贝尔盟（市）要览》（2015卷）、历年《海拉尔市（区）年鉴》、历年《海拉尔市（区）统计年鉴》、《呼伦贝尔市文史资料》（第七辑）、《海拉尔文史资料》（1～12）及《呼伦贝尔日报》的相关报道。在这里特作说明，并向各位作者一并致以谢意！

我们深知，区区十几万文字和几百幅图片无法尽述海拉尔波澜壮阔的发展历程，唯愿对得起先辈和后人，"事事我曾尽心，功成不必在我"。由于时间仓促、任务繁重，书中纰漏错讹恐不知凡几，敬请读者斧正。

编委会

2018 年 7 月